战略全局与能量凝聚

——论伟大梦想

韩庆祥

张艳涛 等◎著

Zhanlüe Quanju yu Nengliang Ningju

Lun Weida Mengxiang

浙江人民出版社

图书在版编目（CIP）数据

战略全局与能量凝聚 ：论伟大梦想 / 韩庆祥等著. — 杭州 ：浙江人民出版社，2023.3
ISBN 978-7-213-10786-3

Ⅰ. ①战… Ⅱ. ①韩… Ⅲ. ①中国特色社会主义-理论研究 Ⅳ. ①D616

中国版本图书馆CIP数据核字(2022)第174267号

战略全局与能量凝聚

——论伟大梦想

韩庆祥　张艳涛　等著

出版发行：浙江人民出版社（杭州市体育场路347号　邮编　310006）
市场部电话：(0571)85061682　85176516
责任编辑：高辰旭　沈敏一
营销编辑：陈雯怡　陈芊如　张紫懿
责任校对：杨　帆
责任印务：程　琳
封面设计：王　芸
电脑制版：杭州兴邦电子印务有限公司
印　　刷：浙江新华数码印务有限公司
开　　本：710毫米×1000毫米　1/16　　印　　张：20
字　　数：245千字　　插　　页：1
版　　次：2023年3月第1版　　印　　次：2023年3月第1次印刷
书　　号：ISBN 978-7-213-10786-3
定　　价：68.00元

引言

实现中华民族伟大复兴意味着什么

党的二十大的主题是："高举中国特色社会主义伟大旗帜，全面贯彻新时代中国特色社会主义思想，弘扬伟大建党精神，自信自强、守正创新，踔厉奋发、勇毅前行，为全面建设社会主义现代化国家、全面推进中华民族伟大复兴而团结奋斗。"实现中华民族伟大复兴的中国梦，既是当代中国的根本政治标识，也是近代以来中华民族最伟大的梦想。实现中华民族伟大复兴究竟意味着什么？这是一个重大的理论问题，值得从学理上深入思考和研究。我们可以围绕主题主线、战略全局、"四个伟大"、最大公约数、战略定力、中国之治、奋斗姿态和理政基石等进行理解和把握。

一、主题主线：要以实现中华民族伟大复兴为目标来坚持和发展中国特色社会主义

坚持和发展中国特色社会主义是根本主题，实现中华民族伟大复兴是坚持和发展中国特色社会主义的核心主线。

坚持和发展中国特色社会主义，是改革开放以来我们党全部理论

和实践的根本主题，也是习近平新时代中国特色社会主义思想的核心和灵魂，更是实现中华民族伟大复兴的必由之路。中国特色社会主义道路，是近代以来中国人民长期奋斗历史逻辑、理论逻辑、实践逻辑的必然结果，是坚持党的本质属性、践行党的根本宗旨的必然要求。中国特色社会主义既不是“翻版”，也不是“模板”，更不是“再版”，而是“新版”。之所以说是“新版”，就在于开辟出了一条中国特色社会主义道路。这条道路彰显了中国共产党和中国人民的“首创精神”，拓宽了世界社会主义运动的实践途径。就此而论，中国特色社会主义道路的开辟，实质上意味着一种人类文明新形态的开启。经过长期努力，中国特色社会主义进入了新时代。从中国经济社会发展维度看，新时代，意味着近代以来久经磨难的中华民族迎来了从站起来、富起来到强起来的伟大飞跃，由大国迈向强国成为现实任务；从世界社会主义运动发展维度看，新时代，意味着社会主义在中国焕发出强大生机活力并不断开辟发展新境界，“历史终结论”和“社会主义失败论”不攻自破；从人类文明发展维度看，新时代，意味着中国特色社会主义拓展了发展中国家走向现代化的路径，为解决“人类问题”“世界难题”提供了“中国方案”，贡献了“中国智慧”。

中国共产党的历史就是不断深刻认识和判断中国社会主要矛盾，团结带领中国人民努力奋斗，战胜一切困难，不断解决中国社会主要矛盾、从胜利走向胜利的历史。新时代我国社会的主要矛盾已转变为“人民日益增长的美好生活需要和不平衡不充分的发展之间的矛盾”，这意味着坚持和发展中国特色社会主义就是要解决这一社会主要矛盾，不断满足人民对美好生活的需要。中国特色社会主义最本质的特征是中国共产党领导，中国特色社会主义制度的最大优势是中国共产党领导。坚持和完善党的领导，是党和国家的根本所在、命脉所在，是全国各族人民的利益所系、命运所系，更是实现中华民族伟大复兴的政治保证。

实现中华民族伟大复兴是近代以来中华民族最伟大的梦想。中国共产党一经成立，就义无反顾肩负起实现中华民族伟大复兴的历史使命，团结带领人民进行艰苦卓绝的斗争，谱写了气吞山河的壮丽史诗。经过长期努力，中国特色社会主义进入了新时代，这是我国发展新的历史方位。中国特色社会主义进入新时代，意味着近代以来久经磨难的中华民族迎来了从站起来、富起来到强起来的伟大飞跃，迎来了实现中华民族伟大复兴的光明前景；意味着科学社会主义在21世纪的中国焕发出强大生机活力，在世界上高高举起了中国特色社会主义伟大旗帜；意味着中国特色社会主义道路、理论、制度、文化不断发展，拓展了发展中国家走向现代化的途径，给世界上那些既希望加快发展又希望保持自身独立性的国家和民族提供了全新选择，为解决人类问题贡献了“中国智慧”和“中国方案”。没有中国共产党的领导，实现民族复兴必然是空想！没有共产党就没有新中国，没有共产党就没有中华民族从站起来到富起来再到强起来的伟大成就，这是中国人民从长期奋斗中得出的最根本的结论。完成中华民族伟大复兴的历史使命，战胜前进道路上的风险挑战，在根本上要坚持党的全面领导，要靠党把好方向盘。古代中国曾对世界文明做出巨大贡献。古代中国是辉煌的，近代中国是没落的，由辉煌到没落，这种巨大的历史落差，转化为中国人坚定的民族性格与宏大的历史梦想——实现中华民族伟大复兴。新时代是全体中华儿女勠力同心、奋力实现中华民族伟大复兴中国梦的时代，我们要围绕实现中华民族伟大复兴这一核心主线来坚持和发展中国特色社会主义这一根本主题，要以中国特色社会主义道路来实现中华民族伟大复兴。实现中华民族伟大复兴中国梦，在本质上体现了党的意志、国家意志和人民意志。

二、战略全局：实现中华民族伟大复兴是战略全局，各项工作因聚焦并服从全局而具有战略意义

实现中华民族伟大复兴，关乎着我国发展的战略全局。

学哲学、用哲学是我们党的优良传统。“哲学之道”在于抓本质、讲逻辑、善概括、重辩证、讲理性、重整体、谋战略。所谓战略思维，是指主体对关系事物全局的、长远的、根本的重大问题的谋划、分析、综合、判断、预见和决策的思维方式，强调从根本、全局、长远上把握各种本质关系，并制定战略目标，主要解决“怎么做”的问题。战略思维能力以思维的整体性、全局性、前瞻性和创造性为基本特点，集中体现在对战略态势的判断能力上。

当今时代，综合国力竞争表现为国家“硬实力”和“软实力”的直接较量，表现为国家战略思维、战略决策、战略目标和战略能力的深度角逐。习近平总书记指出：“战略问题是一个政党、一个国家的根本性问题。战略上判断得准确，战略上谋划得科学，战略上赢得主动，党和人民事业就大有希望。”[①]现在，我们正处在“两个大局”这一具备战略意义的时代背景中，对实现中华民族伟大复兴这一战略全局进行战略谋划和战略安排，也要具备战略定力。在把握国际国内大势、擘画改革发展稳定蓝图时，习近平总书记反复强调要有战略思维，要胸怀大局、把握大势、着眼大事，做好我们自己的事情，这些都要求增强战略思维，分清本质和现象、主流和支流。提高战略思维能力，提升战略自信，保持战略定力，关键是提升对中国和世界重大现实问题的判断力、批判力和建构力，唯有如此，才能因势而谋、应

① 习近平：《在纪念邓小平同志诞辰110周年座谈会上的讲话》，人民出版社2014年版，第19页。

势而动、顺势而为。战略思维不仅是一种能力，更是一种责任和担当。中华民族伟大复兴的中国梦越接近实现，改革发展稳定任务越繁重，越要加强党的建设，在新时代把党的自我革命不断推向深入。对事关战略全局、事关长远发展、事关人民福祉的紧要问题，要科学统筹、优先解决。实现中华民族伟大复兴就是事关战略全局的紧要问题，全国各地、各个领域、各个方面、各项工作，都要聚焦于、服务于这一战略全局，才有意义。

三、历史使命：只有把实现中华民族伟大复兴置于“四个伟大”总体框架中理解和把握，才能解读出“四个伟大”是新时代中国共产党的历史使命

统揽推进“伟大斗争”“伟大工程”“伟大事业”“伟大梦想”的“四个伟大”实践，是当代中国共产党人治国理政的总体框架，这一总体框架有助于推进中国从“大国”迈向“强国”，有助于推进实现中华民族伟大复兴。我们要把实现中华民族伟大复兴这一历史使命置于“四个伟大”的框架中来理解和把握，只有如此，才能理解和把握这一历史使命的精髓要义。

“四个伟大”不是“飞来峰”，而是具有鲜明的历史逻辑。从社会主义500多年的历史中，可以揭示出推进中国特色社会主义“伟大事业”的重要意义；从近代以来180多年的历史和新中国成立以来70多年发展的历史中，可以揭示出实现中华民族伟大复兴即“伟大梦想”的重要意义；从中国共产党100多年发展的历史中，可以揭示出建设新的“伟大工程”的重要意义；从我国改革开放40多年的历史中，可以揭示出进行“伟大斗争”的重要意义。实现中华民族伟大复兴，事关统揽推进“伟大斗争”“伟大工程”“伟大事业”“伟大梦想”。“伟大

斗争”主要回答为夺取中国特色社会主义新的伟大胜利应具有什么样的精神状态问题，“伟大工程”主要回答为夺取中国特色社会主义新的伟大胜利应提供什么样的政治保障问题，“伟大事业”主要回答为夺取中国特色社会主义新的伟大胜利应举什么旗、走什么路的问题，“伟大梦想”主要回答为夺取中国特色社会主义新的伟大胜利应担负什么样的历史使命、实现什么样的奋斗目标问题。民族复兴的伟大梦想，指引“中国号”巨轮的前进方向。

实现中华民族伟大复兴是近代以来中国最伟大的梦想，是从大国走向强国的必由之路，是中华民族和中国人重新主宰自己命运的一种积极努力。越是接近民族复兴越不会一帆风顺，越会充满挑战乃至惊涛骇浪。为此，我们必须安不忘危、存不忘亡、乐不忘忧，时刻保持警惕，不断振奋精神，勇于进行具有许多新的历史特点的伟大斗争，做到因势而谋、应势而动、顺势而为。

要实现伟大梦想，一定要结合“伟大斗争”“伟大工程”“伟大事业”来理解和把握，必须具有下定决心、不怕牺牲、排除万难、争取胜利的精神状态和精神斗志。实现中华民族伟大复兴，必须选择正确的道路，这条路，就是中国特色社会主义道路。

四、最大公约数：实现中华民族伟大复兴，是全体中国人的共同梦想

实现中华民族伟大复兴是全体中国人的共同梦想，是最大公约数，也是最大同心圆。

中国梦归根到底是人民的梦，必须紧紧依靠人民来实现，必须不断为人民造福。带领中国人民创造美好生活，是我们党矢志不移的奋斗目标，这一奋斗目标蕴含在实现中华民族伟大复兴的中国梦之中。

中国梦是当代中国马克思主义中国化、时代化和大众化的标志性命题，也是世界历史力量转移和时代精神的真实反映，还是我们实现国家富强、民族复兴和人民幸福的大众化表达。中国梦归根结底是人民幸福的梦。我们党不负人民重托、无愧历史选择，在新时代中国特色社会主义伟大实践中，以党的坚强领导和顽强奋斗，激励全体中华儿女不断奋进，凝聚起同心共筑中国梦的磅礴力量。要言之，中国梦必须同人民对美好生活的向往结合起来才能取得成功。

随着国家力量的变化和全球秩序的重构，当代中国逐渐发展起来，如今，我国已成为世界第二大经济体，逐渐走近世界舞台的中央，我们比历史上任何时期都更有信心、更有能力实现中华民族伟大复兴的中国梦。

伟大梦想不是等出来、喊出来的，而是拼出来、干出来的。新时代是“整合凝聚期”，主要任务是协调各种力量和各方面利益关系，寻求最大公约数，整合凝聚中国力量，保障和改善民生。创造美好生活，就要解决“快速发展”遗留的问题，破除“发展起来之后”的烦恼，迈过“进一步发展”绕不开的坎。

五、战略定力：实现中华民族伟大复兴一定要具有战略定力

把实现中华民族伟大复兴作为战略全局，意味着任何力量都不能阻止我们实现民族复兴的步伐。无论遭遇多少艰难险阻也要有力有效克服，也要实现中华民族伟大复兴，这就是我们中国共产党人的战略定力。

当前，我们必须充分估计民族复兴历史进程中的困难、风险和不确定性。防控疫情时，既要把控点多面广的国情，也要防止来之不易的建设成果付诸东流，还要防止经济停摆、社会失序等难以预测的风

险。这意味着我们是在“滚石上山”“过坎闯关”，要求我们必须具有战略定力和革命斗志。新时代，中国共产党具有胸怀“中华民族伟大复兴战略全局”和“世界百年未有之大变局”的高度自觉，能牢牢掌握当代中国发展的历史主动性，坚持“人民伟大论”“人民至上论”“人民幸福论”，既为人民幸福不懈奋斗，也依靠人民创造历史伟业，开辟强党之路、强国之路、复兴之路。中国是一个大国，决不能在根本问题上出现错误。实现中华民族伟大复兴的千秋伟业，必须着力防范化解可能迟滞或阻碍伟大复兴进程的重大风险。既要警惕“黑天鹅”事件，也要防范“灰犀牛”事件；既要有防范风险的先手，也要有应对和化解风险挑战的高招；既要打好防范和抵御风险的有准备之战，也要打好化险为夷、转危为机的战略主动战。

在全面深化改革的新阶段，习近平总书记指出：“改什么、怎么改必须以是否符合完善和发展中国特色社会主义制度、推进国家治理体系和治理能力现代化的总目标为根本尺度，该改的、能改的我们坚决改，不该改的、不能改的坚决不改。”[①]这充分体现了我们党对治党治国治军的定力、对内政外交国防的定力、对改革开放稳定的定力。我们坚定道路自信、理论自信、制度自信、文化自信，说到底是战略定力问题，我们决心用“制度之制”推动“中国之治”，以“中国之治”造福中国人民和世界人民。

六、中国之治：要以“中国之治”实现民族复兴和应对风险挑战

实现中华民族伟大复兴，必须再创“中国之治”奇迹。我们强调

① 习近平：《在庆祝改革开放40周年大会上的讲话》，人民出版社2018年版，第28页。

并注重以“制度优势”和“治理效能”为核心内容的“中国之治”，其精神实质，就是为了顺利实现中华民族伟大复兴，有效应对各种风险挑战。

实现中华民族伟大复兴必须注重“中国之治”。制度优势是一个国家最大的优势，制度竞争是国家间最根本的竞争，制度现代化是现代国家的核心竞争力。当今世界正经历百年未有之大变局，我国正处于实现中华民族伟大复兴关键时期。顺应时代潮流，适应我国社会主要矛盾变化，统揽“伟大斗争”“伟大工程”“伟大事业”“伟大梦想”，不断满足人民对美好生活新期待，战胜前进道路上的各种风险挑战，必须在坚持和完善中国特色社会主义制度、推进国家治理体系和治理能力现代化上下更大功夫。中国要真正建成社会主义现代化强国，要实现中华民族伟大复兴，必须把国家制度和国家治理体系提升到战略高度，全面提高国家的制度竞争力。因为，制度先进是最根本的先进，制度落后是最大的落后。在人类文明视野下，中国特色社会主义具有明显的制度优势和比较优势，有效把制度优势和比较优势转化为国家治理效能，是中国共产党团结带领中国人民开辟中国道路、创造中国奇迹、展示中国力量的关键密码。从“没有共产党就没有新中国”到“中国共产党带领人民奔小康”，再到“中国共产党同中国人民一同为实现民族伟大复兴而奋斗”，70多年来道路多艰，然而，中国共产党的初心和使命从未改变，也正因如此，中国共产党才能赢得人民的信任，开创“中国之治”新境界。

中国特色社会主义制度是人类制度文明史上的伟大创造，中国共产党的领导是中国特色社会主义制度的最大优势。由此，我们要坚定不移地实现坚持和完善中国特色社会主义制度、推进国家治理体系和治理能力现代化的总体目标：到我们党成立100年时，在各方面制度更加成熟更加定型上取得明显成效；到2035年，各方面制度更加完善，基本实现国家治理体系和治理能力现代化；到新中国成立100年时，全面实现国家治理体系和治理能力现代化，使中国特色社会主义制度更加巩固、优越性充分展现。

七、奋斗姿态：不懈奋斗是实现中华民族伟大复兴的精神支撑

中华民族伟大复兴，绝不是轻轻松松、敲锣打鼓就能实现的。全党必须准备付出更为艰巨、更为艰苦的努力。习近平总书记强调："想一帆风顺推进我们的事业，想顺顺当当实现我们的奋斗目标，那是不可能的。可以预见，在今后的前进道路上，来自各方面的困难、风险、挑战肯定还会不断出现，关键看我们有没有克服它们、战胜它们、驾驭它们的本领。"[①]只有不懈奋斗才能实现"两个一百年"奋斗目标，才能实现中华民族伟大复兴。

越来越多的有识之士认识到，中国崛起和中华民族伟大复兴势不可挡，西方须努力适应并找到与政治制度迥异的中国和平共存、和平发展、合作共赢的路径。一部中国共产党的历史，是一部中国共产党团结带领中国人民不懈奋斗的历史。中国共产党100年的奋斗历程，就是一部不断克服艰难险阻而不懈奋斗的历史。中国共产党具有咬定目标、迎难而上、越挫越勇、越险越进、勇于奋斗、久久为功的基因、特质和品格。过去所取得的成就，都是党中央坚强领导的结果，更是全党全国各族人民共同奋斗的结果。全党同志一定要永远与人民同呼吸、共命运、心连心，永远把人民对美好生活的向往作为奋斗目标，以永不懈怠的精神状态和一往无前的奋斗姿态，继续朝着实现中

① 习近平：《在中央党校建校80周年庆祝大会暨2013年春季学期开学典礼上的讲话》，人民出版社2013年版，第4页。

华民族伟大复兴的宏伟目标奋勇前进。

我们党要始终把人民对美好生活的向往作为奋斗目标，依靠人民创造历史伟业。我们实现中华民族伟大复兴的时间表和路线图已经明确。第一个阶段，2020年到2035年，在全面建成小康社会的基础上，再奋斗15年，基本实现社会主义现代化。到那时，我国经济实力、科技实力将大幅跃升，跻身创新型国家前列；人民平等参与、平等发展权利得到充分保障，法治国家、法治政府、法治社会基本建成，各方面制度更加完善，国家治理体系和治理能力现代化基本实现；社会文明程度达到新的高度，国家文化软实力显著增强，中华文化影响更加广泛深入；人民生活更为宽裕，中等收入群体比例明显提高，城乡区域发展差距和居民生活水平差距显著缩小，基本公共服务均等化基本实现，全体人民共同富裕迈出坚实步伐；现代社会治理格局基本形成，社会充满活力又和谐有序；生态环境根本好转，美丽中国目标基本实现。第二个阶段，从2035年到21世纪中叶，在基本实现现代化的基础上，再奋斗15年，把我国建设成为富强民主文明和谐美丽的社会主义现代化强国。到那时，我国物质文明、政治文明、精神文明、社会文明、生态文明将全面提升，实现国家治理体系和治理能力现代化，成为综合国力和国际影响力领先的国家，全体人民共同富裕基本实现，我国人民将享有更加幸福安康的生活，中华民族将以更加昂扬的姿态屹立于世界民族之林。

从党的十九大到党的二十大，是“两个一百年”奋斗目标的历史交汇期。我们既要全面建成小康社会，实现第一个百年奋斗目标，又要乘势而上开启全面建设社会主义现代化国家新征程，向第二个百年奋斗目标进军。我们千万不能在一片喝彩声、赞扬声中丧失革命精神和斗志，陷入安于现状、不思进取、坐享其成、贪图享乐的状态，而是要牢记船到中流浪更急、人到半山路更陡，把不忘初心、牢记使命作为加强党的建设的永恒课题，作为全体党员、干部的终身课题。完成民族复兴的历史使命，战胜前进道路上的风险挑战，从根本上要靠党的全面领导，靠党把好方向盘。中国共产党人的初心和使命，就是为中国人民谋幸福，为中华民族谋复兴。这个初心和使命是激励中国共产党人不断前进的根本动力。全党同志一定要永远与人民同呼吸、共命运、心连心，永远把人民对美好生活的向往作为奋斗目标，以永不懈怠的精神状态和一往无前的奋斗姿态，继续朝着实现中华民族伟大复兴的宏伟目标奋勇前进。

实现民族复兴必须进行伟大斗争。在马克思主义和社会主义旗帜下要进行的中国特色社会主义事业，是前无古人的“伟大事业”，没有成功的经验可以借鉴，没有万古不变的原则可以遵循，更需要在艰苦探索、摸索和思索中不断前进。全党一定要保持艰苦奋斗、戒骄戒躁的作风，以时不我待、只争朝夕的精神，推进中华民族伟大复兴，为实现中华民族伟大复兴而不懈奋斗、为中国人民幸福而不懈奋斗、为建设共产主义社会而不懈奋斗。

目 录

第一章 根本主题与伟大梦想

第一节 中国特色社会主义与实现中华民族伟大复兴 ……3

第二节 中华民族伟大复兴的时代诉求 ……9

第三节 中国特色社会主义进入新时代的宏伟蓝图 ……16

第二章 “两个大局”与伟大梦想

第一节 “两个大局”与中国特色社会主义 ……27

第二节 “两个大局”与全面建设社会主义现代化国家 ……31

第三节 “两个大局”与中华民族伟大复兴 ……47

第三章 “四个伟大”与伟大梦想

第一节 从“四个伟大”把握实现伟大梦想的精神实质 ……58

第二节 在“四个伟大”框架中理解伟大梦想的伟大意义 ……68

第三节 “四个伟大”是一个有机整体 ……75

第四章 伟大梦想与历史使命

第一节 伟大梦想孕育历史使命 ……91

第二节 历史使命彰显伟大梦想 ……98

第三节 历史使命引领伟大梦想的实现机制 ……111

第五章　中国道路与伟大梦想

第一节　实现伟大梦想必须走中国道路 ……123

第二节　中国道路是通达实现伟大梦想的必由之路 ……130

第三节　中国道路是指引通向伟大梦想的路标 ……133

第六章　现代化强国与伟大梦想

第一节　现代化强国的基本特征 ……141

第二节　实现中华民族伟大复兴具有“中国意义”和“世界意义” ……154

第三节　现代化强国与民族复兴的关系 ……159

第七章　伟大梦想与美好生活

第一节　美好生活是伟大梦想的题中应有之义 ……169

第二节　美好生活的新时代内涵 ……177

第三节　“强不强”影响“好不好” ……190

第八章　风险挑战与伟大梦想

第一节　世界已进入系统性风险世界 ……202

第二节　中国正进入风险社会 ……211

第三节　风险世界和风险社会境遇下的伟大梦想 ……222

第九章　中国话语与伟大梦想

第一节　伟大梦想与话语崛起 ……231

第二节　伟大梦想与话语建构 ……240

第三节　伟大梦想与话语传播 ……251

第十章　伟大梦想与21世纪马克思主义

第一节　学理视阈21世纪马克思主义的基本含义 ……264

第二节　发展21世纪马克思主义的“中国样本” ……275

第三节　为发展21世纪马克思主义作出原创性贡献 ……288

后　记 ……300

第一章 根本主题与伟大梦想

党的二十大报告指出，“中国特色社会主义是实现中华民族伟大复兴的必由之路”。党的十九大报告中明确指出，“中国特色社会主义是改革开放以来党的全部理论和实践的主题”。在这个意义上，中国特色社会主义是一定历史阶段上党的发展的根本主题。党的十九大报告提出“四个伟大”，从逻辑上看，是按照实现伟大梦想这一主线分别展开论述的。就此而言，伟大梦想是新时代党完成伟大历史使命的主线。深入理解中国特色社会主义与实现中华民族伟大复兴的关系，从深层次看，是研究新时代党的发展的主题与党实现使命的主线及二者之间的关系问题。在逻辑上，主题统领主线，主线保障主题的实现。

第一节

中国特色社会主义与实现中华民族伟大复兴

在当今中国，实现中华民族伟大复兴，是中国共产党的历史使命，这既是历史发展的必然结果，也是党自身发展的自觉选择。中国特色社会主义作为党在改革开放以来发展的全部理论和实践的主题，同时也是实现民族伟大复兴的必由路径。在新时代语境下，中国比历史上任何时期都更接近、更有信心和能力实现中华民族伟大复兴的目标，这就要求我们必须坚持和发展新时代中国特色社会主义。

一、实现伟大梦想是新时代中国共产党的历史使命

党的十九大报告指出："实现中华民族伟大复兴是近代以来中华民族最伟大的梦想。中国共产党一经成立，就把实现共产主义作为党的最高理想和最终目标，义无反顾肩负起实现中华民族伟大复兴的历史使命，团结带领人民进行了艰苦卓绝的斗争，谱写了气吞山河的壮丽史诗。"深入理解这一重要论述，关键要抓住历史和实践两个层面，重点把握新时代的历史方位。

从历史层面看，中华民族的发展具有曲折性，从曾经辉煌到遭遇苦难，再到伟大复兴，体现了一个自然选择的过程，呈现出鲜明的历史客观性。党的十九大报告指出："中华民族有五千多年的文明历史，创造了灿烂的中华文明，为人类作出了卓越贡献，成为世界上伟大的民族。鸦片战争后，中国陷入内忧外患的黑暗境地，中国人民经历了战乱频仍、山河破碎、民不聊生的深重苦难。为了民族复兴，无数仁人志士不屈不挠、前仆后继，进行了可歌可泣的斗争，进行了各式各样的尝试，但终究未能改变旧中国的社会性质和中国人民的悲惨命运。"在这里，中华民族发展的历史性脉络具有四个关键点：一是5000年的文明传承；二是历经了辉煌；三是遭遇了挫折；四是仁人志士的复兴探索。5000年的文明传承意味着，中华民族的根基深厚，潜力巨大，这是民族复兴的信心所在。曾经的辉煌意味着，中华民族的复兴具有经验可资借鉴，这是民族复兴的有利条件。近代以来的苦难与仁人志士的探索意味着，中华民族的复兴经历着实践的磨炼和主体的历练，其潜力不可估量。

从实践层面看，中华民族的发展，在遵循自然历史过程的同时，也体现出历史主体选择的自觉性，表现为中国共产党对民族复兴大任的自觉担当。1921年，中国共产党成立，这是中国历史上开天辟地的大事变。诚如习近平总书记所言，中国共产党一经成立，就义无反顾肩负起实现中华民族伟大复兴的历史使命。事实也证明，中国共产党自成立起，就立即团结带领人民进行了艰苦卓绝的斗争，取得了令世界瞩目的成就。在这里，中国共产党的历史担当体现在三个关键方面，即领导新民主主义革命、推进社会主义建设、进行改革开放。领导新民主主义革命，实现了民族独立、人民解放、国家统一、社会稳定，实现了中国从几千年封建专制政治向人民民主的伟大飞跃。推进社会主义建设，实现了中华民族由近代不断衰落到根本扭转命运、持续走向繁荣富强的伟大飞跃。进行改革开放新的伟大革命，开辟了中国特色社会主义道路，使中国大踏步赶上时代，实现从站起来、富起来向强起来的伟大跨越。

二、中国特色社会主义是实现中华民族伟大复兴的必由之路

党的十九大报告指出："实现伟大梦想，必须推进伟大事业。"这一重要论断，科学揭示了实现中华民族伟大复兴的前进方向、必由之路。深入理解这一论断，需要把握中国特色社会主义基本内涵及其与伟大复兴的关系。

理解中国特色社会主义的内涵，可以抓住这一概念的两个关键特征，即主题性和系统性。首先，中国特色社会主义是改革开放以来党的全部理论和实践的主题，是党和人民历尽千辛万苦、付出巨大代价取得的根本成就。在这里，中国特色社会主义有三个核心性指称：一是特指改革开放以来中国社会主义的成功实践，指向中国社会主义的特定阶段（改革开放以来—未来）；二是指向理论和实践两个领域，分为道路、理论体系、制度、文化四个层次；三是本质是社会主义，特质是中国特色，是社会主义一般性与中国特色性的有机统一。其次，在实践上，中国特色社会主义是一个完备的系统，由道路导向、理论引领、制度保障、精神支撑四个要素构成。对于该系统，党的十九大报告指出："中国特色社会主义道路是实现社会主义现代化、创造人民美好生活的必由之路，中国特色社会主义理论体系是指导党和人民实现中华民族伟大复兴的正确理论，中国特色社会主义制度是当代中国发展进步的根本制度保障，中国特色社会主义文化是激励全党全国各族人民奋勇前进的强大精神力量。"

内涵决定外延。上述内涵意味着，中国特色社会主义首先是方向（社会主义和共产主义）和路径（建设社会主义和实现共产主义），其次是观念自觉（理论体系、制度安排、文化支撑）。要言之，它是前进方向和必由之路。民族复兴，是近代以来中华民族最伟大的梦想，本质上是中华民族发展历史进程中特定阶段的目标追求。从历史的尺度比较，民族复兴始于近代，将在21世纪中叶完成；中国特色社会主义始于改革开放，将伴随实现共产主义的全部历史进程；就此而言，中国特色社会主义是实现民族复兴必须遵循的基本路径。从国家发展的规律性看，民族复兴是国家发展“站起来—富起来—强起来”规律性链条上的一个环节，具有阶段性特征；而中国特色社会主义，在国家发展中遵循“民族独立（站起来）—社会主义革命—社会主义建设（富起来、强起来）—实现共产主义（人类解放）”这样的发展规律，它具有方向性、长远性特征；在这个意义上，中国特色社会主义直接决定着民族复兴的前进方向。概而言之，中国特色社会主义是实现民族伟大复兴的前进方向和必由之路。

三、肩负新的历史使命必须坚持和发展新时代中国特色社会主义

党的十九大报告指出，“今天，我们比历史上任何时期都更接近、更有信心和能力实现中华民族伟大复兴的目标”，“实现伟大梦想，必须进行伟大斗争”，“实现伟大梦想，必须建设伟大工程”，“实现伟大梦想，必须推进伟大事业”。理解以上论断，关键是弄清“四个伟大”与新时代中国特色社会主义的关系，重点把握“四个伟大”之间的辩证关系。

首先，“四个伟大”是新时代中国特色社会主义的实践框架，彰显

了新时代中国共产党对时代诉求的自觉担当。与时俱进是中国特色社会主义的基本品格。在新时代，中国特色社会主义所面对的内外环境都发生变化，这就要求其本身的实践也要进行相应调整。存在决定意识。中国特色社会主义如何与时俱进，将由新时代的基本特质决定。从根本上说，新时代重大变化体现在四个方面，即民族复兴提上日程，社会主要矛盾发生变化，党建形势发生变革，21世纪社会主义拉开了序幕。相应地，“四个伟大”应运而生。就民族复兴来说，随着中国改革开放不断深入，随着国家发展完成了站起来、富起来的目标，走向强起来的历史诉求开始出现。面对诉求，中国共产党自觉承担起新时代实现伟大复兴的历史重任，这就是伟大梦想的由来。就社会主要矛盾来说，随着生产力水平的大幅提升，社会主要矛盾由以前“落后的社会生产与日益增长的物质文化需求”之间的紧张转向当下“发展的不平衡不充分与人民对美好生活的需求”之间的紧张。要有效解决这一新型的紧张关系，克服新的矛盾，就需要针对矛盾，找到症结，研究原因，解决问题，而这就是伟大斗争的本质所在。就党建形势来说，随着中国共产党领导建设、改革进程的不断深入，执政党的地位、角色日益巩固和完善，如何长期执政，如何长期实现一党集中统一领导，这些核心问题就成为新时代中国共产党必须面对和必须回答的重大理论和实践问题。这就是伟大工程的基本时代内涵。最后，就21世纪社会主义的实践来说，在全球范围内，随着中国日益走近世界舞台中央，随着中国特色社会主义道路和模式溢出效应的不断扩大，世界关注中国，全球聚焦中国，中国特色社会主义的伟大事业不仅仅是中国的事情，更是世界的事情。中国离不开世界，世界更离不开中国。这就是伟大事业的基本历史语境。

其次，“四个伟大”之间，具有辩证性关联，需要统筹协同，一体推进。从逻辑上说，“四个伟大”之间是有机统一的，伟大梦想是目标，伟大工程是主体，伟大斗争是手段，伟大事业是载体。目标引领、主体决定、手段有力、载体有效，这是“四个伟大”内部应该具有的辩证性要求。基于这一逻辑特性，在实践中，需要处理好两个层次的关系。一是从目标引领着眼，实现伟大梦想，必须进行伟大斗争、建设伟大工程、推进伟大事业。必须进行伟大斗争，更加自觉地坚持党的领导和我国社会主义制度，坚决反对一切削弱、歪曲、否定党的领导和我国社会主义制度的言行；更加自觉地维护人民利益，坚决反对一切损害人民利益、脱离群众的行为；更加自觉地投身改革创新时代潮流，坚决破除一切顽瘴痼疾；更加自觉地维护我国主权、安全、发展利益，坚决反对一切分裂祖国、破坏民族团结和社会和谐稳定的行为；更加自觉地防范各种风险，坚决战胜一切在政治、经济、文化、社会等领域和自然界出现的困难和挑战。必须建设伟大工程，确保党在世界形势深刻变化的历史进程中始终走在时代前列，在应对国内外各种风险和考验的历史进程中始终成为全国人民的主心骨，在坚持和发展中国特色社会主义的历史进程中始终成为坚强领导核心。必须推进伟大事业，更加自觉地增强道路自信、理论自信、制度自信、文化自信，既不走封闭僵化的老路，也不走改旗易帜的邪路，保持政治定力，坚持实干兴邦，始终坚持和发展中国特色社会主义。二是从主体决定着手，推进伟大工程，要结合伟大斗争、伟大事业、伟大梦想的实践来进行。内因是根据，外因是条件，外因通过内因起作用。在“四个伟大”中，党的建设的伟大工程是主体因素，是内因，起决定性作用，但同时也离不开其他“三个伟大”的外部支持。基于此，在“四个伟大”的统筹推进中，伟大工程是核心，要围绕核心，整体性有机推进。这就对新时代党的建设提出了更高要求，要求全党更加自觉地坚定党性原则，勇于直面问题，敢于刮骨疗毒，确保我们党永葆旺盛生命力和强大战斗力。

第二节
中华民族伟大复兴的时代诉求

全面建成小康社会、实现第一个百年奋斗目标之后，中国乘势而上，开启全面建设社会主义现代化国家新征程，向第二个百年奋斗目标进军。这标志着我国进入了一个新发展阶段。在新发展阶段，理解中华民族的伟大复兴，需要考虑国际国内两个大局，需要立足中国本身，需要放眼世界全局。

一、战略全局与百年变局

习近平总书记在庆祝中国共产党成立100周年大会上的讲话中强调：“统筹中华民族伟大复兴战略全局和世界百年未有之大变局。”在这里，两个大局，是以习近平同志为核心的党中央运用马克思主义辩证思维对当前国情世情作出的全局性重大战略判断，这一判断，既是全球新形势下中国参与全球、融入世界的一种行动框架，同时也是新时代中国共产党谋划工作、推动发展的重要思维方法。要全面深入理解这一重大战略判断，需要重点把握两个方面，即两个大局的基本内涵和两个大局的辩证关系。

关于两个大局的基本内涵。首先，两个大局的核心要义不同，强调的基本点有别。第一个大局，中华民族伟大复兴的战略全局，核心在于“全”，要义在于“战略”，强调民族复兴伟大梦想的目标引领性，其他三个伟大围绕此目标展开。第二个大局，世界百年未有之大变局，核心在于“变”，要义在于“大”，强调中国当下之变（建成小康社会）和未来之变（建成现代强国）对世界格局的影响性。其次，两个大局内涵指向不同。第一个大局，中华民族伟大复兴的战略全局可概括为：“比历史上任何时期都更接近、更有信心和能力实现中华民族伟大复兴的目标（已经全面建成小康社会、正在开始全面建设社会主义现代化强国新征程）＋中国日益走近世界舞台的中央（已成为世界第二大经济体，制造业产值世界第一、货物贸易总额世界第一、外汇储备世界第一）”。第二个大局，世界百年未有之大变局可概括为：“少数西方发达国家主导的格局正在发生深刻变化＋新一轮高新科技变革＋中国特色社会主义成就举世瞩目”。第一个大局意味着，当前中国民族复兴呈现出前所未有的光明前景，当前中国正在发挥着世界和平建设者、全球发展贡献者、国际秩序维护者的重要作用。第二个大局意味着，新兴市场国家和发展中国家快速崛起，科学社会主义在曲折中奋起，中国特色社会主义取得举世瞩目的巨大成就。当今世界，时与势均对中国有利。这是中国的定力和底气所在，中国需要抓住机遇，保持战略定力、发扬斗争精神，如期实现“第二个百年”奋斗目标，为中国人民和世界各国人民开辟更加幸福美好的未来。

关于两个大局的辩证关系。不难发现，在实践中，两个大局同步交织、相互激荡。一方面，中华民族伟大复兴是世界百年未有之大变局的重要组成部分，二者是局部与全局的关系，中国发展将影响世界之变。另一方面，中华民族伟大复兴具有特殊性，它是中华民族实现现代化和科学社会主义在21世纪走强的必然历程。这意味着，随着中国的持续发展壮大，随着中国奇迹溢出效应的不断扩大，中华民族的伟大复兴将成为影响这一变局走向的关键因素之一，中国力量将成为影响世界的关键变量。基于此种辩证规律，中国发展将在未来实践中坚持如下原则：一是利用世界百年未有之大变局的正向因素推进中华民族伟大复兴；二是通过推进中华民族伟大复兴推动世界百年未有之大变局正向发展；三是如期实现“第二个百年”目标，积极推动构建人类命运共同体，为中国人民和世界各国人民开辟更加幸福美好的未来。

二、全面深入理解实现伟大梦想的本质内涵

党的十八大以来，习近平总书记提出并深刻阐述了实现中华民族伟大复兴的中国梦，强调中国梦的基本内涵是国家富强、民族振兴、人民幸福；实现中国梦，必须坚持中国道路、弘扬中国精神、凝聚中国力量；实干才能梦想成真；等等。认真学习这些重要论述，对于我们深刻理解和全面把握中国梦的内涵和实质，坚定信心沿着中国特色社会主义道路实现中华民族伟大复兴，具有十分重要的意义。

要弄清中国梦指称什么。何为中国梦？2012年11月29日，在参观《复兴之路》大型展览时，习近平总书记指出：“每个人都有理想和追求，都有自己的梦想。现在，大家都在讨论中国梦，我以为，实现中华民族伟大复兴，就是中华民族近代以来最伟大的梦想。这个梦想，凝聚了几代中国人的夙愿，体现了中华民族和中国人民的整体利益，是每一个中华儿女的共同期盼。”[①]在这里，中国梦就是指“实现中华民族伟大复兴”。也就是说，中国梦具有特定指称，它不是泛泛而言，

①《习近平谈治国理论》（第一卷），外文出版社2018年版，第36页。

而是仅仅限定为中华民族的伟大复兴这件事情。为进一步强化这一概念，习近平总书记在后来的表述中把“实现中华民族伟大复兴”与“中国梦”直接并列结合。例如，在第十二届全国人大一次会议闭幕会上，他就说，实现中华民族伟大复兴的中国梦。这是我们深入理解中国梦概念的前提。

要弄清这些指称的实质是什么，也就是中国梦的丰富内涵。概念的指称明确了它在现实中指什么，那么，进一步的问题就来了，这些指称背后的实质是什么，这就是概念的内涵问题。中国梦，是指中国如何实现民族复兴问题，那么，民族复兴的内容是什么，什么样的情形才是实现了民族复兴呢？对于这个问题，习近平总书记予以了明确回答，他说：“实现中华民族伟大复兴的中国梦，就是要实现国家富强、民族振兴、人民幸福。”[①]也就是说，民族复兴的目标有三：一是国家富强，二是民族振兴，三是人民幸福，三者统一才是实现了民族复兴。在逻辑上，上述三个目标具有内在关联，相互规定并生成以下几个诉求。第一，国家富裕和强大是民族复兴的前提和基础，没有国家主体的支撑，民族复兴就是空中楼阁。第二，民族精神的提振和兴旺发达，进而兼济天下，这是民族复兴的主要标志，只有有了民族共同体意识的自觉和强大，才能说中华民族屹立于世界民族之林了，否则，不达者不足以兼济天下。第三，人民生活幸福美满，是民族复兴的最终目的，无论国家富强还是民族振兴，最终都是为了人民，都是由人民说了才算，在这个意义上，人民才是民族复兴的判卷人。第四，在民族复兴的大系统中，国家好是支撑，民族强是关键，人民满意是目的，支撑、关键、目的三者有机统一，构成民族复兴的顶层设计框架；在该框架中，国家发展的支撑需要硬实力，民族精神的引领

① 习近平：《在第十二届全国人民代表大会第一次会议上的讲话》，人民出版社2013年版，第3页。

需要软实力，人民幸福感的获得需要综合实力，就此而言，一旦实现民族复兴，那就意味着，中国走向世界，中华文明走向世界，中国特色社会主义走向世界。

要全面把握如何实现中国梦。目标已定，关键在行。中国梦的实质决定了它是一个集国家、民族、人民三个主体于一身的系统工程，在实践上，如何实现中国梦，同样需要坚持系统观念、实施系统化决策。2013年3月，习近平总书记在十二届全国人大一次会议闭幕会上强调，实现中国梦必须走中国道路、弘扬中国精神、凝聚中国力量。可以说，这“三个必须”为中国梦的实现指明了前进的方向。深入理解这“三个必须”，关键是弄清三者的内在关系。从逻辑上说，中国道路是路径和方向因素，中国精神是动力和信念因素，中国力量是保障和行动因素。具体可从两个层次分析：路径—动力—保障；方向—信念—行动。就第一层次来说，实现中国梦，需要有效的路径、源源不断的动力、现实的力量保障。改革开放的历史证明，中国特色社会主义道路是一条符合中国国情、富民强国的正确道路，解决的是路径问题。弘扬中国精神，用以爱国主义为核心的民族精神和以改革创新为核心的时代精神振奋起全民族的精气神，这是动力问题。凝聚中国力量，用14亿中国人的智慧和力量，一代又一代中国人不懈努力，这是最大的保障。就第二个层次来看，道路问题，从深层次说是发展的方向问题，坚持中国特色社会主义道路，就是明确了未来中国发展的方向。精神问题，核心是必胜的信心和持久的信念，因为在方向、目标已经确定的前提下，在当前行动与未来目标实现之间，这段进程需要靠信念、信心来支撑和推动，这就是信念的价值。中国精神内涵丰富，顽强、勤劳、团结、创新是其主基调。有了这样的民族精气神，我们的事业就有了成功的保障。行动问题，本质上就是逐步实现目标的进程问题，团结一致、万众一心、集中力量办大事，这是在中国语境下行动因素的核心要义。无论是灾难面前万众一心的“中国救援”，还是经济建设中的“中国速度”，都彰显了让人震撼的中国力量。

三、中国梦是和平、发展、合作、共赢的梦

中国梦的提出，对国际社会产生了广泛影响，增强了对世界的吸引力和感召力，树立了中国在国际上负责任大国的良好形象，也向全世界作了中国坚定不移走和平发展道路的庄严宣示。2013 年 10 月 24 日，习近平总书记在周边外交工作座谈会上指出：“把中国梦同周边各国人民过上美好生活的愿望、同地区发展前景对接起来，让命运共同体意识在周边国家落地生根。”①那么，如何看待中国梦与世界其他各国人民梦想的关系？如何回答中华民族伟大复兴会给邻国、给世界带来什么？这就需要分析民族复兴与世界发展的内在关系。

当今世界，全球发展是由许许多多个民族国家的发展汇合而形成的。各个国家是世界的一部分，世界是各个国家的联合体，二者是一个局部与整体的关系。世界发展离不开中国，中国发展同样离不开世界。中华民族的复兴，一方面会促进世界发展，本身也是世界发展无法分割的组成部分。另一方面，中华民族的复兴需要世界的支持，在全球发展商品经济的大历史区间，离不开世界市场这个大舞台。这就意味着，中华民族的伟大复兴，迫切需要和平以保障发展，迫切需要发展以实现国家富强、民族振兴、人民幸福，和平与发展是中国发展的首要需求，此其一。其二，在中华民族实现复兴的过程中，在全球商品经济的大舞台上，在世界总体的现代化进程中，中国社会主义市场经济需要与全球市场经济合作，中华民族现代化需要汇入世界现代

① 《习近平谈治国理政》（第一卷），外文出版社 2018 年版，第 299 页。

化进程中。这意味着，合作是中国的第一选择，共赢是中国与世界的最优选项。由此可见，中华民族的复兴，和平、发展、合作、共赢，是中国的基本理念和价值取向。诚如习近平总书记所言：“中国梦要实现国家富强、民族复兴、人民幸福，是和平、发展、合作、共赢的梦，与包括美国梦在内的世界各国人民的美好梦想相通。”①

① 中共中央文献研究室编：《习近平关于实现中华民族伟大复兴的中国梦论述摘编》，中央文献出版社2013年版，第71页。

第三节
中国特色社会主义进入新时代的宏伟蓝图

新时代，是中国特色社会主义的历史方位。在新时代，坚持和发展中国特色社会主义需要明确几个关键问题，即两个百年目标转换之际遇（历史坐标）、“新发展阶段、新发展理念、新发展格局”（基本蓝图）、中华民族从富起来到强起来的伟大跨越（深远影响）。这是理解新时代中国特色社会主义宏伟蓝图的基本点。

一、开启全面建设社会主义现代化国家新征程

习近平总书记在《关于〈中共中央关于制定国民经济和社会发展第十四个五年规划和二〇三五年远景目标的建议〉的说明》中指出：“‘十四五’时期是我国在全面建成小康社会、实现第一个百年奋斗目标之后，乘势而上开启全面建设社会主义现代化国家新征程、向第二个百年奋斗目标进军的第一个五年。”这是以习近平同志为核心的党中央对开启全面建设社会主义现代化国家新征程作出的庄严宣告，是我国社会主义现代化建设新的历史坐标。如何看待这一历史坐标？关键是要抓住两个问题，即来龙和去脉。

关于社会主义现代化建设的历史由来问题及其所体现的规律性。历史地看，我们党对社会主义现代化建设一直在进行探索，也取得了不少成果。毛泽东同志提出，我们的任务“就是要安下心来，使我们可以建设我们国家现代化的工业、现代化的农业、现代化的科学文化和现代化的国防”。[①]进入改革开放历史新时期，邓小平同志根据新的实际和历史经验确立了我国实现社会主义现代化的正确道路。在党的十一届五中全会第三次会议上，他作了题为《坚持党的路线，改进工作方法》的重要讲话，指出：“我们党在现阶段的政治路线，概括地说，就是一心一意地搞四个现代化。”[②]在新时代，针对现代化问题，习近平总书记强调，实现社会主义现代化和中华民族伟大复兴是坚持和发展中国特色社会主义的总任务，要在全面建成小康社会的基础上，分两步走全面建成社会主义现代化强国。这些重大战略思想、重大理论观点、重大工作部署，深化了我们党对社会主义现代化建设规律的认识，指导了我国社会主义现代化建设实践。

总的来说，我们党对现代化问题的探索，体现出了如下规律性：提出现代化目标—确立现代化道路—分步实施现代化战略。从历史的逻辑来说，提出现代化目标，是我国现代化进程的自觉设计，表明中华民族开始理性地认识到现代化对我国发展的战略意义。确立现代化道路，是我国现代化进程的组织实施，意味着中华民族开始进入全球现代化的历史大潮流，中华民族的现代化随之展开。分步实施现代化战略，是我国现代化进程的质的飞跃，它显示了在中国共产党的领导下，中华民族的现代化进程实现了主体自觉和有组织化的有机统一。它预示着，在21世纪的全球现代化大舞台上，中国特色社会主义将通过制度优势和理论先进性，实现中华民族的伟大复兴，展示

---

①《毛泽东文集》（第八卷），人民出版社1999年版，第162页。

②《邓小平文选》（第二卷），人民出版社1994年版，第276页。

中华民族实现现代化对人的历史发展所带来的深远历史影响。

关于社会主义现代化建设的未来愿景问题及其所内含的三重逻辑。从未来的视角看，对社会主义现代化建设，我们党曾提出“三步走”战略目标，即解决人民温饱问题、全面建成小康社会、基本实现现代化。到2021年，前两个目标已实现。站在历史新起点上，以习近平同志为核心的党中央对新时代推进社会主义现代化建设做出新的顶层设计，提出从2020年到21世纪中叶，在全面建成小康社会的基础上，分两步走全面建成社会主义现代化强国。第一步是，从2020年到2035年，基本实现社会主义现代化。到那时，我国跻身创新型国家前列；国家治理体系和治理能力现代化基本实现；中华文化影响更加广泛深入；全体人民共同富裕迈出坚实步伐；现代社会治理格局基本形成；美丽中国目标基本实现。第二步是，从2035年到2050年，建成富强民主文明和谐美丽的社会主义现代化强国。到那时，我国实现国家治理体系和治理能力现代化，成为综合国力和国际影响力领先的国家，全体人民共同富裕基本实现，中华民族将以更加昂扬的姿态屹立于世界民族之林。深入分析新时代“两步走”的战略安排，可以发现，中华民族现代化的未来是强起来的未来，社会主义现代化建设的愿景是建成现代化强国。在这里，强起来和现代强国隐含着如下三个层面的逻辑，即国家发展的强国逻辑、现代化进程的转型逻辑、社会主义实践的引领逻辑。

国家发展的强国逻辑，即现代化建设在国家层面上就是要实现现代化强国，这既是目标，同时也是国家现代化的必然归宿。这一强国逻辑具有普遍性，同样也适用于中国。对中国来说，未来的现代化具有两个梯次，一是基本实现现代化，这是量的必要积累；二是全面建成现代化强国，这是质的必然飞跃。两个梯次的战略设计，内在遵循着质量互变的辩证发展规律，是我们党对社会发展规律的自觉把握和运用。

现代化进程的转型逻辑，意指中华民族的现代化进程，从深层次上看，是中国社会的深刻转型，即中国社会实现从前市场经济时期的传统社会向市场经济时期的现代社会的转型。现代化是否完成，在宏观架构上，核心体现为是否完成“从农业为主到工商业主导”和“从农民占多数到市民为主体”两个转换；在生活世界，核心体现为两个底层性支撑——“乡村为辅＋城镇为主”和“从宅基地为辅到现代小区为主”——是否稳定形成。以此观察中国现代化进程，基本实现现代化，意味着中国在宏观层面完成社会转型，但在底层支撑上还不够充分；全面建成现代化，意味着宏观变革充分、底层支撑稳定，加之中国人口规模巨大，完成现代化转型的中国因其天然的人口优势，必然成为体量超大、实力超强的国家主体。

社会主义实践的引领逻辑，即随着中国国家强大，随着中华民族现代化的天然卓越性，中国引领的社会主义在21世纪的全球舞台上，也必然日益强大。在此惯性发展的牵引下，中国特色社会主义必然不可阻挡地成为引领全球发展的力量之一。可以预见，21世纪，尤其是下半叶，社会主义将引领全球发展，中国特色社会主义将引领世界社会主义科学发展。

二、深入理解和把握新发展阶段、新发展理念和新发展格局

习近平总书记在省部级主要领导干部学习贯彻党的十九届五中全会精神专题研讨班开班式上发表重要讲话，强调要把握新发展阶段的历史方位，科学阐明贯彻新发展理念的指导原则。他指出，构建新发展格局的路径选择，具有很强的思想性、指导性，为我们深入学习和

把握中国特色社会主义在新时代的蓝图布局提供了理论指导。

总的来说，进入新发展阶段、贯彻新发展理念、构建新发展格局，是党中央关于新时代中国特色社会主义未来蓝图的顶层设计框架，是关于新时代中国特色社会主义历史方位、指导原则、路径选择的基本论断。深入把握这一框架和重大论断，可以从以下9个基本点着手，即“3+2+4”。

第一，关于新发展阶段，需要把握其标志、性质及其所面临的形势3个基本点。党的十九届五中全会提出，全面建成小康社会、实现第一个百年奋斗目标之后，我们要乘势而上开启全面建设社会主义现代化国家新征程、向第二个百年奋斗目标进军，这标志着我国进入了一个新的发展阶段。也就是说，新发展阶段从何开始，其标志是一个关键问题。在这里，新发展阶段的开始具有两个标志性事件：一是第一个百年目标实现，党中央正式向全世界宣告全面建成小康社会；二是第二个百年目标开启，标志就是十九届五中全会审议通过了《中共中央关于制定国民经济和社会发展第十四个五年规划和二〇三五年远景目标的建议》，该建议着眼于第二个百年奋斗目标，勾勒出“十四五”乃至2035年我国经济社会发展的目标、路径和主要政策措施，是关于新发展阶段的行动指南。综合而言，关于新发展阶段的开始标志，时间为2020年，事件为党的十九届五中全会。就新发展阶段的性质来说，根据习近平总书记的讲话，主要从4个方面界定，即与社会主义初级阶段的关系，与社会主义发展进程的关系，与社会主义现代化建设的关系，与站起来、富起来的关系。习近平总书记在省部级主要领导干部学习贯彻党的十九届五中全会精神专题研讨班开班式上指出：“新发展阶段是社会主义初级阶段中的一个阶段，同时是其中经过几十年积累、站到了新的起点上的一个阶段。”这是就新发展阶段与社会主义初级阶段来说的。“新发展阶段是我国社会主义发展进程中的一个重要阶段。”[①]这是就新发展阶段与社会主义发展进程的关系来说的。“新中国成立不久，我们党就提出建设社会主义现代化国家的目标……未来三十年将是我们完成这个历史宏愿的新发展阶段。”[②]这是就新发展阶段与社会主义现代化建设的关系来说的。“从历史依据来看，新发展阶段是我们党带领人民迎来从站起来、富起来到强起来历史性跨越的新阶段。”[③]这是就新发展阶段与站起来、富起来的关系来说的。总之，关于新发展阶段的性质，可以这样概括：它是社会主义发展进程中，处于社会主义发展初级阶段中的一个阶段；它是中国实现从站起来、富起来向强起来飞跃的一个阶段；它是中华民族实现现代化历史宏愿的30年。就新发展阶段所面临的形势来看，主要有两个基本判断，即时与势、机遇与挑战。关于时与势，习近平总书记指出：“时与势在我们一边，这是我们定力和底气所在，也是我们的决心和信心所在。”[④]关于机遇与挑战，他强调，“当前和今后一个时期，虽然我国发展仍然处于重要战略机遇期，但机遇和挑战都有新的发展变化，机遇和挑战之大都前所未有，总体上机遇大于挑战”。[⑤]

第二，关于新发展理念，需要把握其本质和贯彻要求两个基本点。就其本质来说，新发展理念是关于发展问题的基本理论，它主要体现为“两个回答”：一是“要回答好实现什么样的发展、怎样实现发展这个重大问题”；二是“回答了关于发展的目的、动力、方式、路径等一系列理论和实践问题，阐明了我们党关于发展的政治立场、价值导向、发展模式、发展道路等重大政治问题”。理念是行动的先导，新

---

① 习近平：《论把握新发展阶段、贯彻新发展理念、构建新发展格局》，中央文献出版社2021年版，第474页。

②④⑤ 同上，第473页。

③ 同上，第471页。

发展理念的价值关键在于贯彻。关于新发展理念的贯彻要求，习近平总书记强调了三点：一是从根本宗旨把握新发展理念，二是从问题导向把握新发展理念，三是从忧患意识把握新发展理念。关于根本宗旨，习近平总书记强调："只有坚持以人民为中心的发展思想，坚持发展为了人民、发展依靠人民、发展成果由人民共享，才会有正确的发展观、现代化观。"[①]关于问题导向，习近平总书记强调："我国发展已经站在新的历史起点上，要根据新发展阶段的新要求，坚持问题导向，切实解决好发展不平衡不充分的问题，推动高质量发展。"[②]关于忧患意识，习近平总书记强调："随着我国社会主要矛盾变化和国际力量对比深刻调整，我国发展面临的内外部风险空前上升，必须增强忧患意识、坚持底线思维，随时准备应对更加复杂困难的局面。"[③]

第三，关于新发展格局，需要把握其关键点、本质特征、扩大内需、高水平对外开放四个基本点。构建新发展格局的关键点是，必须保证经济循环的畅通无阻。这是由新发展格局的国内循环为主体的内在要求决定的。因为，"只有立足自身，把国内大循环畅通起来，才能任由国际风云变幻，始终充满朝气生存和发展下去"。构建新发展格局的本质特征是，实现高水平的自立自强。这就决定了在实践上，"必须更强调自主创新，全面加强对科技创新的部署，集合优势资源，有力有序推进创新攻关的'揭榜挂帅'体制机制，加强创新链和产业链对接"。关于扩大内需，聚焦点是有效制度建设，目标是保证国内市场的可持续性。习近平总书记强调，要建立起扩大内需的有效制度，释放内需潜力，加快培育完整内需体系，加强需求侧管理，扩大居民消

---

① 习近平：《论把握新发展阶段、贯彻新发展理念、构建新发展格局》，中央文献出版社2021年版，第479页。

② 同上，第480页。

③ 同上，第481页。

费，提升消费层次，使建设超大规模的国内市场成为一个可持续的历史过程。关于实行高水平对外开放，重点强调国内市场的前提性，重视国际循环对国内市场的反作用。习近平总书记指出："构建新发展格局，实行高水平对外开放，必须具备强大的国内经济循环体系和稳固的基本盘……塑造我国参与国际合作和竞争新优势。要重视以国际循环提升国内大循环效率和水平，改善我国生产要素质量和配置水平……推动我国产业转型升级。"[①]总之，关于构建新发展格局，一是保证经济循环的畅通无阻，二是实现高水平的自立自强，三是扩大内需，四是实行高水平对外开放，这四点构成推动构建新发展格局的基本框架，该框架是我们在实践中指导工作的基本遵循。

三、迎来从富起来到强起来的伟大飞跃

2018年5月4日，习近平在纪念马克思诞辰200周年大会上指出："在新时代，中国共产党人把马克思主义基本原理同新时代中国具体实际结合起来，团结带领人民进行伟大斗争、建设伟大工程、推进伟大事业、实现伟大梦想，推动党和国家事业取得全方位、开创性历史成就，发生深层次、根本性历史变革，中华民族迎来了从富起来到强起来的伟大飞跃。这一伟大飞跃以铁一般的事实证明，只有坚持和发展中国特色社会主义才能实现中华民族伟大复兴！"深入理解上述重要论述，有三个基本点需要关注：一是近代以来，在中华民族的发展中，"站起来—富起来—强起来"的历史脉络日益显著；二是历史证明，只有社会主义才能救中国，只有中国特色社会主义才能发展中国；三是进入新时代，只有坚持和发展中国特色社会主义，才能实现中华民族

① 习近平：《论把握新发展阶段、贯彻新发展理念、构建新发展格局》，中央文献出版社2021年版，第486页。

伟大复兴。在这里，有一个关键的问题需要深入研究，那就是：在新时代，中国特色社会主义已经迎来了中华民族要强起来的发展阶段，那么，什么是强起来？如何才能强起来？这是新时代中国特色社会主义必须回答的基本性问题。

什么是强起来？从逻辑上说，强起来是一个过程，是一个比较性行为。该过程，纵向看，要比过去强大，是一种历时性比较。横向看，要比他国强大，是一种同期性比较。据此分析中国，不难发现，衡量强起来，需要看四项指标：较之于全面建成小康社会，能否基本实现现代化；较之于基本实现现代化，能否建成现代化；较之于发展中国家，能否保持领先优势；较之于发达国家，能否进入中等发达国家行列。

如何才能强起来？本质决定现象，强起来的本质决定强起来的表象。从历史性比较看，要强起来，首先要基本实现现代化，这是与全面建成小康社会的比较；其次，要全面建成现代化，这是与基本实现现代化的比较。从同期性比较来看，要强起来，要完成两个层次的比较，一个是在发展中国家中，要脱颖而出，保持领先优势；另一个是要追赶发达国家，如期进入中等发达国家行列。综合而言，中华民族要完成强起来的历史重任，需要牢牢把握四个参数，即基本实现现代化、全面建成现代化、保持在发展中国家的领先优势、如期进入中等发达国家行列。唯有如此，才能在未来的历史发展中如期实现中华民族伟大复兴。

第二章　『两个大局』与伟大梦想

“中国向何处去”不是一个无关轻重的小问题，而是一个攸关中国发展前途命运的大问题。中华民族复兴的伟大梦想，指引着“中国号”巨轮的前进方向。历史地看，实现中华民族伟大复兴是中国人民近代以来最伟大的梦想，也是近代以来中国历史的主题主线。围绕这一主题主线，100年来，中国共产党团结带领中国人民进行不懈奋斗，开辟了中国道路，创造了中国奇迹，展示了中国力量。中国道路，彰显了中国人民伟大创造精神、伟大奋斗精神、伟大团结精神、伟大梦想精神。就此而论，“全面建成小康社会”“基本实现现代化”“全面建成社会主义现代化强国”和“实现中华民族伟大复兴中国梦”的提出，是过去中国逐渐掌握世界历史发展进程中的力量转移趋向，掌握自身发展命运，进而日益自信的表现，更是中华民族赢得尊严的体现。在新时代实现伟大梦想必须全方位理解和把握“两个大局”。“两个大局”指“世界百年未有之大变局”和“中华民族伟大复兴战略全局”。当前，世界百年未有之大变局加速演进，全球动荡源和风险点明显增多，我国外部环境复杂严峻。我们要统筹国内国际两个大局、发展安全两件大事，既聚焦重点，又统揽全局，有效防范各类风险连锁联动，有力推进伟大梦想逐步实现。

第一节
“两个大局”与中国特色社会主义

道路决定方向。实现伟大梦想，必须选择正确的道路，这条路，概括起来就是中国特色社会主义道路。在新时代新阶段，坚持和发展中国特色社会主义必须从“两个大局”出发，深刻理解和把握“两个大局”与中国特色社会主义的内在关系。

一、世界正处于百年未有之大变局

对世界大势进行科学而精准的研判是中国共产党制定中国发展阶段性目标的重要前提。当今世界正处于百年未有之大变局，这是中国共产党对于世界新的时代特征的全新、科学和准确的研判。新时代与“大变局”遭遇，两者同步交织、相互激荡，共同构成了中国与世界的基本面。从世情看，世界处于百年未有之大变局，世界处于大发展大变革大调整时期，世界秩序重构加速。“世界大变局的首要动向，是国际秩序和国际力量对比正在发生根本性变化。”[①]在世界大变局中，治

---

① 中共中央党校（国家行政学院）：《习近平新时代中国特色社会主义思想基本问题》，人民出版社、中共中央党校出版社2020年版，第2页。

理赤字、信任赤字、和平赤字、发展赤字显得尤为突出。与此同时，中国进入“强起来”的发展阶段，中国“日益走近世界舞台中央”，压力越来越大、挑战越来越多。可以说，世界对中国的关注，从未像今天这样广泛、深刻、聚焦；中国对世界的影响，也从未像今天这样全面、深刻、长远。如何在“百年未有之大变局”中看清世界大势，把握中国方向，推进伟大梦想，是摆在我们面前的现实任务。

世界潮流，浩浩荡荡。要想准确判定世界大势，必须掌握“哲学之道”，系统解决“怎么看”“怎么想”和“怎么做”的问题。“哲学之道”在于抓本质、讲逻辑、善概括、重辩证、谋战略。中国共产党之所以能精准判定世界大势，提出当今世界处于“百年未有之大变局”，一个重要原因是中国共产党始终注重“学哲学、用哲学”，掌握了“哲学之道”，从而具有战略思维。所谓战略思维，是指主体对关系事物全局的、长远的、根本的重大问题的谋划、分析、综合、判断、预见和决策的思维方式，强调从根本、全局、长远上把握各种本质关系，并制定相应的战略谋划和战略安排，主要解决“怎么做”的问题。战略思维能力以思维的整体性、全局性、前瞻性和创造性为基本特点，集中体现在对战略态势判断能力上。当今时代，综合国力竞争既表现为国家“硬实力”和“软实力”的直接较量，更表现为国家战略思维、战略决策、战略目标和战略能力的深度角逐。习近平总书记指出，战略问题是一个政党、一个国家的根本性问题。战略上判断得准确，战略上谋划得科学，战略上赢得主动，党和人民事业就大有希望。要对实现中华民族伟大复兴这一战略全局进行谋划和安排，必须具备战略定力。在把握国际国内大势、擘画改革发展稳定蓝图时，习近平总书记反复强调要有战略思维，要胸怀大局、把握大势、着眼大事，做好我们自己的事情，这就要求增强战略思维能力，分清本质和现象、主流和支流。提高战略思维能力，提升战略自信，保持战略定力，关键是提升对中国和世界重大现实问题的判断力、批判力和建构力，唯有如此，才能因势而谋、应势而动、顺势而为。

二、推进实现中华民族伟大复兴战略全局

从国情看，经过接续努力，党的十八大以来中国特色社会主义进入新时代，我国社会生产力水平显著提高，小康社会全面建成，从而开启全面建设社会主义现代化国家新征程。但是，进入新时代并不意味着一帆风顺了，我国发展遭遇到的新问题比之前更多、更复杂、更严峻。我国社会主要矛盾发生了重大变化，人民对美好生活的需要日益广泛、更加全面，发展不平衡和不充分成为满足人民美好生活需要的主要制约因素。实现中华民族伟大复兴是近代以来中华民族最伟大的梦想。中国共产党一经成立，就义无反顾肩负起实现中华民族伟大复兴的历史使命，团结带领人民进行了艰苦卓绝的斗争，谱写了气吞山河的壮丽史诗。在党的十九大报告中，习近平总书记指出：“我们比历史上任何时期都更接近、更有信心和能力实现中华民族伟大复兴的目标。”实现中华民族伟大复兴是事关战略全局的紧要问题。习近平总书记完整提出进行伟大斗争、建设伟大工程、推进伟大事业、实现伟大梦想，是在我国进入决胜全面小康、开启社会主义现代化新征程的重要历史节点做出的重大理论创新。伟大斗争，伟大工程，伟大事业，伟大梦想，紧密联系、相互贯通、相互作用，其中起决定性作用的是党的建设新的伟大工程。从整体上看，伟大梦想是奋斗目标，着眼于“干成什么或达到什么目的”。新中国成立70多年尤其是改革开放40多年的实践启示我们：开放带来进步，封闭必然落后。在全球化时代，中国的发展离不开世界，同样，世界的繁荣也需要中国。我们统筹国内国际两个大局，推进形成全方位、多层次、宽领域的全面

开放新格局，为实现伟大梦想创造了条件。

三、“两个大局”境遇下积极推进新时代中国特色社会主义建设

所谓“两个大局”，就是胸怀中华民族伟大复兴战略全局、世界百年未有之大变局这“两个大局”。我们推进中国特色社会主义伟大事业的目的归根结底是实现中华民族伟大复兴的伟大梦想。推进伟大梦想必须把握和用好时与势。从党情看，我们党的理论创新实现了新飞跃，党的执政方式和执政方略有了重大创新，党推动发展的理念和方式发生了重大转变。我们党肩负起新的历史使命，需要进行具有许多新的历史特点的伟大斗争。历史地看，勇于自我革命是中国共产党的独特品质，是中国共产党的最大优势，是中国共产党领导人民实现中华民族伟大复兴的动力和源泉；从现实中看，中国特色社会主义进入新时代，以党的自我革命推进伟大社会革命，需要增强自我革命意识，涵养自我革命力量，把握自我革命规律；用未来的眼光看，中国共产党只有更加自觉地勇于进行自我革命，才能把自己建设成世界上最强大的政党，也才能更好地推进现代化事业。实现中华民族伟大复兴是中国从大国迈向强国的必由之路，更是实现中国人民幸福的必由之路。从哲学的高度看，这是中华民族和中国人重新主宰自己命运的一种积极努力，也是中华民族和中国人民主体性的集中体现。我们要把实现中华民族伟大复兴这一伟大梦想置于“四个伟大”的框架中来理解和把握，只有如此，才能理解和把握伟大梦想的精髓要义。

第二节
“两个大局”与全面建设社会主义现代化国家

“伟大梦想”主要回答为夺取中国特色社会主义新的伟大胜利应担负什么样的历史使命、实现什么样的奋斗目标问题。从党的十九大到二十大，是“两个一百年”奋斗目标的历史交汇期。在历史交汇期，我们既要全面建成小康社会，实现“第一个百年”奋斗目标，又要乘势而上，开启全面建设社会主义现代化国家新征程，向“第二个百年”奋斗目标进军。

一、全面总结全面建成小康社会的基本经验

随着2020年我们如期全面建成小康社会，全面总结全面建成小康社会的基本经验就自然而然地提上日程。全面建成小康社会既是新时代中国民生政治的标志性成就，也是全体中国人民的共同理想。全面建成小康社会在“四个全面”战略布局中居于引领地位，作为我们党确定的“第一个百年”奋斗目标，它的实现，标志着我国跨过了实现现代化建设第三步走战略必经的重要发展阶段，对顺利开启基本实现

现代化、全面建成社会主义现代化强国新征程都具有十分重大的意义，更是实现中华民族伟大复兴的关键一步。全面建成小康社会，意味着困扰中华民族几千年的绝对贫困难题得到历史性解决，意味着我国开启全面建设社会主义现代化国家的新征程，意味着我国为全球减贫事业贡献出中国智慧和中国方案。

贫困问题在人类历史上长期存在，困扰着人类的生存和发展。作为一个农业人口占多数的发展中国家，我国的贫困问题曾经尤为突出。消除贫困、改善民生，实现共同富裕，是社会主义的本质要求，也是中国特色社会主义制度的题中应有之义。绝对贫困难题得到历史性解决之后，我们将重点解决相对贫困问题，推进共同富裕。中国共产党走过波澜壮阔的百年历程，在这100年间，我们党领导中国人民进行的一切奋斗，是为了全面建设社会主义现代化国家，让人民过上富裕的美好生活，进而实现中华民族伟大复兴。在"两个一百年"历史交汇点上，党的十九届五中全会向更高远的目标谋划共同富裕，提出了"全体人民共同富裕取得更为明显的实质性进展"的目标。走共同富裕道路的本质特征在于，对"共同"的强调。尽管少数西方发达国家走上了富裕道路，但无论是在资本主义早期阶段还是在当今资本主义社会，财富的两极分化都十分明显，"劫贫济富"是资本主义的典型特征。社会主义作为人类发展史上的新阶段，其本质特征和根本任务就是解放和发展生产力，消灭剥削，消除两极分化，最终实现共同富裕。也就是说，走社会主义道路意味着走共同富裕道路。社会主义与资本主义的本质区别之一就在于，既要发展比资本主义更先进的生产力，又要逐渐消除两极分化，最终实现共同富裕。

习近平总书记指出："共同富裕本身就是社会主义现代化的一个重要目标。我们不能等实现了现代化再来解决共同富裕问题，而是要始终把满足人民对美好生活的新期待作为发展的出发点和落脚点，在实现现代化过程中不断地、逐步地解决好这个问题。”①为此，要从政治上全方位理解和把握共同富裕目标，毕竟，实现共同富裕不仅仅是经济问题，而且是关系党的执政基础的重大政治问题。在全面建设社会主义现代化国家新征程中，我们要把促进全体人民共同富裕摆在更加重要的位置，脚踏实地、循序渐进、久久为功，向着共同富裕目标更加积极有为地进行努力，促进人的全面发展和社会全面进步，让广大人民群众的获得感、幸福感、安全感更加充实、更有保障、更可持续。随着中国脱贫攻坚战如期打赢，现行标准下9899万农村人口全部脱贫，832个贫困县全部摘帽，中华大地上消除了绝对贫困，我国进入新发展阶段，接下来要解决相对贫困问题和发展不平衡不充分问题。与绝对贫困通常被定义为物质生活的匮乏并且以收入标准来衡量不同，相对贫困主要从伦理和文化层面来理解和把握。随着脱贫攻坚战全面胜利，我国贫困治理的重心正在由消除绝对贫困向消除相对贫困转变。如果说在消除绝对贫困阶段，主要解决“有没有”的问题，那么在消除相对贫困阶段主要是解决“好不好”的问题。与此相应，民生方面的转型升级主要是从“生存性需求”满足到“发展性需求”的满足，以提高人民的生活品质。当然，我们所要解决的脱贫问题，不仅仅局限于物质生活水平上的脱贫，更重要的是精神上的脱贫。实际上，脱贫致富过程既是改造客观世界、建设物质文明的过程，同时也是改造主观世界、建设精神文明的过程。正如习近平总书记指出的，实现中华民族伟大复兴的中国梦，物质财富要极大丰富，精神财富也要极大丰富。此外，在脱贫后，如何做好巩固拓展脱贫攻坚成果同乡村振兴的有效衔接，确保持续增收和防止返贫就成为现实问题。为此，要统筹发展和安全，建设更高水平的“平安中国”；统筹发展和健康，建设更高水平

① 习近平：《论把握新发展阶段、贯彻新发展理论、构建新发展格局》，中央文献出版社2021年版，第503页。

的“健康中国”；统筹发展和生态，建设更高水平的“绿色中国”。

小康社会的构想与中国现代化进程是相伴而生的，小康社会的建设历程同时也是中国人民不断探索社会主义现代化道路的历程。邓小平同志立足于我国国情，提出了“小康社会”这一极具中国特色的新概念。1979年12月6日，邓小平在会见日本首相大平正芳时使用“小康”来描述中国式的现代化。“所谓小康，从国民生产总值来说，就是年人均达到八百美元。”[①]他指出：“我们要实现的四个现代化，是中国式的四个现代化。我们的四个现代化的概念，不是像你们那样的现代化的概念，而是‘小康之家’。”[②]可以说，小康社会建设贯穿于中国现代化建设的总进程，小康社会不同的发展阶段也是我国社会主义现代化建设的不同阶段。

新中国的成立和社会主义制度的建立不仅为中国进行现代化建设开辟了道路，同时也为建设小康社会思想的形成奠定了根本政治前提和制度基础。早在新中国成立初期，我国就把现代化作为国家治理的目标。面对这一目标，我们党经历了一个不断深化认识和调整战略的过程。在1954年第一届全国人大第一次会议上，我们党提出了要建立现代化的工业、现代化的农业、现代化的交通运输业和现代化的国防，后来这一目标写进了中共八大通过的党章。1964年，又提出了“把我国建设成为一个具有现代农业、现代工业、现代国防和现代科学技术的社会主义强国”的任务。1978年在中央工作会议上，邓小平同志发表了《解放思想，实事求是，团结一致向前看》的讲话，明确肯定了“把全党工作的重心转移到实现四个现代化上来的根本指导方针”。随后召开的党的十一届三中全会标志着中国从此进入社会主义现

---

① 《邓小平文选》（第三卷），人民出版社1993年版，第64页。

② 中共中央文献研究室编：《邓小平年谱（1975—1997）》（上卷），中央文献出版社2004年版，第582页。

代化建设的历史新时期。1979年在党的理论工作务虚会上，邓小平又明确指出“社会主义现代化建设是我们当前最大的政治”，同年12月，邓小平提出了“中国式的现代化”——小康之家，进一步深化和具体化了中国现代化的战略。

党的十二大和十三大是邓小平关于小康社会论述的完善时期，与此同时，我国开启了中国式现代化的宏伟征程。党的十二大提出“两步走”战略：第一步，到1990年实现国民生产总值比1980年翻一番，基本解决人民的温饱问题；第二步，到20世纪末，国民生产总值比1980年翻两番，超过1万亿美元，人均达到800—1000美元，人民生活水平基本达到小康水平。党的十三大提出了中国现代化第三步发展目标，即到21世纪中叶，人均国民生产总值达到中等发达国家水平，人民生活比较富裕，基本实现现代化。由此可见，我们党在谋划社会主义现代化战略时，借用了“小康”这一古老概念，并赋予其新的含义，使之成为“三步走”的重要环节。建设小康社会是以实现社会主义现代化为目标的，在这一目标引领下，我们党在20世纪的最后20年集中精力发展生产力，提高人民生活水平，提升综合国力，最终提前实现了第一步和第二步战略目标，党的十六大正式宣布人民生活总体达到小康水平，为更有力地推进社会主义现代化创造了新的起点，这是“中华民族发展史上一个新的里程碑”①。

不同时期的领导人会基于中国现实国情制定不同的发展战略。邓小平在中国“欠发展”时期提出“三步走”战略：温饱—小康—基本现代化；习近平在中国“发展起来”以后提出“两步走”战略：全面建成小康社会—基本实现现代化—建成社会主义现代化强国。当前，我们正以“四个全面”战略布局和“五位一体”总体布局统筹推进社

① 中共中央文献研究室编：《十六大以来重要文献选编》（上），中央文献出版社2005年版，第14页。

会主义现代化建设，紧扣中国现代化进程中的主要矛盾和根本问题，在建设富强民主文明和谐美丽的社会主义现代化强国的进程之中推进现代化，更好推动人的全面发展、社会全面进步，让人民群众有更多获得感、幸福感、安全感。

党的十八大报告的主题是“坚定不移沿着中国特色社会主义道路前进，为全面建成小康社会而奋斗”，提出要在党的十六大、党的十七大确立的全面建设小康社会目标的基础上确保到2020年实现全面建成小康社会的目标，并对全面建成小康社会作出了新的部署，也就是“两个一百年”的奋斗目标，即在中国共产党成立100周年时全面建成小康社会，在新中国成立100周年时建成社会主义现代化国家。党的十九大的主题是“不忘初心，牢记使命，高举中国特色社会主义伟大旗帜，决胜全面建成小康社会，夺取新时代中国特色社会主义伟大胜利，为实现中华民族伟大复兴的中国梦不懈奋斗。”党的十九大报告指出：“我们既要全面建成小康社会、实现第一个百年奋斗目标，又要乘势而上开启全面建设社会主义现代化国家新征程，向第二个百年奋斗目标进军”。报告进而在全面建成小康社会的基础上提出了新“两步走”战略：第一阶段是从2020年到2035年，用15年时间基本实现社会主义现代化；第二阶段是从2035年到21世纪中叶，再努力奋斗15年，把我国建成富强民主文明和谐美丽的社会主义现代化强国。这两个15年战略不仅规划了实现第二个百年目标的时间节点，也为我们最终实现社会主义现代化建设“两步走”战略描绘了新的蓝图。党的十八大以来，在以习近平同志为核心的党中央坚强有力领导下，从全面建成小康社会要求出发，坚持“五位一体”总体布局和“四个全面”战略布局，作出一系列重大部署和战略安排。全面打响脱贫攻坚战，把脱贫攻坚摆到治国理政的重要位置，在全党全国全社会共同努力下，我国脱贫攻坚取得决定性成就：中国的农村贫困人口从2012年底的9899万人减到2019年底的551万人，贫困发生率由10.2%降至0.6%，连续7年每年减贫1000万人以上，贫困群众吃、穿“两不愁”质量水平明显提升，义务教育、基本医疗、住房安全“三保障”突出问题总体解决，区域性整体贫困基本得到解决。“全面建成小康社会要得到人民认可、经得起历史检验，必须做到实打实、不掺任何水分。”[①]总之，全面打赢脱贫攻坚战，标志着千百年来困扰中华民族的绝对贫困问题历史性地画上了句号。历史地看，中国的减贫道路和减贫经验立足国情，适应贫困的发生规律，在不同的历史时期实行不同的减贫战略，在不断的实践摸索中逐渐形成、发展和完善。中国40年的扶贫开发实践是人类历史上摆脱贫困的壮举，这体现了中国的制度优势和反贫困治理的中国特色，具有重要的理论意义和实践意义。

第一，不断拓展和创新扶贫开发道路。自新中国成立以来，让人民吃饱穿暖是中国共产党执政的主要目标之一。历届中国共产党的领导人都非常重视解决贫困问题，提出了一系列的减贫战略。从改革开放初期邓小平设计的以人民生活水平为标杆的中国式现代化“三部曲”，到世纪之交以江泽民同志为代表的中国共产党人实施“国家八七扶贫攻坚计划”、西部大开发，出台《中国农村扶贫开发纲要（2001—2010年）》等，再到以胡锦涛同志为代表的中国共产党人倡导“强农、惠农、富农”政策主调，中国共产党人一直在探索消除贫困的道路。特别是党的十八大以来，以习近平同志为核心的党中央推进精准扶贫、精准脱贫战略，减贫战略进入脱贫攻坚的新阶段。精准扶贫模式是中国扶贫理论和道路的重大创新，核心要求就是要做到“六个精准”（扶贫对象精准、项目安排精准、资金使用精准、措施到户精准、因村派人精准、脱贫成效精准），实施“五个一批”（发展生产脱贫一

① 《习近平谈治国理政》（第三卷），外文出版社2020年版，第147页。

批、易地搬迁脱贫一批、生态补偿脱贫一批、发展教育脱贫一批、社会保障兜底一批），解决“四个问题”（扶持谁、谁来扶、怎么扶、如何退）。习近平总书记关于精准扶贫的论述是对中国特色扶贫开发道路的最新探索和贡献，是中国共产党治理贫困工作的指导思想。

第二，坚持“以人民为中心”的执政理念。实现中华民族伟大复兴的“伟大梦想”是人民的梦，“必须紧紧依靠人民来实现”[①]。人民是中国共产党的执政源泉和最大底气，是否以人民为中心一直是中国共产党与西方国家执政党的根本区别。习近平总书记这样概括自己的执政理念：“为人民服务，担当起该担当的责任”[②]。人民对美好生活的向往，是我们党的奋斗目标，自中国共产党成立以来，就把实现共同富裕写在自己的旗帜上。习近平总书记曾多次强调，消除贫困，实现共同富裕是我们社会主义国家的目标，是中国共产党的重要使命。党的十八大打响了新一轮的扶贫攻坚战，从中央到地方出台了一系列扶贫攻坚措施，中央把扶贫开发工作纳入“四个全面”战略布局之中，“十三五”规划把脱贫扶贫作为国家蓝图的首要任务，脱贫扶贫是贫困地区的第一民生工程，以习近平同志为核心的党中央向中国人民和全世界承诺在2020年实现全面建成小康社会，让所有贫困的人不愁吃、不愁穿，义务教育、基本医疗、住房安全得到保障，全面实现“两不愁，三保障”，这些措施、蓝图、规划、承诺的受益者都是人民，是贫困人口和低收入人群。“时代是出卷人，我们是答卷人，人民是阅卷人。”[③]我们党带领人民在2020年成功提交了脱贫攻坚的满分答卷。

① 习近平：《在第十二届全国人民代表大会第一次会议上的讲话》，人民出版社2013年版，第5页。
② 《习近平谈治国理政》（第一卷），外文出版社2018年版，第101页。
③ 《习近平谈治国理政》（第三卷），外文出版社2020年版，第70页。

第三，坚持发挥我国的制度优势。社会主义制度的显著优势之一就是“集中力量办大事”，这在摆脱贫困和扶贫开发中显现出来了。党的十八大以来，全面建成小康社会，扶贫开发成就显著，这里的一条重要经验就是举全国之力，全民动员参与脱贫攻坚。习近平总书记说，扶贫开发是全党全社会的共同责任，要动员和凝聚全社会力量广泛参与。此外，超强的执行力也是我国制度的显著优势之一。正因为我们发挥了制度优势，才克服了诸多困难，完成了许多重大民生工程。可见，制度优势及其效能的转化是全面建成小康社会的重要保证。

总之，全面建成小康社会既是中华民族发展史上具有里程碑意义的重大成就，也是实现中华民族伟大复兴中国梦战略全局的“关键一步”。没有“全民小康”就没有“全面小康”，没有“全面小康”就没有“伟大复兴”。可见，全面建成小康社会事关中华民族伟大复兴，事关中国前途命运，事关中国人民福祉，事关党的事业兴衰成败。

二、百年变局下全面建设社会主义现代化国家需要解决的根本问题

现代化既是生产力发展进步的客观结果，也是人类社会发展的必然趋势，更是近代以来中国人的自觉追求。现代化不仅是一个“历史过程”，更是一种“发展状态”。作为“历史过程”，现代化是指一个国家或地区实现从传统社会向现代社会的整体性转型；作为“发展状态”，现代化是指一个国家或地区基本实现了工业化和城市化。实际上，一个国家的现代化水平在很大程度上反映了国强民富的程度。现代化是人类社会不可抗拒的历史大趋势和世界性潮流，对此，中国共产党经历了一个认识过程。在20世纪中期前后，中国共产党逐步地形成了“工业、农业、国防和科学技术的现代化”即“四个现代化”的

认识。党的十八届三中全会提出:“推进国家治理体系和治理能力现代化。”这是中国“第五个现代化”。

2020年10月29日,中国共产党第十九届中央委员会第五次全体会议通过《中共中央关于制定国民经济和社会发展第十四个五年规划和二〇三五年远景目标的建议》,这是开启全面建设社会主义现代化国家新征程、向第二个百年奋斗目标进军的纲领性文件,是今后五年乃至更长时间中国经济社会发展的行动指南。百年变局下全面建设社会主义现代化国家需要解决的根本问题主要有以下三个。

第一,提升国家治理体系和治理能力现代化。党的十九届四中全会提出,“坚持和完善中国特色社会主义制度、推进国家治理体系和治理能力现代化”。从必要条件来看,中国只有成为现代化国家,在国家治理体系和治理能力等方面呈现更多的现代性特质,才能真正支撑中国实现大国崛起;从发展目标来看,中国的国家发展目标就是要建设富强民主文明和谐美丽的现代化国家,促进社会公平正义、增进人民福祉成为现实任务。站在“两个一百年”奋斗目标的历史交汇点上,这份新时代新征程的逐梦蓝图不仅关乎14亿中国人民的未来福祉,也更将为世界发展带来更多中国机遇。开启全面建设社会主义现代化国家新征程,我国经济实力、科技实力、综合国力将大幅跃升,建成现代化经济体系,基本实现国家治理体系和治理能力现代化,国家文化软实力显著增强,美丽中国建设目标基本实现,形成对外开放新格局,人均国内生产总值达到中等发达国家水平,平安中国建设达到更高水平,全体人民共同富裕取得更为明显的实质性进展。坚持和完善中国特色社会主义制度,推进国家治理体系和治理能力现代化,是中国现代性建构的根本要求,也是对我国在现代化进程新的发展阶段所面临的各种严峻挑战的主动回应。当今世界处于百年未有之大变局,只有不断夯实中国特色社会主义的制度根基,才能将制度优势转化为治理效能，推进国家治理体系和治理能力现代化，进而实现社会主义现代化建设的伟大事业。当前，全面建成小康社会已经取得胜利，中华民族伟大复兴向前迈出了新的一大步，为开启全面建设社会主义现代化国家新征程奠定了坚实基础。

第二，推进人的现代化。从世界历史发展进程看，现代化的实质与核心其实是人的现代化，而人的现代化从世界历史发展的一般过程看就是个人主体性的确立，即个人从共同体的束缚中解放出来，从而成为独立的个人、自由的主体、具有现代心灵秩序的人。推进国家治理体系和治理能力现代化，实质是建设现代国家和现代社会，核心是培养现代个人，在国内建构文明和谐的国民关系，在国际上树立令人尊敬和向往的国家形象。14亿中国人的现代化，是人类现代化发展史上的奇迹，不仅深刻改变中国面貌，而且深刻影响世界格局，为世界实现现代化开辟新的道路、提供新的方案，打破发展中国家对西方现代化的路径依赖。

第三，全面实现中国的整体转型升级。在当代中国，实现现代化即实现从传统向现代、从农业国向工业国的整体性转型升级，是当前以及今后一段时期中国具有风向标意义的事件，也是中国由大国走向强国的关键之道。开启全面建设社会主义现代化国家新征程需要全面实现转型升级。市场方面的转型升级主要是从物质驱动到创新驱动，使市场在资源配置中起决定性作用；政府方面的转型升级主要是从人员管制型到公共服务型，推进国家治理体系和治理能力现代化；民生方面的转型升级主要是从生存性需求满足到发展性需求的满足，提高人民的生活品质；文化方面的转型升级主要是从片面注重物质力量到更加注重精神力量，克服资本的冷漠、权力的傲慢、利益集团的阻碍和思想的懈怠。从文明的高度看，中国的现代化是一个全面的建构，包括经济、政治、社会、文化和生态“五位一体”的全面现代化。“中国实现现代化的种种努力与成就，必将影响深远，极有可能开辟一种新的现代性文明形态。

三、正确把握建设社会主义现代化国家和实现伟大梦想的关系

党的二十大报告指出："改革开放和社会主义现代化建设深入推进，书写了经济快速发展和社会长期稳定两大奇迹新篇章，我国发展具备了更为坚实的物质基础、更为完善的制度保证，实现中华民族伟大复兴进入了不可逆转的历史进程。"中国特色社会主义的具体任务，主要是"开辟道路""创立理论"和"完善制度"，其本质特征是要处理好一系列基本的矛盾关系，如解放思想与实事求是、市场经济与社会主义制度、经济全球化与独立自主等，这体现了中国共产党人和中国人民的守正创新精神与历史首创精神。如何正确把握建设社会主义现代化国家和实现伟大梦想的关系，这同样是一个关乎中国前途命运的大问题。

建设社会主义现代化国家是实现中华民族伟大梦想的必经之路。以毛泽东为主要代表的中国共产党人建立了新中国，使中国"站起来了"，并对社会主义现代化国家建设进行了一系列探索。以邓小平为主要代表的中国共产党人使中国"富起来了"，形成了"中国式现代化"话语体系。后来，以江泽民为主要代表的中国共产党人继续探索中国特色社会主义现代化道路，使中国特色社会主义道路基本形成并不断完善。再后来，以胡锦涛为主要代表的中国共产党人在继续推进中国现代化建设的进程中，创造性地提出了科学发展观和构建社会主义和谐社会的科学理论。以习近平为主要代表的中国共产党人在新时代成功推进和拓展了中国式现代化，使中国逐渐"强起来"。如今，站在中

国式现代化为世界贡献中国智慧新的历史起点上，需要我们立足“大变局”和“新时代”，进一步深化对中国式现代化新道路和人类文明新形态的世界历史意义的研究。

国家富强是中国近代以来的重要目标，富强也是社会主义核心价值观在国家层面排在第一位的，坚持以中国式现代化推进国家富强是中国发展的基本路径。综观人类历史，没有一个国家可以通过依赖外部力量、照搬外国模式、跟在他人后面亦步亦趋实现强大。那样做的结果，不是必然遭遇失败，就是沦为他人的附庸。中国要全面建成社会主义现代化强国，中华民族要实现伟大复兴的中国梦，中国人民要普遍地构建起现代心灵秩序，就必须在世界文明舞台上有所作为，不仅要办好自己的事情，还要关心关注人类的命运，主动引领人类文明的发展，最终实现对资本主义文明的超越。在“大变局”和“新时代”中，我们要把中国发展进步的命运牢牢掌握在自己手中，乘势而上开启全面建设社会主义现代化国家新征程。在中国共产党的坚强领导下，我们坚持以中国式现代化推进国家富强。全面建设社会主义现代化国家的时间表和路线图表明，中国式现代化新道路具有坚持独立自主和对外开放相统一，积极参与全球治理，为构建人类命运共同体不断作出贡献的显著优势。

中国共产党领导人民成功走出了中国式现代化新道路，创造了人类文明新形态，为人类文明进步作出新的重大贡献，为解决全人类共同问题贡献了中国智慧，为广大发展中国家走向现代化提供了中国方案。在文明层面，以中国为代表的广大发展中国家的发展和崛起，将改写300年来形成的西方文明主导世界政治的深层结构，以中华新文明为代表的非西方文明将根本性地发挥作用。中国共产党领导中国人民推动物质文明、政治文明、精神文明、社会文明、生态文明协调发展，创造了中国式现代化新道路，创造了人类文明新形态。这一人类文明形态始终把人民放在第一位，并始终把人民的利益放在第一位。一切为了人民，一切依靠人民，一切发展成果由人民共享，是这种新型人类文明的基本价值。总之，人类文明新形态的创造是中国共产党带领中国人民站在世界历史的高度，对马克思主义的守正创新、对中华优秀传统文化不断进行创造性转化和创新性发展、对资本主义文明的片面性不断克服、对世界文明的整体性发展不断借鉴的结果。

就现代化程度看，“全面小康”是初步现代化，是我国全面建成社会主义现代化强国的重要前提和物质基础，全面建成社会主义现代化强国则是在全面建成小康社会基础上提出的更高要求的奋斗目标，是更加全面、更高质量、更高水平的现代化。到2035年，中国14亿人口整体迈入现代化社会，其规模超过现有发达国家的总和，将彻底改变人类现代化的整体图景。在全面建设社会主义现代化强国进程中，提高自主创新能力、建设创新型国家，是决定国家前途命运的根本性、全局性、战略性问题。中国始终站在历史正确的一边，始终站在人类进步的一边，始终站在世界和平的一边，为推动构建人类命运共同体、建设更加美好的世界作出新的更大贡献。一是将“以人民为中心”的发展理念作为中国社会主义现代化国家建设的价值遵循。二是在新时代社会主要矛盾转变下准确认知中国人的现代化建设的现实问题。三是以推进国家治理体系和治理能力现代化作为实现中国人的现代化的新方案。四是把人的现代化发展目标融于中华民族伟大复兴的发展目标之中，在实现“两个一百年”奋斗目标的进程中，全面开启建设社会主义现代化国家新征程，推进中国人的现代化发展水平，推进中华民族伟大复兴。

独立自主地探索现代化道路，是中国共产党的宝贵历史经验之一。我们党之所以能够团结带领人民创造中国式现代化新道路、创造人类文明新形态，很重要的原因是我们有独立自主的意识和能力。面对世界百年未有之大变局，习近平总书记带领全党全国人民揽全局、应变局、开新局，党和国家事业取得历史性成就、实现历史性变革，中华民族比历史上任何时候都更接近民族复兴的伟大目标。越是接近奋斗目标，前进阻力和风险压力就越大。今后，“开顶风船”“走上坡路”将成为常态。我们积极学习借鉴人类文明的一切有益成果，但我们绝不接受“教师爷”般颐指气使的说教，不做任何大国的附庸。中国共产党和中国人民将在自己选择的道路上昂首阔步走下去，把中国发展进步的命运牢牢掌握在自己手中。中国式现代化道路赋予“现代化”以新的文明内涵，既是对西方现代化道路的超越，更是中国对人类文明作出的原创性贡献。

古代中国曾长期引领世界发展，近代中国逐渐没落，如今是中国人民和中华民族重新主宰自己命运的时刻。现在，我们比历史上任何时期都更接近中华民族伟大复兴的目标，比历史上任何时期都更有信心、更有能力实现这个目标。在中国共产党的坚强领导下，中华民族迎来了从站起来、富起来到强起来的伟大飞跃，实现中华民族伟大复兴进入了不可逆转的历史进程。中华民族的伟大复兴不仅在于它将成为一个现代化的强国，而且还在于，其在实现现代化的历史进程中将创造出一种人类文明新形态。这意味着中国人通过自己的努力，以自己的方式，从另外的路径，通达人类文明的制高点。改革开放以来，中国实现了跨越式发展，中国用四十年的时间，基本走完了西方现代化国家两三百年时间所走过的发展历程，中国发展的这种“时空压缩”效应使我国“整体转型升级”的任务更为复杂和艰巨。中国的发展离不开世界，世界的发展也离不开中国。中国发展要合理把握世界历史力量转移趋向，在此过程中需要中国的“强国之道”，同时中国发展要给世界创造机遇，提供中国方案和中国智慧。中国发展不仅决定中国前途和命运，而且深刻影响世界历史进程和世界格局。在新中国成立特别是改革开放以来的长期探索和实践基础上，经过党的十八大以来在理论和实践上的创新突破，我们成功推进和拓展了中国式现代化。我们党领导14亿人口的东方大国建设社会主义现代化强国，必须坚持实事求是、稳中求进、协同推进，最根本的是要把我们自己的事情做好，不断增进人民福祉。中国共产党不仅要使中国人民“站起来”和“富起来”，而且要使中国人民“强起来”和“美起来”。一句话，中国共产党在深刻改变中国的同时深刻影响世界的历史进程。

总之，从人类文明发展维度看，坚定不移推进中国式现代化意味着中国特色社会主义拓展了发展中国家走向现代化的路径，人类现代化道路不再是“单选题”，给世界上那些既希望加快发展又希望保持自身独立性的国家和民族提供了全新选择，为解决人类问题贡献了中国智慧和中国方案。

第三节
“两个大局”与中华民族伟大复兴

在人类发展史上，很多民族曾经创造过灿烂的文化、悠久的文明、先进的制度，但是鲜有一个曾经辉煌的民族历经磨难、遭受屈辱之后能够重新崛起。因此，中华民族伟大复兴是一个重大的历史事件，对于重构世界秩序具有重要的样本意义。

一、正确理解“两个大局”之间的关系

世界如何关注中国？中国如何看待世界？实现中华民族伟大复兴“战略全局”遭遇世界百年未有之大变局，使伟大梦想的实现变得更加意义非凡。人类向何处去？中国向何处去？我们想要生活在什么样的世界中？这些重大现实问题在后真相、后西方、后秩序时代显得格外迫切而重要。后真相时代的中国与世界、后西方时代的中国与世界、后秩序时代的中国与世界值得深入研究。正确理解“两个大局”之间的关系，实质和核心是研究中国与世界的关系。中国与世界的关系对于中国社会主义现代化具有决定性的深刻影响。中国是世界的中国，世界也是有中国的世界。“中国不是真正传统意义上的民族国家，而是

文明国家。”[①]中国应在后真相、后西方、后秩序时代寻求“强国之道”。

二、实现中华民族伟大复兴必须有效应对百年变局

世界百年未有之大变局的深层动因在于，随着经济全球化进程中挑战的增多和国际行为主体日趋多元化，第二次世界大战后奠定的国际秩序已经无法有效应对现行问题。伟大梦想之所以伟大就在于不是轻轻松松就能实现的，要付出艰苦的努力。中国人民幸福美好生活和中华民族伟大复兴，绝不是轻轻松松、敲锣打鼓就能实现的，全党必须准备付出更为艰苦的努力。在马克思主义和社会主义旗帜下要进行的中国特色社会主义事业是前无古人的伟大事业，没有成功的经验可以借鉴，没有万古不变的原则可以遵循，更需要在艰苦探索、摸索和思索中不断前进。“发展起来以后的问题不比不发展时少”[②]。习近平总书记强调：“想一帆风顺推进我们的事业，想顺顺当当实现我们的奋斗目标，那是不可能的。可以预见，在今后的前进道路上，来自各方面的困难、风险、挑战肯定还会不断出现。”[③]只有不懈奋斗才能实现“两个一百年”奋斗目标，才能实现中华民族伟大复兴。越来越多的有识之士认识到，中国崛起和中华民族伟大复兴势不可挡、无法逆转，西方须努力适应并找到与政治制度迥异的中国和平共存的路径。一部中国共产党的历史就是一部中国共产党团结带领中国人民不懈奋斗的历史。中国共产党100年的奋斗历程，就是一部不断克服艰难险阻而

---

① ［英］马丁·雅克：《当中国统治世界：中国的崛起和西方世界的衰落》，张莉、刘曲译，中信出版社2010年版，第332页。

② 中共中央文献研究室编：《邓小平年谱（1975—1997）》（下卷），人民出版社2004年版，第1364页。

③《习近平在中央党校建校80周年庆祝大会暨2013年春季学期开学典礼上的讲话》，载《人民日报》2013年3月3日。

不懈奋斗的历史。中国共产党具有迎难而上、越挫越勇、越险越进、勇于奋斗的基因、特质和品格。

当前，全球化进程中话语交流、话语交锋和话语交融成为常态。虽然中国对世界的贡献越来越大，但在国际话语权上“西强我弱”的格局还没有根本改变，中国发展优势和综合实力还没有有效转化为中国话语优势，中国话语体系还没有建立起来，中国声音偏小偏弱，不少方面处于“失语”或“无语”状态，要么“有理讲不出”，要么“讲了没人听”。失语就要挨骂。为此，必须从战略层面重视中国话语体系构建与话语权提升，以有效应对西方的议题设置陷阱、话语挑战和话语霸权。在全球化时代，中国人要牢牢掌握阐明“中国道路”、解读“中国奇迹”的话语权。在解读中国实践上，我们最有发言权。要用“中国道路”阐明“中国奇迹”，“中国道路”是破解“中国奇迹”的关键密码；要用“中国理论”阐释“中国道路”，“中国道路”是“中国理论”的前提和基础；要用“中国话语”表达“中国理论”，“中国道路”是“中国话语”的重要支撑。总之，一句话，我们要牢牢掌握“中国道路”的话语解释权。

世界怎么了？世界向何处去？我们中国应该怎么办？面对这样的问题，中国道路、中国理论、中国话语、中国方案和中国智慧不能缺场和失语。无疑，中国崛起是一个对世界影响重大的历史事件，这一事件不仅影响到人们对资本主义的反思和对社会主义的评价，而且加速了人类文明新形态的开启。

三、应对百年未有之大变局需要着眼于战略全局

习近平总书记强调：“要教育引导全党胸怀中华民族伟大复兴战略全局和世界百年未有之大变局，树立大历史观，从历史长河、时代大

潮、全球风云中分析演变机理，探究历史规律，提出因应的战略策略，增强工作的系统性、预见性、创造性。”[①]这意味着，有效应对百年未有之大变局需要着眼于战略全局。

实现中华民族伟大复兴就是战略全局，各项工作要服从这个全局。实现中华民族伟大复兴的中国梦，讲的是执政的理想目标，主要是明确“干成什么”。伟大事业、伟大工程、伟大斗争归根结底就是为了实现中华民族伟大复兴这一中国梦。中国梦成为一个关键词、一个主旋律和一种主流话语，这是十分可喜的现象。中国梦的提出有助于提升中国人的民族凝聚力、民族自豪感和民族自信心，中国梦的实现也必将进一步增强中国人的道路自信、理论自信、制度自信和文化自信。

中国梦是最伟大的梦想。中国梦是当代中国马克思主义大众化的标志性范畴，也是世界历史力量转移和时代精神的反映，还是实现国家富强、民族振兴和人民幸福的大众化表达。执政党在执政过程中，总是首先要基于过去和现在而提出奋斗目标。不论发生过什么波折和曲折，不论出现过什么苦难和困难，中华民族5000多年的文明史，中国人民近代以来170多年的斗争史，中国共产党100年的奋斗史，中华人民共和国70多年的发展史，40多年的改革开放史，都是人民书写的历史。历史总是向前发展的，我们总结和吸取历史教训，目的是以史为鉴，更好前进。实现中华民族伟大复兴，关键在党。从制定实施八项规定，到部署开展群众路线教育实践活动；从反腐败“老虎”“苍蝇”一起打，到加强制度建设，“把权力关进制度的笼子里”。新风扑面而来，党的先进性、战斗力不断增强。

2012年11月29日，习近平同志在参观《复兴之路》展览时强调，

① 习近平：《在党史学习教育动员大会上的讲话》，载《求是》2021年第7期。

“道路决定命运，找到一条正确的道路多么不容易，我们必须坚定不移走下去”，“要把蓝图变为现实，还有很长的路要走，需要我们付出长期艰苦的努力”。道路决定命运，中国特色社会主义道路是实现中华民族伟大复兴的正确道路，只有坚定不移地走这条道路，才能完成社会主义现代化和中华民族伟大复兴的历史使命。实现伟大梦想，需要理论创新，更需要把马克思列宁主义基本原理同中国实际进行新的结合。中国道路担当“实现路径”角色。无论是搞革命、搞建设还是搞改革，道路问题都是首要问题，关乎我们党和国家的前途命运。习近平总书记指出：“实现中国梦必须走中国道路。”在社会阶层、利益和思想日趋多样化的背景下，实现中国梦，凝聚并充分发挥全国各族人民、社会各个阶层和每个人的积极力量，成为党中央领导集体治国理政面临的一个紧迫课题。为解决这一课题，习近平总书记多次强调要凝聚力量。今天，破解影响我国改革发展稳定实践的难题刻不容缓，解决中国特色社会主义建设进程中所面临的艰巨任务、体制机制障碍、利益固化藩篱和突出矛盾问题，一刻也不能离开理论指导；当今时代，我国社会实际变化迅速，具有许多新的历史特点，然而关于中国问题的既有理论已不足以对中国改革实践中展现出的问题提供充分有效的理论支撑，因此，有必要建构中国理论。“中国道路的成功代表了一种新的现代性文明的出场。现代性的中国话语，超越了西方的现代性逻辑，注入了中国的原创性内涵，承载着复杂的现代性使命。”①

实现伟大梦想必须进行不懈奋斗。“实现中华民族伟大复兴，就是中华民族近代以来最伟大的梦想。”全党全国各族人民必须更加紧密地团结起来，勿忘昨天的苦难辉煌，无愧今天的使命担当，不负明天的伟大梦想，下定决心，排除万难，在中国特色社会主义伟大道路上，

---

① 陈曙光：《现代性建构的中国道路与中国话语》，载《哲学研究》2019年第11期。

为实现中华民族伟大复兴的中国梦不懈奋斗。仔细分析，中国梦主要有三个维度：民族性、时代性和大众性。从民族性维度说，就是中华民族的振兴，使中华民族有尊严地屹立于世界民族之林；从时代性维度说，就是实现现代化，使中国人民过上体面且有尊严的现代生活；从大众性维度说，就是用大众易于接受的语言，表达出人民大众对幸福生活的向往与追求，从而整合凝聚大众共识，引导人民投身于改革发展，并使人民大众共享改革发展的成果。中国梦的国家认同、民族认同与文化认同都很重要，但我们格外关心的是大众认同。中国梦具有深厚的国家基础和民族基础，问题是如何使中国梦具有社会基础和民意基础。

当前，人类社会正处在大变革大调整时期，中国在变，世界在变，中国和世界的关系也在变。如何使发展起来的中国对人类有较大的贡献？关键是积极参与全球治理，为人类对更好社会制度的探索提供“中国方案”，贡献“中国智慧”。对人类发展作出较大贡献是中华民族伟大复兴的中国梦的题中应有之义。古代中国曾对世界文明作出巨大贡献。近代以来，随着工业革命以及殖民主义的扩张，资本和科技成为主导力量，由于当时的中国没有拥有这两种力量，西方国家主导世界长达300年。中国是世界几千年历史上唯一连续的文明体，诚如毛泽东在1956年发表的《纪念孙中山先生》一文中写道：“中国应当对于人类有较大的贡献。而这种贡献，在过去一个长时期内，则是太少了。这使我们感到惭愧。”[①]邓小平在20世纪80年代曾指出，“到21世纪中叶中国要达到中等发达国家的水平”，“为人类做更多的事情”，并说，中国坚持社会主义和和平政策，“我们的路就走对了，就可能对人类有比较大的贡献”。[②]习近平总书记指出：“中国的发展是世

①《毛泽东文集》（第七卷），人民出版社1999年版，第157页。
②《邓小平文选》（第三卷），人民出版社1993年版，第158页。

界的机遇，中国是经济全球化的受益者，更是贡献者。”[①]可见，中国发展不是破坏性力量，而是建设性力量。实现中华民族伟大复兴主要是在对人类文明的贡献意义上讲的。如今，我们比历史上任何时期都更有信心、更有能力实现这一伟大梦想。

改革开放不仅是决定当代中国命运的“关键一招”，也是决定实现“两个一百年”奋斗目标、实现中华民族伟大复兴的“关键一招”。为此，需要立足过去、现在和未来，深刻领会实现中华民族伟大复兴的伟大梦想。与1978年改革开放初期相比，今天我们所要全面深化的改革具有许多新的历史特点。当初我国的改革多是先易后难，今天我国的改革则处于“攻坚期、深水区”，需要攻坚克难，敢于啃硬骨头，敢于涉险滩，敢于触及深层次问题、深层次矛盾，敢于触及固化的利益格局；当初我国改革主要处理的是改革与发展的关系，今天我国改革则要处理好改革、发展、稳定三者的关系；当初我国改革的根本目标主要是解放和发展社会生产力，今天我国改革的总目标，是完善和发展中国特色社会主义制度，推进国家治理体系和治理能力现代化；当初我国的改革是通过解放思想为改革开路，今天我国的改革虽然也要通过解放思想为改革开路，但同时还要通过改革来解决深层次问题；当初我国的改革基本上是“摸着石头过河”，今天我国的改革既要“摸着石头过河”，更要进行“顶层设计”。毕竟，今天我国的改革是全面性改革，是攻坚性改革，是治本性改革，是决定命运的改革。显然，这样的改革，最大的历史特点，就是要攻坚克难。所谓攻坚克难，就是要干前人没有干成的事业，就是要唱响主旋律，凝聚正能量。为此要坚持道路自信、理论自信、制度自信和文化自信，因势而谋、应势而动、顺势而为。凝聚改革发展的强大精神力量。时间表和路线图已

① 《习近平谈治国理政》（第二卷），外文出版社2017年版，第484页。

经明确：第一个阶段，从2020年到2035年，在全面建成小康社会的基础上，再奋斗15年，基本实现社会主义现代化。到那时，我国经济实力、科技实力将大幅跃升，跻身创新型国家前列；人民平等参与、平等发展权利得到充分保障，法治国家、法治政府、法治社会基本建成，各方面制度更加完善，国家治理体系和治理能力现代化基本实现；社会文明程度达到新的高度，国家文化软实力显著增强，中华文化影响更加广泛深入；人民生活更为宽裕，中等收入群体比例明显提高，城乡区域发展差距和居民生活水平差距显著缩小，基本公共服务均等化基本实现，全体人民共同富裕迈出坚实步伐；现代社会治理格局基本形成，社会充满活力又和谐有序；生态环境根本好转，美丽中国目标基本实现。第二个阶段，从2035年到21世纪中叶，在基本实现现代化的基础上，再奋斗15年，把我国建成富强民主文明和谐美丽的社会主义现代化强国。到那时，我国物质文明、政治文明、精神文明、社会文明、生态文明将全面提升，实现国家治理体系和治理能力现代化，成为综合国力和国际影响力领先的国家，全体人民共同富裕基本实现，人民将享有更加幸福安康的生活，至此，中华民族将以更加昂扬的姿态屹立于世界民族之林。

第三章 『四个伟大』与伟大梦想

放眼中国特色社会主义事业发展的全局，以21世纪马克思主义、当代中国马克思主义的宽广视野，习近平总书记在2017年首次将“四个伟大”作为一个整体提出来。在党的十九大上，习近平总书记对其科学内涵与相互关系进行精辟阐述，形成了“四个伟大”完整理论体系。“四个伟大”即伟大斗争、伟大工程、伟大事业和伟大梦想。这每一个“伟大”都有其独特的内涵，伟大梦想即“实现中华民族伟大复兴中国梦的伟大梦想”，主要回答为夺取中国特色社会主义新的伟大胜利应担负什么样的历史使命，实现什么样的奋斗目标问题；伟大斗争即“我们党团结带领人民进行具有许多新的历史特点的伟大斗争”，主要回答为夺取中国特色社会主义新的伟大胜利应具有什么样的精神状态问题；伟大工程即“我们党正在深入推进的党的建设新的伟大工程”，主要回答为夺取中国特色社会主义新的伟大胜利提供什么样的政治保障问题；伟大事业即“推进中国特色社会主义伟大事业”，主要回答为夺取中国特色社会主义新的伟大胜利应举什么旗、走什么路的问题。同时，“四个伟大”又紧密联系、相互贯通、相互作用，构成了一个逻辑严整的系统，其中，伟大梦想指明了党和人民不懈奋斗的目标和方向，伟大斗争揭示了实现目标的动力实践，伟大工程提供了实现目标的政治保证，伟大事业指出了实现目标的现实路径。“四个伟大”

是习近平新时代中国特色社会主义思想的重要组成部分，也为新时代中国特色社会主义的发展提供了强大动力。

伟大梦想、伟大斗争、伟大工程和伟大事业植根于中国特色社会主义实践，实现伟大梦想、进行伟大斗争、建设伟大工程、推进伟大事业是新时代中国共产党在中国特色社会主义实践中的历史使命。在这“四个伟大”历史使命中，伟大梦想既是目标，也是引领，民族复兴的伟大梦想，指引“中国号”巨轮的前进方向。习近平总书记指出：“一个民族、一个国家，必须知道自己是谁，是从哪里来的，要到哪里去，想明白了、想对了，就要坚定不移朝着目标前进。”[①]我们进行伟大斗争、建设伟大工程和推进伟大事业的根本目的是实现伟大梦想。因为“这个梦想，凝聚了几代中国人的夙愿，体现了中华民族和中国人民的整体利益，是每一个中华儿女的共同期盼”[②]。进入新时代，中华民族的伟大梦想体现为“两个一百年”的奋斗目标，要是离开了伟大梦想的目标引领，伟大斗争的进行、伟大工程的建设、伟大事业的推进，都将失去方向。因此，要通过“四个伟大”把握实现伟大梦想的精神实质，理解伟大梦想的伟大意义。习近平总书记在党的十九大报告中指出，“今天，我们比历史上任何时期都更接近、更有信心和能力实现中华民族伟大复兴的目标”，但“中华民族伟大复兴，绝不是轻轻松松、敲锣打鼓就能实现的”。这就告诉我们，实现中华民族伟大复兴的伟大梦想虽然指日可待，但全党还需要矢志不渝地进行伟大斗争，建设伟大工程，推进伟大事业。

---

①《习近平谈治国理政》（第一卷），外文出版社2018年版，第171页。

② 同上，第36页。

第一节
从“四个伟大”把握实现伟大梦想的精神实质

伟大梦想主要回答为夺取中国特色社会主义新的伟大胜利，应担负什么样的历史使命、实现什么样的奋斗目标的问题。统揽推进伟大斗争、伟大工程、伟大事业、伟大梦想，“四个伟大”实践是当代中国共产党人治国理政的总体框架，这一总体框架有助于推进中国由大国迈向强国，有助于实现中华民族伟大复兴。我们要把实现中华民族伟大复兴这一历史使命置于“四个伟大”的框架中来把握，只有如此，才能理解这一历史使命的精神实质。

一、“四个伟大”是历史和现实的内在汇通

近代中国梦和现代中国梦连贯着历史和现实，历史和现实交融的中国梦展现着中国人民的伟大梦想精神。“四个伟大”实践是一代又一代中国共产党人逐梦接续奋斗的结果。

（一）“四个伟大”社会实践的逻辑起点：新中国成立后社会主义现代化建设的探索和实践

新中国的成立，彻底结束了旧中国半殖民地半封建社会的历史，实现了中国人民站起来的伟大使命。以毛泽东同志为核心的党的第一代中央领导集体开启的社会主义现代化建设的探索与实践，完成了中华民族有史以来最为广泛而深刻的社会变革，实现了中华民族由不断衰落到根本扭转命运的伟大飞跃，为当代中国一切发展进步奠定了根本政治前提和制度基础，为中国繁荣富强、中国人民生活富裕奠定了坚实基础，为改革开放以来中国特色社会主义道路的开辟做了思想和理论上的重要准备。

（二）“四个伟大”的奋力传承：改革开放40余年中国特色社会主义建设

党的十一届三中全会以后，以邓小平同志为核心的党的第二代中央领导集体，以巨大的政治勇气和理论勇气拨乱反正，把工作重心转到经济建设上来，提出了改革开放的战略决策，形成了“一个中心、两个基本点”的基本路线，开启了社会主义现代化建设的新实践，极大地激发了广大人民群众的创造性，解放和发展了社会生产力，把中国特色社会主义事业不断向前推进。党的十三届四中全会以后，以江泽民同志为核心的党的第三代中央领导集体，在国内外形势十分复杂、世界社会主义出现严重挫折的严峻形势下，依据新的实践开创全面改革开放新局面，提出“三个代表”重要思想，推进党的建设新的伟大工程，成功地把中国特色社会主义推向21世纪。新世纪新阶段，以胡锦涛同志为总书记的党中央，抓住历史上的重要战略机遇期，在全面建设小康社会进程中推进实践创新、理论创新，坚持以人为本、全面协调可持续发展，形成“五位一体”的中国特色社会主义事业总布局，推进党的执政能力建设和先进性建设，开辟了中国特色社会主义新境界。改革开放是我们党的历史上的一次伟大觉醒，正是这个伟大觉醒孕育了新时期从理论到实践的伟大工程，通过伟大斗争，社会主义现代化建设伟大事业不断取得新成就，中国特色社会主义伟大事业越来越有生机活力，实现中华民族伟大复兴的伟大梦想越来越有能力和信心，“四个伟大”恢宏图景在一代又一代共产党人的奋力传承中愈加清晰。

（三）“四个伟大”的深刻总结：党的十八大以来党和国家事业发生历史性变革

党的十八大以来，习近平总书记以强烈的使命担当，接过历史接力棒，科学分析当今世界和当代中国发展大势，准确把握我国发展的阶段性特征，牢牢把握人民群众对美好生活的向往，顺应实践要求和人民愿望，在进行伟大斗争、建设伟大工程、推进伟大事业、实现伟大梦想新征程中，鲜明提出全面建成小康社会，实现“两个一百年”奋斗目标和中华民族伟大复兴的中国梦。统筹推进“五位一体”总体布局，协调推进“四个全面”战略布局，贯彻落实新发展理念，全力推动“一带一路”建设，在进行具有许多新的历史特点的伟大斗争中，在中国特色社会主义道路上，续写着实现中华民族伟大复兴的新篇章。中国特色社会主义进入新时代，社会主义在中国焕发出强大生机活力并不断开辟发展新境界；中华民族实现了从站起来、富起来到强起来的历史性飞跃，以更加昂扬的精神状态屹立于世界民族之林；社会主义现代化建设开拓了更为广阔的发展前景，为人类社会发展贡献了更多中国智慧、中国方案。党和国家伟大事业发生的历史性变革，正是在我们党的坚强领导下，沿着中国特色社会主义伟大事业的道路，在中华民族伟大复兴中国梦的强烈感召下，在全面从严治党伟大工程的有力保障下所取得的。

综观“四个伟大”历史演进，我们可以清晰地看到，“四个伟大”贯通于各个历史阶段党领导治国理政的大脉络中，融入实现国强民富的中国梦大目标里，统一于坚持和发展中国特色社会主义主题下，在推进社会主义现代化建设进程、坚持党的核心领导中实现了历史与现实的内在融通。

二、“四个伟大”是强党和强国的有机统一

“四个伟大”是党的十八大以来以习近平同志为核心的党中央治国理政实践的系统总结。围绕“打铁还需自身硬”这一核心线索，“四个伟大”中伟大工程属于“自身硬”，伟大斗争、伟大事业和伟大梦想属于要打的坚硬的“铁”。“四个伟大”回答了中国共产党人坚持和完善党的领导，毫不动摇地推进党的建设，依靠“自身硬”的坚强有力的党团结带领人民进行伟大斗争，去打坚硬的“铁”，即推进中国特色社会主义伟大事业、实现中华民族伟大复兴梦想。“四个伟大”把党的建设和党领导的事业统一起来，把强国方略和强党方略统一起来，展示的是强党和强国的有机统一，昭示了一个颠扑不破的政治逻辑——强国必先强党，宣示了一个面向未来的政治路径——强党成就强国。

（一）强国必先强党

强国必先强党，强党必先治党，这是基于我们的国情、党情所得出的应然逻辑。这一逻辑的展开就是办好中国的事情关键在党，中国一切问题的关键都取决于中国共产党的自身建设。可以说，建设伟大工程是其他三个“伟大”的前提和动力，是强国的实现方略，正如

习近平总书记所指出的："党的十八大之后，党中央全面分析党和国家工作面临的新形势新任务，综合分析党内、国家、社会以及国际环境中出现的新情况新问题，得出了一个重要结论，就是要进行好具有许多新的历史特点的伟大斗争、有效应对各种风险和挑战，实现'两个一百年'奋斗目标、实现中华民族伟大复兴的中国梦，必须把我们党建设好、建设强。"[①]我们党要始终成为时代先锋、民族脊梁，保持马克思主义政党本色，自身必须过硬。党面临"四大考验""四种危险"，面对改革发展中一系列深层次矛盾和问题，既要破解当下难题，又要为实现长远目标而奋斗。越是目标远大、任务艰巨，全党同志越要实现精神状态、思维方式、行为方式、工作方式新的提升，实现素质能力新的增强。只有这样，才能坚持和完善党的领导，把党建设得更加坚强有力。

（二）强党成就强国

以治党实现强党，以强党实现强国，这是基于我们的制度安排所得出的实然逻辑。一是强党造就强大的理论。党的十八大以来，党和国家各项事业之所以能开新局、谱新篇，根本就在于有习近平总书记系列重要讲话的科学指引。如今我们又要踏上建设社会主义现代化强国的新征程，就需要像习近平总书记所指出的那样，要"在理论上不断拓展新视野、作出新概括"[②]。"四个伟大"已经展现出迈向社会主义现代化强国的宏大气象。面向未来，中国还需要有全面现代化的总设计师，还需要有建设社会主义现代化强国的理论体系，还需要为发

① 习近平：《在党的十八届六中全会第二次全体会议上的讲话（节选）》，载《求是》2017年第1期。

②《习近平：高举中国特色社会主义伟大旗帜 为决胜全面小康社会实现中国梦而奋斗》，载《人民日报》2017年7月28日。

展中国家走向现代化继续拓展路径。二是强党造就强大的治理。得治理者得未来。建设社会主义现代化强国，必须在继续强化政党治理的基础上，不断推进国家治理能力和治理体系的现代化，并带动全球治理体系不断走向完善。在以习近平同志为核心的党中央的坚强领导下，我们以强大的政党治理、国家治理、全球治理及时填补了可能存在的治理赤字，有力地稳住了破浪中前行的中国巨轮。三是强党造就强大的人民。党的十八大以来，习近平总书记在党内提出“人民立场是中国共产党的根本政治立场”，提出“以人民为中心的发展思想”，这就是把最高的党性和最彻底的人民性统一起来，就是用最强大的执政力量保护人民、服务人民、强大人民。强党方可强民，这是马克思主义政党和社会主义国家的必然逻辑。四是强党造就强大的世界贡献。今天的人类面临着恐怖主义、网络安全、气候变化等全球性挑战，世界走到了全球治理体系变革的关口。“弱肉强食、丛林法则不是人类共存之道。穷兵黩武、强权独霸不是人类和平之策。赢者通吃、零和博弈不是人类发展之路。”[①]作为一种历史趋势，人类需要构建利益共同体和命运共同体。历史不会走向终结，人类应当在互鉴治理经验中书写合作共赢的新篇章。中国的强大是世界的福音，正如邓小平所指出的，“中国发展得越强大，世界和平越靠得住”[②]。只要我们牢牢占据推动人类社会进步、实现人类美好理想的道义制高点，“中国方案”必将走向世界，强大的中国必将造福人类，中国特色社会主义必将日益展现出普遍的世界历史意义。

（三）强国与强党辩证统一

如果说，近代以来历史伟人曾经提出过建国方略和建党方略并由

---

①《习近平在俄罗斯媒体发表署名文章》，载《人民日报》2015年5月8日。

②《邓小平文选》（第三卷），人民出版社1993年版，第104页。

此实现了中国革命的伟大胜利，那么，在中国特色社会主义迈入新时代发展阶段后，就需要提出我们的强国方略和强党方略并将两者紧密地统一起来。“四个伟大”在思想、理论和战略上把强国与强党紧密统一起来了，而这种统一深深植根于过去100年来中国历史的经验和传统。近代以来，久经磨难的中华民族实现了从站起来、富起来到强起来的历史性飞跃。在这三次历史性飞跃的背后，都有相同的历史逻辑，都是以中国共产党的强大为前提。具体说来，建国必先建党，正是因为建立了强大的中国共产党，中华民族才实现了从亡国灭种到站起来的伟大飞跃；富国必先兴党，正是因为中国共产党率先调整工作重心并走上了兴党之路，中华民族才实现了从百废待兴到富起来的伟大飞跃；强国必先强党，党的十八大以来正是因为有了以习近平同志为核心的党中央的坚强领导和习近平新时代中国特色社会主义思想的理论指导，中华民族才正在书写强起来的历史新篇章。

三、“四个伟大”是目标和道路的密切结合

要实现伟大梦想，一定要结合伟大斗争、伟大工程、伟大事业来理解和把握。实现伟大梦想，必须具有下定决心、不怕牺牲、排除万难、争取胜利的精神状态和精神斗志。梦想连接道路，道路决定命运。没有正确的道路，就无法汇聚各方的力量，再美好的梦想也无法实现。实现中华民族伟大复兴，必须选择正确的道路，这条路，就是中国特色社会主义道路。

中国特色社会主义道路是马克思主义与中国实际相结合的社会主义道路。党的十九大报告旗帜鲜明地指出，“中国特色社会主义道路是实现社会主义现代化、创造人民美好生活的必由之路”，“中国特色社会主义政治发展道路，是近代以来中国人民长期奋斗历史逻辑、理论

逻辑、实践逻辑的必然结果，是坚持党的本质属性、践行党的根本宗旨的必然要求”。这也是毛泽东、邓小平等一代代中国共产党人在建设社会主义道路上历经艰难探索后的历史总结。正是坚持中国特色社会主义道路，中国共产党才顺利完成了社会主义改造，才建立起社会主义基本制度。正是坚持走中国特色社会主义道路，中国共产党人才提出实施正确的社会主义初级阶段基本路线，才开启前无古人的中国特色社会主义事业。正是坚持中国特色社会主义道路，中国共产党才领导中国人民日益走近世界舞台的中央，就像党的十九大报告所指出的，“我们走中国特色社会主义道路，具有无比广阔的时代舞台，具有无比深厚的历史底蕴，具有无比强大的前进定力”。

实现中国梦，必须走中国特色社会主义道路。道路问题也是关系党的事业兴衰成败第一位的问题。坚持正确的政治路线、政治立场、政治方向、政治道路是坚持党的领导、坚持社会主义制度的头等大事。中国特色社会主义道路，是我们党把科学社会主义基本原理同当代中国国情和时代特征相结合而探索出的一条正确道路，是人民的选择、历史的选择。正是这条道路，使中国保持高速经济增长，城乡居民收入更是增长30倍以上，发展成为世界第二大经济体；正是这条道路，让我们短短十年间，构筑起一些西方国家近百年才完成的基本社会保障体系，为全球减贫事业作出巨大贡献。实践证明，中国特色社会主义道路是实现中国梦的必由之路。

四、“四个伟大”是根本经验和治国方略的系统整体

运用历史思维和辩证思维，围绕治国理政来理解和把握“四个伟大”。“四个伟大”是历史治国经验总结和现实治国方略推进的统一。纵观中华民族史、世界社会主义史、中国近代百年屈辱史、中国共产

党发展史、新中国史、改革开放史，“四个伟大”是对我国改革开放和社会主义现代化建设实践经验的根本总结。习近平总书记于2016年5月17日在哲学社会科学工作座谈会上强调，要加强对改革开放和社会主义现代化建设实践经验的系统总结。“四个伟大”，为我们提供了一个具有总体性的方法论。实际上，改革开放以来历次党代会对我国改革开放和社会主义现代化建设实践经验的理论总结，都不同程度上贯穿着“四个伟大”的总体思路。无论是从思想路线、基本路线、组织路线、群众路线角度进行的总结，还是从中国特色社会主义建设进程中要注重一系列矛盾双方的结合上进行的总结，归根结底，贯穿各种经验的一条根本红线，都可聚焦到“四个伟大”上来。“四个伟大”中的伟大斗争，强调的是治国理政的精神状态和奋斗姿态，具有滋养斗志的作用，它主要回答“具有什么样的精神状态和奋斗姿态”或“怎样干”的问题；伟大工程，强调的是治国理政的领导力量，具有政治保证作用，它主要回答“谁来领导”或“提供什么样的政治保障”问题；伟大事业，强调的是治国理政的旗帜、方向和道路，具有举旗定向作用，它主要回答“举什么旗、走什么路”或“干什么”的问题；伟大梦想，强调的是治国理政的历史使命，具有目标引领作用，它主要回答“担负什么样的历史使命、实现什么样的奋斗目标”或“干成什么”的问题。

只有把“四个伟大”作为一个有机整体，才能全面阐释党的十八大以来以习近平同志为核心的党中央治国理政的总体框架和基本方略。党的十八大以来，习近平总书记牢牢把握中国特色社会主义发展的新变化，牢牢把握我国发展的阶段性特征的新内涵，不断推进社会主义现代化建设新实践，在深刻回答和解决当前党和国家发展的重大理论和现实问题过程中，逐步形成了逻辑结构严密的“四个伟大”战略总格局，蕴含着党的十八大以来党中央治国理政的逻辑系统：高举中国特色社会主义伟大旗帜，以进行具有许多新的历史特点的伟大斗争这种精神状态，通过全面从严治党这个伟大工程，有效破解党和国家事业发展中的一系列问题与矛盾，推进中国特色社会主义建设这个伟大事业，最终真正实现中华民族伟大复兴这个伟大梦想。在人类文明视野下，中国特色社会主义具有明显的制度优势和比较优势。有效把制度优势和比较优势转化为国家治理效能，是中国共产党团结带领中国人民开辟中国道路、创造中国奇迹、展示中国力量的关键密码。从“没有共产党就没有新中国”，到“中国共产党带领人民奔小康”，再到“中国共产党同中国人民一同为实现民族伟大复兴而奋斗”，70多年来道路多艰，然而中国共产党的初心和使命从未改变，充分体现了习近平总书记对新的历史条件下治国理政方略系统深邃的全局思考，鲜明表达了党中央在新的历史阶段的历史使命、政治担当和战略定力，推进了党中央治国理政方略的与时俱进。也正因此，中国共产党才能赢得人民的信任，开创“中国之治”新境界。

第二节

在“四个伟大”框架中理解伟大梦想的伟大意义

党的二十大提出，全党同志务必不忘初心、牢记使命，务必谦虚谨慎、艰苦奋斗，务必敢于斗争、善于斗争，坚定历史自信，增强历史主动，谱写新时代中国特色社会主义更加绚丽的华章。党的十九大报告提出，实现伟大梦想，必须进行伟大斗争，必须建设伟大工程，必须推进伟大事业。伟大斗争，伟大工程，伟大事业，伟大梦想，紧密联系、相互贯通、相互作用。我们要把实现中华民族伟大复兴这一伟大梦想置于“四个伟大”的整体框架中来理解和把握，只有如此，才能理解和把握伟大梦想的伟大意义。

一、要结合伟大梦想理解伟大斗争

伟大斗争首先是一种精神品质，不仅体现在党以什么样的姿态直面纷繁复杂的国内外风险与挑战，如何在新时代坚持和发展中国特色社会主义，更体现在党以什么样的状态去面对复杂多变的党内外环境，如何在新时代建设和发展中国共产党。其次，伟大斗争是一种基本方法，是坚持和运用马克思主义基本方法和原则的具体体现。理解和把握伟大斗争，就要把它放在建设伟大工程、推进伟大事业、实现伟大梦想的关系框架之中，来把握其斗争的主体与对象、斗争的内容与方式、斗争的目的和意义。

进行新时代的伟大斗争，首要问题是明确斗争的主体。历史唯物主义认为，人民群众是推动历史进步的根本力量。纵观党的伟大奋斗历程，群众路线是党取得事业胜利的三大法宝之一。中国共产党是中国工人阶级的先锋队，同时是中国人民和中华民族的先锋队。这一性质决定了党除了工人阶级和最广大人民群众的利益，没有自己特殊的利益，也决定了它必然以全心全意为人民服务为根本宗旨。正因如此，党得到了人民群众的拥护和支持，能够团结带领广大人民实现革命、建设和改革事业的一个又一个伟大胜利。

进行新时代的伟大斗争，还要明确斗争的对象和内容。党的十九大报告用“五个更加自觉”和“五个坚决”阐释了新时代伟大斗争的基本内涵。“五个更加自觉”和“五个坚决”，即全党要更加自觉地坚持党的领导和社会主义制度，坚决反对一切削弱、歪曲、否定党的领导和我国社会主义制度的言行；更加自觉地维护人民利益，坚决反对一切损害人民利益、脱离群众的行为；更加自觉地投身改革创新时代潮流，坚决破除一切顽瘴痼疾；更加自觉地维护我国主权、安全、发展利益，坚决反对一切分裂祖国、破坏民族团结和社会和谐稳定的行为；更加自觉地防范各种风险，坚决战胜一切在政治、经济、文化、社会等领域和自然界中出现的困难和挑战。围绕实现中华民族伟大复兴的历史使命，“五个更加自觉”明确了实现历史使命我们要做到什么，“五个坚决”强调了实现历史使命必须要反对什么。

进行新时代的伟大斗争，更要有正确斗争的方式。改革开放是我们党在新的历史条件下带领人民进行的新的伟大革命。党的十一届三中全会作出了改革开放的历史性决策，我国进入了改革开放和社会主义现代化建设的新时期。改革就是对原有观念和体制机制的革新，与创新紧密相连。40余年的改革开放极大地解放和发展了我国的生产力，推动我国的经济实力、科技实力、国防实力和综合国力进入世界前列，极大改变了中国的面貌、中华民族的面貌、中国人民的面貌、中国共产党的面貌，中华民族迎来了从站起来、富起来到强起来的伟大飞跃。对于一个民族来说，站起来是复兴的前提，富起来是复兴的基础，强起来是复兴的保障。40余年的改革创新推动中国走向了强大，为我们到21世纪中叶实现中华民族伟大复兴奠定了坚实的基础。可见，我国40余年来的快速发展靠的是改革开放，实现伟大梦想还要继续坚定不移地依靠改革开放。40年的实践充分证明，"改革开放是决定当代中国命运的关键一招，也是决定实现'两个一百年'奋斗目标、实现中华民族伟大复兴的关键一招"[①]。

进行新时代的伟大斗争，还要把握伟大斗争的重要意义。中国特色社会主义进入新时代，建设伟大工程、推进伟大事业、实现伟大梦想，都离不开伟大斗争。首先，伟大斗争是建设伟大工程的重要保障。"我们党面临的'四大考验'是长期的、复杂的，面临的'四种危险'是尖锐的、严峻的，党内存在的思想不纯、政治不纯、组织不纯、作风不纯等突出问题尚未得到根本解决。"[②]建设新的伟大工程，必须进行一场自我革命式的伟大斗争。其次，伟大斗争是推进伟大事业的强劲动力。推进伟大事业的发展，必须通过伟大斗争。在意识形态领域开展伟大斗争，有利于维护意识形态安全。再次，伟大斗争是

① 中共中央宣传部编：《习近平总书记系列重要讲话读本》，学习出版社、人民出版社2014年版，第38页。

② 中共中央党史和文献研究院、中央"不忘初心、牢记使命"主题教育领导小组办公室编：《习近平关于"不忘初心、牢记使命"论述摘编》，党建读物出版社、中央文献出版社2019年版，第177页。

实现伟大梦想的必然要求。中华民族伟大复兴，绝不是轻轻松松、敲锣打鼓就能实现的，必须进行具有许多新的历史特点的伟大斗争。战胜各种艰难险阻，伟大梦想的实现，仍然任重而道远。

二、要结合伟大梦想理解伟大工程

伟大工程即“我们党正在深入推进的党的建设新的伟大工程”，主要回答为夺取中国特色社会主义新的伟大胜利提供什么样的政治保障问题。要理解和把握建设伟大工程的重要意义，就需要把它置于进行伟大斗争、推进伟大事业、实现伟大梦想的关系框架之中。

一部中国近现代史就是一部中华民族的抗争史，也是一部中国梦的演进史。鸦片战争彻底击碎了许多中国人的梦，中国逐渐陷入落后境地进而沦为半殖民地半封建社会，中华民族日益陷入苦难的深渊。救国图亡，成为贯穿中国近现代史的一条主线；振兴中华，成为全体仁人志士发自内心的激壮呐喊和艰辛探索的时代主题。农民阶级的天国梦、地主阶级的洋务梦、资产阶级改良派的变法梦、资产阶级革命派的共和梦都最终破产。中国共产党在建党之初就把实现中华民族伟大复兴写上党的旗帜；中国共产党登上政治舞台伊始，就扛起了实现中华民族伟大复兴的旗帜。有了中国共产党，才使中国人民实现了民族独立、人民解放；有了中国共产党，中国梦才开始转变为现实。习近平总书记在参观《复兴之路》展览时强调：“实现中华民族伟大复兴，就是中华民族近代以来最伟大的梦想。这个梦想凝聚了几代中国人的夙愿，体现了中华民族和中国人民的整体利益，是每一个中华儿女的共同期盼。”中国共产党正带领中国人民走在国家富强、民族振兴、人民幸福的康庄大道上。

中国共产党的一切奋斗都是为了实现国家富强、人民富裕和民族复兴这个历史伟业。中国共产党在执政过程中，关键是要推进党的事业。党的事业，概括起来主要是全面建成小康社会，进而通过中国特色社会主义来建设社会主义现代化强国，最终实现共产主义。新中国成立以来，我们党创造性地完成了新民主主义到社会主义的过渡，实现了中国历史上最伟大、最深刻的变革，开始了在社会主义道路上实现中华民族伟大复兴的历史征程。尤其是党的十一届三中全会以来，我们党找到了中国特色社会主义的正确道路，中华民族伟大复兴展现出灿烂的前景。

实现中华民族伟大复兴是近代以来中华民族最伟大的梦想，中国共产党一经成立，就义无反顾肩负起实现中华民族伟大复兴的历史使命，团结带领人民进行了艰苦卓绝的斗争，谱写了气吞山河的壮丽史诗。没有中国共产党的领导，实现民族复兴必然是空想。没有共产党就没有新中国，没有共产党就没有中华民族从站起来到富起来再到强起来，这是中国人民从长期奋斗中得出的最基本的结论。完成中华民族伟大复兴的历史使命，战胜前进道路上的风险挑战，从根本上要靠党的全面领导。新时代是全体中华儿女勠力同心、奋力实现中华民族伟大复兴中国梦的时代。我们要围绕实现中华民族伟大复兴这一核心主线，将党的意志、国家意志和人民的意志统一起来，坚持和发展中国特色社会主义。

三、要结合伟大梦想理解伟大事业

伟大事业即推进中国特色社会主义伟大事业，主要回答为夺取中国特色社会主义新的伟大胜利应举什么旗、走什么路的问题；要理解和把握推进伟大事业，就需要围绕进行伟大斗争、建设伟大工程、实现伟大梦想，来把握推进伟大事业的目标及其艰巨性。

伟大事业的目标就是坚持和发展中国特色社会主义。坚持和发展中国特色社会主义，是改革开放以来我们党全部理论和实践的根本主题，也是习近平新时代中国特色社会主义思想的核心灵魂，更是实现中华民族伟大复兴的必由之路。中国特色社会主义道路是近代以来中国人民长期奋斗历史逻辑、理论逻辑、实践逻辑的必然结果，是坚持党的本质属性、践行党的根本宗旨的必然要求。中国特色社会主义既不是“翻版”，也不是“模板”，更不是“再版”，而是“新版”。之所以说是“新版”，就在于开辟出了一条中国特色社会主义道路，这条道路彰显了中国共产党和中国人民的首创精神，拓宽了世界社会主义运动的实践途径。就此而论，中国特色社会主义道路的开辟，实质上意味着一种人类文明新形态的开启。经过接续奋斗，中国特色社会主义进入新时代。从中国经济社会发展维度看，“新时代”意味着近代以来久经磨难的中华民族迎来了从站起来、富起来到强起来的伟大飞跃，由大国迈向强国成为现实任务；从世界社会主义运动发展维度看，“新时代”意味着社会主义在中国焕发出强大生机活力并不断开辟发展新境界，“历史终结论”和“社会主义失败论”不攻自破；从人类文明发展维度看，“新时代”意味着中国特色社会主义拓展了发展中国家走向现代化的路径，为解决世界难题提供了中国方案、贡献了中国智慧。

推进中国特色社会主义伟大事业，实现中华民族伟大复兴的中国梦，中国特色社会主义是必由之路。然而，实现中国梦不可能一蹴而就，其过程将十分艰难曲折。对于社会主义事业长期性、艰巨性的理解，是认识社会发展的客观规律和社会主义发展历史进程的重要内容。它不仅关系到共产党人的马克思主义理论水平，而且关系到共产党的凝聚力和战斗力；不仅关系到社会主义建设方略的制定，而且关系到社会主义事业的成败。什么时候我们对这个问题的认识清醒、正确，我们的路线方针政策就符合实际，社会主义事业就蓬勃地向前发展；什么时候我们对这个问题的认识发生失误，我们就会产生或急躁或悲观的情绪，制定的路线方针政策就脱离实际，社会主义事业就出现某种程度的失误或者为将来的发展埋下隐患。纵观世界500年社会主义史、中国共产党100年发展史、新中国70多年建设史及40多年改革开放史，中国共产党领导人民完成新民主主义革命和社会主义革命，进行社会主义建设和改革开放新的伟大革命，不断推进马克思主义中国化，最终形成中国特色社会主义道路、理论、制度。这是中国共产党艰辛探索的历史过程，是自觉探寻新路的历史过程，也是在探索中走向成熟、走向辉煌的历史过程。展望未来，习近平总书记强调："想一帆风顺推进我们的事业，想顺顺当当实现我们的奋斗目标，那是不可能的。可以预见，在今后的前进道路上，来自各方面的困难、风险、挑战肯定还会不断出现。"①只有不懈奋斗才能实现"两个一百年"奋斗目标，才能实现中华民族伟大复兴。"路漫漫其修远兮，吾将上下而求索"，这是我们民族的伟大先哲留给后人的宝贵遗训。我们每一个真正的共产党人、每一个真诚的社会主义者，都应当继承并光大这一优秀传统，虽千年不移赤子之心，纵万难不坠凌云之志，以热爱社会主义、贡献全部力量建设社会主义为最大光荣，以背离社会主义、损害社会主义为最大耻辱，脚踏实地、披荆斩棘、执着向前，将社会主义的伟大事业坚决进行到底。

---

①《习近平谈治国理政》（第一卷），外文出版社2018年版，第402页。

第三节

“四个伟大”是一个有机整体

从党的十八大报告首次提出伟大斗争，到党的十八届六中全会将伟大斗争、伟大工程、伟大事业并提，再到2017年7月26日习近平总书记在省部级主要领导干部“学习习近平总书记重要讲话精神，迎接党的十九大”专题研讨班上把“四个伟大”放在一起完整提出，“四个伟大”在新时代中国特色社会主义思想体系中已凸显其整体性，并最终形成一个有机的不可分割的整体。新时代，中国特色社会主义已进入新的发展阶段，要实现中华民族伟大复兴的中国梦，更需要进行具有许多新的历史特点的伟大斗争；要进行好伟大斗争，需要建设新的伟大工程；伟大斗争、伟大工程旨在推进新形势下的伟大事业，实现伟大梦想。

一、实现伟大梦想必须进行伟大斗争

党的十九大报告用伟大斗争、伟大工程、伟大事业、伟大梦想这“四个伟大”概括新时代党的历史使命，指出实现伟大梦想“必须进行具有许多新的历史特点的伟大斗争”。党的领导和社会主义制度是实现

中华民族伟大复兴的政治保证和必由之路；维护人民利益是实现中华民族伟大复兴的应有之义和根本所在；改革创新是实现中华民族伟大复兴的动力源泉和关键一招；国家主权和安全是实现中华民族伟大复兴的重要保障；防范各种风险是实现伟大梦想的基本保证。

（一）坚决反对一切削弱、歪曲、否定党的领导和我国社会主义制度的言行，党的领导和社会主义制度是实现伟大梦想的政治保证和必由之路

坚持党的领导和社会主义制度是实现伟大梦想的政治保证和必由之路，是党和国家的根本所在、命脉所在，是全国各族人民的利益所系、命运所系。任何削弱、歪曲、否定党的领导和我国社会主义制度的言行都是伟大斗争的对象。我们必须看到，一段时期以来，国内历史虚无主义思潮在一些领域沉渣泛起，他们往往以所谓的“重新评价”为名，“有的通过否定党和人民奋斗的历史，否定党的领导和执政的必然性和合法性；有的否定马克思主义指导地位和中国走向社会主义的历史必然性，竭尽攻击、丑化、污蔑之能事，企图搞乱人心，煽动推翻中国共产党的领导和我国社会主义制度”[①]。如果任由这些言行横行泛滥，必然会削弱党的执政地位和人民群众坚定不移走社会主义道路的信心，因此要坚决同这些言行作斗争。要进行坚决的斗争，最重要的是“必须增强‘四个意识’、坚定‘四个自信’，坚决维护党中央权威和集中统一领导，把党的领导贯彻和体现到改革发展稳定、内政外交国防、治党治国治军等各个领域”[②]，确保各方面都归属于党的领导之下，确保党始终总揽全局、协调各方。这是一场严肃的政治斗

① 罗宇凡：《抵制和反对历史虚无主义 事关党的领导和国家安全》，载《解放军报》2017年7月4日。

② 习近平：《在庆祝改革开放40周年大会上的讲话》，人民出版社2018年版，第23页。

争，它直接关系着党的领导地位和社会主义国家政权的安全，必须引起全党全国人民的警觉和高度重视。

（二）坚决反对一切损害人民利益、脱离群众的行为，维护人民利益是实现伟大梦想的根本所在

党的十九大报告指出：“中国共产党人的初心和使命，就是为中国人民谋幸福，为中华民族谋复兴。”“谋复兴”就是为了“谋幸福”。实现民族复兴就是使人民过上幸福的生活，是维护人民利益的具体体现。维护人民利益，实现伟大梦想就要同一切损害人民利益、脱离群众的行为作斗争。不能否认，当前一些地方政府和部门还存在不同程度的形式主义、官僚主义，热衷于搞形象工程、政绩工程；乱收费、乱罚款、乱摊派屡禁不止，“吃拿卡要”现象仍未得到根治；农村土地征用、城镇居民房屋拆迁、企业重组改制中尚有侵害群众利益的现象；一些领导干部对解决群众反映强烈的突出问题态度不坚决、工作不主动、措施不得力……上述问题，轻者引发群众不满情绪，重者引发群体性事件，严重影响社会稳定和党群干群关系，损害党在人民群众中的形象。因此，必须坚决同以上行为作斗争。坚决反对一切损害人民利益、脱离群众的行为，要求我们牢牢坚持以人民为中心的发展思想，不断实现人民对美好生活的向往，“必须以最广大人民根本利益为我们一切工作的根本出发点和落脚点，坚持把人民拥护不拥护、赞成不赞成、高兴不高兴作为制定政策的依据”①，严格贯彻党的群众路线，把群众利益放在第一位，为群众办实事、解难事，让人民群众共享改革发展成果，不断增进人民福祉。只有牢记党的根本宗旨，牢牢站稳群众立场，严守党的群众纪律，始终把人民放在心中最高位置，

① 习近平：《在庆祝改革开放40周年大会上的讲话》，人民出版社2018年版，第24页。

才能使党始终得到广大人民群众的拥护，使党真正成为带领人民实现伟大梦想的领导核心。

（三）坚决破除一切顽瘴痼疾，改革创新是实现伟大梦想的动力源泉

“40年的实践充分证明，改革开放是党和人民大踏步赶上时代的重要法宝，是坚持和发展中国特色社会主义的必由之路，是决定当代中国命运的关键一招，也是决定实现‘两个一百年’奋斗目标、实现中华民族伟大复兴的关键一招。”[①]一切影响和阻碍改革创新的顽瘴痼疾都是伟大斗争的对象。伴随着改革开放的深入发展，好改的、容易改的、大家愿意改的内容，都已经基本上改革到位了，而剩下的都是难改的、大家不愿意改的内容，这些自然就成为改革的硬骨头，也是影响继续深化改革的顽瘴痼疾。比如，在思想观念层面，部分社会群体的守旧心理依然严重；在改革共识方面，在少数社会群体中正在形成利益固化藩篱；在体制机制方面，还存在着一些妨碍社会生产力发展的体制机制障碍，如行政管理体制中存在政府对微观经济运行干预过多、管得过死，重审批、轻监管等问题；在营商环境方面存在制约非公有制经济发展的问题；在科技创新体制中存在行政主导和部门分割，没有建立起主要由市场决定技术创新项目和经费分配、评价成果机制的问题，等等。上述问题的存在说明深化改革道路越来越艰难，改革需要解决的问题也格外艰巨。“改革开放每一步都不是轻而易举的，未来必定会面临这样那样的风险挑战，甚至会遇到难以想象的惊涛骇浪。”[②]当前，中国改革已经进入攻坚期和深水区，我们要以壮士断腕的勇气、凤凰涅槃的决心，以勇于自我革命的气魄、坚韧不拔的

---

① 习近平：《在庆祝改革开放40周年大会上的讲话》，人民出版社2018年版，第21页。

② 同上，第23页。

毅力推进改革，切实做到改革不停顿、开放不止步。

（四）坚决反对一切分裂祖国、破坏民族团结和社会和谐稳定的行为，国家主权和安全是实现伟大梦想的保障条件

习近平总书记指出：“实现祖国完全统一，是全体中华儿女共同心愿，是中华民族根本利益所在。”[①]当前，中国正处于全面建成小康社会的决胜阶段，处于实现中华民族伟大复兴的关键时期，遇到的挑战也越来越多越来越尖锐。在这种情况下，只有坚持总体国家安全观，坚决维护好国家主权、安全和发展利益，才能更好地维护和延长我国发展重要战略机遇期，确保中华民族伟大复兴进程不被滞缓或被打断。然而，在后冷战时代新霸权主义抬头的国际形势下，我国也面临着日趋复杂严峻的安全和发展环境。比如，以美国为首的西方发达国家在军事、经济贸易和外交等多方面对我国施加压力，遏制中国的发展；我国与周边部分国家还存在着领土主权争端；我国同大国的地缘竞争、军事安全较量等问题也日益凸显；尚有少数民族分裂分子妄图打着“民族”“宗教”旗号分裂祖国、破坏国家统一和民族团结；社会不稳定因素依然对社会安全造成一定影响；等等。面对国家安全形势出现的新情况和国家安全环境的深刻变化，我们必须坚决同“一切分裂祖国、破坏民族团结和社会和谐稳定的行为”作坚决斗争，坚持总体国家安全观，加快构建国家安全制度体系，以确保我国国家主权不受任何侵犯，确保国家安全得到全面维护。

① 习近平：《在庆祝改革开放40周年大会上的讲话》，人民出版社2018年版，第39页。

（五）坚决战胜一切在政治、经济、文化、社会等领域和自然界出现的困难和挑战，防范各种风险是实现伟大梦想的基本保证

必须清醒地认识到：实现中华民族伟大复兴是一项极其艰难的伟大事业，以后的伟大征程也不可能是一帆风顺的，在这个过程中一定会出现各种可预见和不可预见的风险。实现中国现代化，实现中华民族伟大复兴，我们还有很长的路要走，还有很多困难和风险要去战胜。如果发生重大风险又扛不住，国家安全就可能面临重大威胁，全面建成小康社会进程就可能被迫中断。因此，只有防范好、解决好这些风险，才能扫清实现伟大梦想征程中的各种障碍，避免这些风险影响实现中华民族伟大复兴的历史进程，这是实现伟大梦想的基本保证。对于广大党员干部尤其是领导干部来说，增强驾驭风险的本领，一是要增强风险预防能力，能够具备较强的风险意识，通过源头治理努力消除各种风险隐患，确保不发生或少发生风险。二是要增强风险预判和识别能力，能够准确判断风险发生的苗头、风险发生后的性质与趋势，避免看不到风险和夸大风险这两种错误。三是要增强风险应对和处置能力，熟悉掌握风险管理的相关政策法规和专业知识，确保风险发生后能提出针对性强的方法，及时化解风险，将危害降到最低。只有这样，才能确保党团结带领全国各族人民战胜一切在政治、经济、文化、社会等领域和自然界出现的困难和挑战，战胜“圆梦”道路上的各种艰难险阻，打好防范化解重大风险的攻坚战，朝着实现伟大梦想的宏伟目标进军。

二、实现伟大梦想必须建设伟大工程

从进行好伟大斗争来看，要指导和领导好伟大斗争，要提高驾驭

伟大斗争的本领和艺术，要提升进行伟大斗争的效果。要避免在进行伟大斗争进程中出现颠覆性错误，就必须建设好伟大工程。在“四个伟大”中，伟大工程处于核心位置。党的二十大报告提出：“全面建设社会主义现代化国家、全面推进中华民族伟大复兴，关键在党。”只有建设好伟大工程，才能发挥好党的领导这一中国特色社会主义制度的最大优势，才能赢得伟大斗争、推动伟大事业、实现伟大梦想。另一方面，伟大梦想的实现、伟大事业的胜利、伟大斗争的开展，无不召唤着建设伟大工程，这是历史和实践已经证明了的事实。

伟大工程就是党的建设新的伟大工程。党的建设关系重大、牵动全局。党和人民事业发展到什么阶段，党的建设就要推进到什么阶段，这就要加强党的建设，把握党建的基本规律。在中国共产党历史上，毛泽东首先提出要把党的建设当成一项伟大工程，开启了“党的建设伟大工程”之先河。1939年10月，他在《〈共产党人〉发刊词》中指出：“统一战线，武装斗争，党的建设，是中国共产党在中国革命中战胜敌人的三个法宝……”党的十四届四中全会提出实施“党的建设新的伟大工程”的任务，并明确提出了党的建设的根本目标。党的十五大报告对“党的建设新的伟大工程”作了科学表述。这就是：“把党建设成为用邓小平理论武装起来、全心全意为人民服务、思想上政治上组织上完全巩固、能够经受住各种风险、始终走在时代前列、领导全国人民建设有中国特色社会主义的马克思主义政党。”党的十七大报告提出“以改革创新精神全面推进党的建设新的伟大工程”。党的十八大报告进一步提出“以改革创新精神全面推进党的建设新的伟大工程，全面提高党的建设科学化水平”。党的十八大以来，从中央八项规定到反对“四风”，从党的群众路线教育实践活动到“三严三实”专题教育，再到“两学一做”学习教育，党中央始终把党风廉政建设和反腐败斗争紧紧抓在手上，全面从严治党、全面从严管党、全面从严建设党，推进了中国特色社会主义建设。

然而，当前我们党面临着执政、改革开放、市场经济、外部环境“四大考验”和精神懈怠、能力不足、脱离群众、消极腐败的“四种危险”。如何落实党的建设，即如何建好党、治好党、管好党，有效应对“四大考验”，防止“四种危险”？我们党要长期执政就必须始终保持党的先进性和纯洁性。而要始终保持党的先进性和纯洁性，根本途径就是全面从严治党。首先，全面从严治党要抓住领导干部这个“关键少数”。只有抓住领导干部这个“关键少数”，才能解决好“我是谁”“为了谁”“依靠谁”这些根本问题。当前，价值多元、诱惑多样，党员干部要处理好公与私、义与利、苦与乐、清与亲等关系。“党性说到底就是立场问题。”[①]实质上，党员干部行使权力的过程，就是为人民服务的过程，也就是对人民负责并接受人民监督的过程。为此，党员干部要自觉养成在党组织监督下和在群众监督下生活和工作的习惯。其次，全面从严治党，要政治建党、思想建党、制度治党。政治建党、思想建党是中国共产党的优良传统，制度治党是现代政党治理的主要方式。只有把三者很好地结合起来，才能建好党、治好党、管好党。一些党员干部出问题，大多是在政治理想信念考验中不合格。党员干部一旦动摇和丧失了正确的理想信念，“就可能导致政治上变质、经济上贪婪、道德上堕落、生活上腐化”[②]。因此，绝不能让权力沾染上铜臭味，绝不能把商品交换原则带到党内来。党的十八大以来，党中央和中央纪委高度重视整治群众身边的不正之风和腐败问题，对人民群众关心的重点领域重拳出击。鉴于一些领域消极腐败现象仍然易发多发，为此必须坚持有腐必反、有贪必肃，着力惩治群众身边的腐败问

---

① 《习近平谈治国理政》（第一卷），外文出版社2018年版，第395页。

② 中共中央文献研究室编：《习近平关于协调推进“四个全面”战略布局论述摘编》，中央文献出版社2015年版，第131页。

题。“腐败是危害党的生命力和战斗力的最大毒瘤，反腐败是最彻底的自我革命。只要存在腐败问题产生的土壤和条件，反腐败斗争就一刻不能停，必须永远吹冲锋号。”[①]坚持不敢腐、不能腐、不想腐一体推进，以零容忍态度反腐惩恶，决不姑息。党中央坚持全面从严治党一刻不松、半步不退，向全党全社会充分表明了将全面从严治党这场伟大的自我革命进行到底的鲜明态度和坚定意志。党的十九大刚闭幕，中央政治局便审议通过了《中共中央政治局贯彻落实中央八项规定的实施细则》。习近平总书记明确要求纠正“四风”不能止步，作风建设永远在路上。再次，全面从严治党，要把党性和人民性统一起来。人民群众作为物质财富和精神财富的创造者，是推动历史进步的不竭动力。党性寓于人民性之中，如果回避人民性，党性就成了无本之木。全心全意为人民服务是中国共产党的根本宗旨，党的性质和宗旨决定了党员干部必须全心全意为党、国家和人民而工作。党执政后最大的危险就是脱离群众，群众路线本质上是群众感情问题，只有真正树立公仆意识，才能不负人民的重托，不负共产党人的使命。党的十八大以来，以习近平同志为核心的党中央把党的建设提到新的历史高度，要求进一步推进全面从严治党。只有坚持以人民为中心的发展思想，坚持人民性，激发全社会的凝聚力、向心力、创造力，才能把中国共产党建设成为坚强有力、人民满意、受人民爱戴的党。

三、实现伟大梦想必须推进伟大事业

伟大事业回答了新时代坚持和发展什么样的中国社会主义、怎样坚持和发展中国特色社会主义的重大问题。中国特色社会主义开创了

---

① 习近平：《高举中国特色社会主义伟大旗帜 为全面建设社会主义现代化国家而团结奋斗——在中国共产党第二十次全国代表大会上的报告》，人民出版社2022年版，第69页。

民族国家走向现代化的崭新路径。现代化就是西方化，这是长期以来西方舆论普遍认为的。他们的逻辑是，要想赶上世界潮流就要走西方道路。然而，中国道路以其活力四射的磅礴气势打破了西方化的神话。习近平总书记指出："中国特色社会主义不断取得的重大成就，意味着近代以来久经磨难的中华民族实现了从站起来、富起来到强起来的历史性飞跃，意味着社会主义在中国焕发出强大生机活力并不断开辟发展新境界，意味着中国特色社会主义拓展了发展中国家走向现代化的途径，为解决人类问题贡献了中国智慧、提供了中国方案。"①

道路决定命运，旗帜决定方向。清楚知道了路要怎样走，事要如何做，才能更加努力地去实现中华民族伟大复兴的伟大梦想。中国特色社会主义是改革开放以来党的全部理论和实践的主题，也是通往中华民族伟大复兴的唯一路径。改革开放以来，在中国共产党的领导下，我们披荆斩棘，迎难而上，举起了中国人民自己的旗帜，走出了中国人民自己的道路。这个旗帜就是中国特色社会主义，这条道路就是中国特色社会主义道路。旗帜和道路的选择是中国共产党人在长期奋斗、创造、积累根本成就基础上的必然结果。

推进新时代中国特色社会主义事业，必须牢牢抓住发展这个第一要务。"高质量发展是全面建设社会主义现代化国家的首要任务。"②目前，我国经济正处在转变发展方式、优化经济结构、转换增长动力的攻关期，要贯彻新发展理念，坚持质量第一、效益优先，以供给侧结构性改革为主线，推动经济发展的质量变革、效率变革，完成从高速增长到高质量发展的转变。跨越发展关口，就要不断增强我国经济创新力和竞争力。要加快建设创新型国家，实施乡村振兴战略，实施区

① 《习近平谈治国理政》（第二卷），外文出版社2017年版，第62页。

② 习近平：《高举中国特色社会主义伟大旗帜 为全面建设社会主义现代化国家而团结奋斗——在中国共产党第二十次全国代表大会上的报告》，人民出版社2022年版，第28页。

域协调发展战略，加快完善社会主义市场经济体制，推动形成全面开放新格局，努力实现更高质量、更有效率、更加公平、更可持续的发展。

推进新时代中国特色社会主义事业，必须坚持以人民为中心的发展思想。永远把人民对美好生活的向往作为奋斗目标体现了中国共产党人真挚的人民情怀。从健全人民当家作主制度体系，到为人民提供丰富的精神食粮，从提高保障和改善民生水平，到推动形成人与自然和谐发展现代化建设新格局，一系列扎实举措，体现了我们党始终把人民利益摆在至高无上的地位，让改革发展成果更多更公平惠及全体人民，不断增强人民的获得感、幸福感、安全感，让百姓生活一年更比一年好。

推进新时代中国特色社会主义事业，必须坚持全面深化改革，靠改革激发新动力、释放新活力。改革不停顿，开放不止步，进入新时代，改革更要乘势而上、开创新局。从深化供给侧结构性改革，到积极稳妥推进政治体制改革；从深化文化体制改革，到深化社会领域相关制度改革；从加快生态文明体制改革，到继续深化国防和军队改革……党的十九大着眼于新时代新要求，描绘了改革新蓝图，提出了改革新任务。用好改革开放这个关键一招，我们的事业就能不断焕发生机活力，中国特色社会主义必将展现出更加强大的生命力。

推进新时代中国特色社会主义事业，要坚持党对一切工作的领导。党政军民学，东西南北中，党是领导一切的。坚持党对一切工作的领导，确保党始终总揽全局、协调各方，是新时代中国特色社会主义事业向前发展的根本保证。坚持党的领导必先加强党的自身建设。治国必先治党，治党务必从严，必须全面从严治党。始终以保持同人民群众的血肉联系为核心，加强党的先进性和纯洁性建设，克服权力异化，保持党政机关廉洁、风清气正。正如习近平总书记所说：“单是廉政还不够，还要有政绩，要能改变当地面貌，促进经济发展，提高生活水平，所以，我提倡‘为官一场，造福一方’。”[①]另外，2018年1月11日，中共中央、国务院印发《关于开展扫黑除恶专项斗争的通知》，明确要求“把扫黑除恶与反腐败斗争和基层‘拍蝇’结合起来，深挖黑恶势力‘保护伞’”。这些举措充分展现了中国共产党对于加强党的自身建设、从严管党治党的决心和力度，有力回应了人民对美好生活的向往，也昭示着全面从严治党永远在路上。

“空谈误国，实干兴邦”。在党的二十大报告中，习近平总书记站在长期执政的高度提醒全党同志“务必不忘初心、牢记使命，务必谦虚谨慎、艰苦奋斗，务必敢于斗争、善于斗争”，这是有很深考虑的。这“三个务必”深刻表明，中国共产党具有时刻保持解决大党独有难题的清醒和坚定，不断深化对共产党执政规律、社会主义建设规律、人类社会发展规律、长期执政规律的认识。习近平总书记说：“我们必须以审视的眼光看待不适应我们获得更快发展的一切并对其进行改革……若留下探索，后人总结；若留下经验，后人咀嚼；若留下教训，后人借鉴；若留下失误，后人避免。”[②]他“不主张多提口号，提倡行动至上。过去采取的很多有效的办法，要像接力赛一样，一棒一棒接着干下去，脚踏实地干出实效来”[③]。他还说，我们需要的是立足于实际又胸怀长远目标的实干，而不需要不甘寂寞、好高骛远的空想；我们需要的是一步一个脚印的实干精神，而不需要新官上任只烧三把火希冀侥幸成功的投机心理；我们需要的是锲而不舍的韧劲，而不需要“三天打鱼两天晒网”的散漫。党的十八大以来，以习近平同志为核心的党中央统筹“五位一体”总体布局，牢牢扭住经济建设这个中心，

① 习近平：《摆脱贫困》，福建人民出版社1992年版，第60页。
② 同上，第158页。
③ 同上，第59页。

协调推进“四个全面”战略布局，实现经济社会协调发展，增强文化软实力，打赢脱贫攻坚战，努力建设天蓝、地绿、水清的美丽中国，奋力夺取新时代中国特色社会主义伟大胜利。

第四章 伟大梦想与历史使命

伟大梦想与历史使命的基本内涵、目标取向、未来指向都指向中华民族的伟大复兴，因而二者具有高度的一致性。但作为两个经典表达和中国标识，两者在行动主体、运动时空、演进规律等方面又具有显著的差异性。遵循习近平总书记“两个大局”重要论断，从历史、理论与实践的统一上深入揭示和系统阐发两者之间的内在逻辑关联，具有重要意义。

第一节

伟大梦想孕育历史使命

一、民族特质蕴含着梦想与使命的追求

复兴梦想始终是中华民族独特的意识，正如基辛格所言，中华文明似乎没有起点，而实现复兴就是中国历史的开始。他曾经这样说："在历史意识中，中国是一个只需复原，而无须创建的既有国家。"[①]中华民族自古以来追求的就是"天下为公"的大同社会。习近平总书记在参观《复兴之路》展览时指出：实现中华民族伟大复兴，就是中华民族近代以来最伟大的梦想。伟大梦想既具有丰富的内涵，又具有典型的民族特质。伟大梦想作为中国民族精神的"核心构件"，内蕴着中华民族独特的民族创造力、民族奋斗力和民族团结力。

创造力展示民族智慧。作为一种典型的人类自主行为，创造就是把以前没有的事物产生或者制造出来，创造力就是人类特有的一种综合性本领。环顾世界民族之林，纵观世界民族历史，中华民族的创造

① ［美］亨利·基辛格：《论中国》，胡利平等译，中信出版社2015年版，第1页。

力有口皆碑，展现着独有的智慧。就器物层面而言，中华民族为人类贡献了四大发明，拓展了人类活动的空间，提升了人类认识自然、改造自然的能力；就精神层面而言，中华民族历史上更是涌现出了浩如繁星、闻名于世的伟大思想巨匠，创造了以儒释道为代表的博大精深的中国传统文化，影响世界数千年，至今依然滋养着人类，同世界各国人民创造的丰富多彩的文明一道，为人类提供正确的精神指引和强大的精神动力；就制度层面而言，中华民族始终坚守自己的家园，立足5000多年文明发展史和民族文化的传承与自信，既借鉴又实践，用自己的智慧认识世界、解决矛盾，脚踏实地、孜孜以求，走出中国道路，形成中国智慧和中国方案。站在历史交汇点的中华民族，更是成功开创中国特色社会主义道路，在多种多样的人类文明中建构出中国模式，彰显了中华民族伟大的民族智慧。

奋斗力展示民族韧性。奋斗是一种为克服困难而极度努力或尽力的状态，是面对困难不气馁、持续努力的过程。可以说，奋斗是一种坚持与努力交织的韧劲，是中华民族在长期的伟大实践中形成的民族品格、价值共识。奋斗已经成为中华文化的独特标识。中华民族历史，就是一部民族的奋斗史。习近平总书记在第十三届全国人民代表大会第一次会议上指出：“在几千年历史长河中，中国人民始终革故鼎新、自强不息，开发和建设了祖国辽阔秀丽的大好河山，开拓了波涛万顷的辽阔海疆，开垦了物产丰富的广袤粮田，治理了桀骜不驯的千百条大江大河，战胜了数不清的自然灾害，建设了星罗棋布的城镇乡村，发展了门类齐全的产业，形成了多姿多彩的生活。”中华民族在奋斗的长河中走到今天，也要在奋斗中走向光明的未来，更要依靠奋斗实现伟大梦想。因为，“有奋斗才有未来”已经成为新时代中国人的共识与认同。

团结力展示民族情怀。团结既是和睦、不分离的一种状态，也是一种建立在理性共识下的情感、精神。同样在十三届全国人大一次会议上，习近平总书记指出："在几千年历史长河中，中国人民始终团结一心、同舟共济，建立了统一的多民族国家，发展了56个民族多元一体、交织交融的融洽民族关系，形成了守望相助的中华民族大家庭。"中华民族的家园是由56个民族共同创造的，中华文化也是由56个民族共同创造的。"仁爱""和谐""与人为善"铸就了团结精神，更滋生了深沉的家国情怀。这种对民族、对国家的深厚情感升华为以爱国主义为核心的伟大民族精神，团结友爱、守望相助、共建美好家园成为民族价值观，更成为中华民族的文化基因。中华文化根植于中华民族共同的伟大实践，融入每一个中华儿女的生命，并激发出强大的物质力量和精神力量。

二、民族历史生长出梦想与使命的呼唤

唯物史观认为人类社会的发展是一种自然历史过程，是追求着自己目的的人的活动，又受内在的一般规律支配。习近平总书记在纪念毛泽东同志诞辰120周年座谈会上指出："历史就是历史，历史不能任意选择，一个民族的历史是一个民族安身立命的基础。"伟大梦想既源于民族特质，也来自中华民族历史演进中的积淀，具有历史必然性。

首先，来自古代文明的内核。一个没有梦想支撑的民族是难以屹立于世界民族之林的。中华民族自古以来就是一个喜欢仰望星空、开天辟地的民族。在几千年历史长河中，中国人民不仅始终心怀梦想，而且不懈追梦、执着圆梦。由于历史和时代的局限性，当时追求的梦想更多指涉的是人与自然的关系，即如何通过人的主观活动充分改造自然甚至征服自然，使自然为人类的生存与生活创造条件、提供基础。随着社会生产力的不断发展和人类生活境遇的优化，中国人民对

梦想的追求逐渐从人与自然的关系这一主题逐渐转向人与社会的关系，追求社会的和谐、美好。在历史上，许多思想家对梦想中的美好社会曾有过形形色色、五彩缤纷的描绘和构想。墨子提出了“兼相爱”“爱无差”的理想社会方案，孟子描绘了“老吾老，以及人之老；幼吾幼，以及人之幼”的社会状态，《礼记·礼运》中勾画了“大同社会”和“小康社会”这两种社会状态，康有为在《大同书》中提出要擘画、建构一个“人人相亲，人人平等，天下为公”的理想社会。除了理想层面的构想之外，现实层面也出现了文景之治、贞观之治、康乾盛世等昌盛时代，为人类文明发展进步留下了流芳百世的印记。

其次，是近代探索的结晶。从社会发展的角度看，中国近代史是一部现代化的历史。现代化是历史发展的必然趋势，中国的现代化经历一个曲折发展历程。1840年鸦片战争以后，中华民族蒙受了百年的外族入侵和内部战争，中国人民遭遇了极大的灾难和痛苦，实现中华民族伟大复兴，成为近代以来中国人民最伟大的梦想。现代化就是传统社会向现代社会的变迁过程，将引起社会生产力、经济制度、政治制度、思想文化乃至人们的生活方式、价值观念、心理态度的变化，其核心是经济的工业化和政治的民主化。中国近代化的探索经历了学习西方先进的科学技术、学习西方的政治制度、学习西方的思想文化三个阶段。学习西方科学技术的典型事件是洋务运动，学习西方政治制度的典型事件是戊戌变法和辛亥革命，学习西方的思想文化的典型事件是新文化运动。世界现代化大格局为中国提供了两种现代化模式，一种是西方资本主义现代化发展模式，一种是苏俄社会主义现代化发展模式。中国在现代化发展模式上面临着历史认知与价值选择的矛盾，以毛泽东为代表的共产党人最终选择了以社会主义实现中国现代化，体现了工具理性和价值理性的辩证统一。

最后，是当代接力的延续。中国梦是历史的、现实的，也是未来的。实现这一伟大梦想的历史使命，历史性地落在了中国共产党身上。中国共产党成立伊始，就把实现共产主义作为党的最高理想和最终目标，义无反顾肩负起实现中华民族伟大复兴的历史使命，团结带领人民进行了艰苦卓绝的斗争，谱写气吞山河的壮丽史诗，把贫穷落后的旧中国变成日益走向繁荣富强的新中国，迎来了使中华民族从“站起来”“富起来”到“强起来”的伟大飞跃，中华民族伟大复兴展现出前所未有的光明前景。深谙历史沧桑变化规律的毛泽东在当年讲出了夺取全国革命的胜利“只不过是像万里长征走完了第一步”这样谦逊的话，道出了创业难、守业更难的真谛。以毛泽东、邓小平、江泽民、胡锦涛为代表的党的几代领导集体，为探索中国现代化的发展道路，将马克思主义的普遍真理与中国的具体国情相结合，在事关中国前途和命运的几个关键时刻，代表中国人民的根本利益，作出重大政治抉择，创建新中国，建立社会主义市场经济制度，实现经济腾飞，保证我们的国家始终沿着中国特色社会主义现代化道路奋勇前进。中国特色社会主义进入新时代这一历史方位的新变化，需要新的指导思想。党的十八大以来，以习近平同志为核心的党中央，在实践基础上，大力推进理论创新，系统回答了新时代坚持和发展什么样的中国特色社会主义，怎样坚持和发展中国特色社会主义这个重大时代课题，形成了习近平新时代中国特色社会主义思想这一马克思主义中国化最新成果。今天，中国人民比历史上任何时期都更接近、更有信心和能力实现中华民族伟大复兴。中国共产党的现实使命，就是团结带领全党全国各族人民，接过历史的接力棒，继续为实现伟大梦想而接续奋斗。

三、民族文化涵育了梦想与使命的生命

民族文化是民族存亡之本，也是民族凝聚与发展的深层动力。如果把中华民族比作一艘即将扬帆远行的航船，那么，它需要的不是一洼浅水，而是足以负载它的大海，而我们5000年的传统文化就是那汪洋大海。“我们古老的文明，不是沉重的历史包袱，而是宝贵的精神财富，犹如铸山为铜，煮海为盐，为我们提供了取之不竭的思想资源。”[①]中国文明是迄今唯一没有发生断裂的古文明，这是人类文明史上的奇迹。中国共产党传承中华优秀传统文化，自觉地扛起民族复兴大旗，延续伟大梦想的民族追求和历史呼唤，再造中华民族辉煌。

民族发展历史的有机对接。现代是传统的现代。就民族文化而言，仁义、礼乐、谦敬、诚信、忠孝、中正、清廉、和谐、荣辱、自律等诸多基本概念与构成要素，不仅具有历史地位，也具有超越时空的价值。特别是在特质与内涵上，它们不仅与现代世界和人类社会的精神文明建设有很强的互洽性，与中国共产党的执政理念更有着内在的一致性，这不仅呈现了伟大梦想孕育历史使命的深层和根本原因，更体现了现代对传统的完美对接。这种对接，正是民族文化强大生命力的现代呈现和历史延续。

民族发展空间的国家标识。越是民族的越具有世界性和普适性。中华民族有5000年文明史，但是，经过近百年的自戕，举国上下对自身文明的认识极为纷乱，将之全盘否定者、虚无化者依然不少。热爱者虽居多数，但大多处于自发的、散在的状态，所知不成体系，没有理论深度。当代世界一体化的趋势已经不可逆转，任何一个民族都不可能孤

① 彭林：《民族文化与民族命运》，载《红旗文稿》2012年第16期。

立于世界之外而生存与发展，唯一正确的选择就是尽快组织力量，实现中华传统文化的创造性转化和创新性发展，实现和完成对中华文明的“国家表述”，从而确立中国融入世界的国家标识。

民族发展道路的强国模式。习近平总书记指出：“中华民族是具有非凡创造力的民族，我们创造了伟大的中华文明，我们也能够继续拓展和走好适合中国国情的发展道路。全国各族人民一定要增强对中国特色社会主义的道路自信、理论自信、制度自信，坚定不移沿着正确的中国道路奋勇前进。”[①]实现中国梦，就是要带领中国人民远离落后挨打，走向国富民强，对外不称霸不扩张，推动世界和平发展。当今世界，不同文化的交流、碰撞、冲突、汇通，正在前所未有的深度和广度上展开。中国文化不仅内蕴着独特的民族活力，在发展哲学的意义上，更显示了迥异于西方的独特进路和发展思路。在中国文化里没有救世主，天地之间有正义，得道多助，失道寡助；人性本善，人有良知，灵魂要由自己来管理；通过修身进德，可以成为君子甚至圣贤；等等。政治多极化、经济全球化、社会信息化成为普遍现象和基本趋势，特别是一些西方大国出现保护主义、民粹主义等反全球化思潮，不仅证明西方经济和社会发展已经出现严重问题，更彰显了中国道路的独特优势。

① 《习近平谈治国理政》（第一卷），外文出版社2018年版，第40页。

第二节
历史使命彰显伟大梦想

如果说伟大梦想孕育历史使命这一判断侧重揭示的是两者在时间上和理论上的源流关系，那么，历史使命彰显伟大梦想，则侧重揭示两者在空间上和实践上的内在一致性。

一、党的不改初心体现伟大梦想

中国共产党一经成立，就把实现共产主义作为党的最高理想和最终目标，义无反顾肩负起实现中华民族伟大复兴的历史使命，团结带领人民进行艰苦卓绝的斗争，谱写气吞山河的壮丽史诗，造就了实现中华民族伟大复兴的现实基础、担当能力与自觉自信。可以说，伟大梦想表明中国共产党人的初心不改奋斗不息，真实体现在党的百年历程之中。

革命历程的不懈奋斗体现民族解放梦。中国梦是充满辉煌、苦难与胜利的民族集体记忆。实现中华民族伟大复兴成为1840年鸦片战争以来一代又一代中国人孜孜不倦的追求目标。中国共产党成立后，肩负起实现中华民族伟大复兴的历史使命，为中华民族伟大复兴奠定了坚实的领导基础。从此，中国人民谋求民族独立、人民解放和国家富强、人民幸福的斗争才有了主心骨，中国人民才从精神上由被动转为主动。中国共产党将马克思主义与中国革命实际相结合，开创了新的革命道路，有了引领社会进步的先进的阶级力量，代表着中国社会前进的方向。于是，救国于危难、拯民于水火之中的历史重任落到了中国共产党人的肩上。历史告诉我们，要实现中华民族的伟大复兴就必须找到正确的路径。以毛泽东同志为代表的中国共产党人，用马克思主义思考中国命运，创造性地把马克思主义运用到中国革命中，深入研究中国国情和中国革命的特点，在斗争中逐步形成了毛泽东思想，开创了一条由新民主主义通向社会主义的革命道路。至此，中国革命掀开了崭新的一页，古老的东方大地才透出黎明的曙光。在整个革命过程中，中国共产党人以争取民族独立、人民解放为己任，以实现国家富强、人民富裕为目标，一心一意维护民族利益和民众利益，得到了全社会的广泛认同和支持，成功地把一个半殖民地半封建的中国引向了社会主义，成立了新中国。饱受磨难的中国人民，从此成为国家、社会和自己命运的主人。社会主义制度在中国的建立，成了中国历史上最广泛最深刻的一次社会变革，于是，在近代中国史中可以得出一个根本性结论：只有社会主义才能救中国。

建设时期的艰辛探索体现民族独立梦。社会主义制度建立后，以毛泽东为主要代表的中国共产党人，开始领导全国各族人民在中国这样一个社会生产力水平十分落后的国家进行社会主义建设。他们从中国国情出发，为建设社会主义进行了艰辛的探索，在短短十几年内取得了旧中国几十年都不可能取得的成就，为中国社会主义现代化建设打下了坚实的基础。在探索中国革命道路进程中获得了一种经验性的认识，那就是解决中国的一切问题，都必须从中国的实际出发。所以，当发现照搬苏联模式带来的诸多问题后，毛泽东同志明确提出

“以苏为鉴”，要探索适合中国国情的社会主义建设道路，并在之后的一系列著作中，反映出我们党对中国社会主义建设的初步认识和思考，这对后来中国特色社会主义道路的开创产生了深远的影响。

改革开放的壮美篇章体现民族富裕梦。任何新生事物的成长与发展都不是一帆风顺的，社会主义是一项前无古人的事业。由于国际国内种种原因，中国经历了十年“文化大革命”，给党和国家造成了极其严重的创伤，使得当时中国的国民经济濒临崩溃。而此时，全球范围内新科技革命蓬勃兴起，世界各国现代化进程加速，中国又一次落在了时代大潮的后面，向社会主义现代化建设迈进的过程举步维艰。以邓小平同志为代表的中国共产党人继续探索新的道路，义无反顾地带领人民走上了新征程，进入改革开放新时期。中国共产党在重新确立马克思主义思想路线的基础上，总结历史经验，同时开始了对“什么是社会主义、怎样建设社会主义”问题的新探索、新思考。依据对国情、世情的正确判断，我们党逐步实现了从“以阶级斗争为纲”到“以经济建设为中心”的转变，从封闭半封闭到改革开放的转变，从计划经济体制到社会主义市场经济体制的转变。随着这些转变的推进，我们党形成了“一个中心、两个基本点”的基本路线，形成了社会主义现代化建设的总体布局，确立了全面建设小康社会、实现社会主义现代化的战略目标。在开创和拓展中国特色社会主义道路过程中，发展是硬道理、发展是党执政兴国的第一要务、坚定不移走科学发展道路的思路得以确立。我国经济社会发展取得了举世瞩目的巨大成就，社会面貌发生深刻变化，综合国力显著增强，人民生活从贫穷走向富足，在政治建设、文化建设、社会建设以及生态文明建设和党的建设上也取得了巨大进步，国际地位不断提升，社会主义中国以前所未有的雄姿屹立在世界东方，一个日益繁荣富强的中国正在崛起，中国人民正在以新的形象走向世界。

新时代的凯歌行进体现民族强国梦。2012年，党的十八大闭幕后不久，习近平总书记用“中国梦”描述这个梦想，在国内外产生广泛影响。他指出：“实现中华民族伟大复兴，就是中华民族近代以来最伟大的梦想。这个梦想，凝聚了几代中国人的夙愿，体现了中华民族和中国人民的整体利益，是每一个中华儿女的共同期盼。”[①]自此，伟大梦想成为砥砺奋进中的一个重要概念。2017年7月26日，习近平总书记在省部级主要领导干部“学习习近平总书记重要讲话精神，迎接党的十九大”专题研讨班开班式上发表重要讲话，将伟大梦想与具有许多新的历史特点的伟大斗争、党的建设新的伟大工程、中国特色社会主义伟大事业并列，首次以“四个伟大”的概念形成新的理论概括。党的十九大报告对“四个伟大”作了详细阐述，思想丰富，内涵深刻，我们在学习中既要把握“四个伟大”之间“紧密联系、相互贯通、相互作用”的内在关系，又要深刻认识伟大梦想在“四个伟大”中的关键位置。习近平同志在党的十九大报告中强调，“四个伟大”中“起决定性作用的是党的建设新的伟大工程”，因为党的建设是做好一切工作的根本保证。起决定性作用的伟大工程无疑位置突出，然而，伟大梦想在“四个伟大”中的位置同样十分关键。我们可以从以下两个方面来认识伟大梦想位置的关键性。首先，在2017年7月26日习近平总书记发表重要讲话之前，党中央文件中已经出现将进行伟大斗争、建设伟大工程、推进伟大事业连在一起的表述，伟大梦想在“四个伟大”概念形成中是后来加上去的。值得注意的是，党的十九大报告中习近平总书记的阐述以伟大梦想串起“四个伟大”，三段的阐述分别为“实现伟大梦想，必须进行伟大斗争”，“实现伟大梦想，必须建设伟大工程”，“实现伟大梦想，必须推进伟大事业”。这样的思路表

①《习近平谈治国理政》（第一卷），外文出版社2018年版，第36页。

明，伟大梦想是其他三个“伟大”的最终目的，进行伟大斗争、建设伟大工程、推进伟大事业，都服从和服务于实现伟大梦想。其次，党的十九大报告的第二部分“新时代中国共产党的历史使命”中，实现中华民族伟大复兴成为中国共产党全部历史实践主题的中心概括。从习近平总书记的阐述看，中国共产党从诞生之日起就“义无反顾肩负起实现中华民族伟大复兴的历史使命”。在概括我们党领导中国革命、建设和改革的进程中得到的三个“深刻认识”时，统一采用“实现中华民族伟大复兴，必须……”的表述方式。此外，在论述党为中华民族伟大复兴不懈奋斗的历程后强调，“中华民族伟大复兴，绝不是轻轻松松、敲锣打鼓就能实现的。全党必须准备付出更为艰巨、更为艰苦的努力”。由此可见，伟大梦想构成中国共产党人接续奋斗的责任担当。

二、党的奋斗目标聚焦伟大梦想

不忘初心，方得始终。中国共产党人的初心和使命，就是为中国人民谋幸福，为中华民族谋复兴。这个初心和使命，是激励中国共产党人不断前进的根本动力，也是人民和历史选择中国共产党的根本原因。正因为始终坚持把实现中华民族伟大复兴作为历史使命，我们党才能团结带领全国人民共同奋斗，取得革命、建设、改革的伟大胜利。简言之，伟大梦想就是新时代中国特色社会主义的进军目标。

生成维度昭示伟大梦想。中国共产党是以马克思主义为指导思想建立起来的政党，是在中国遭遇数千年未有之大变局的背景下，在民族灾难深重、国家前途渺茫、人民生活苦不堪言的艰难境地中诞生的政党，注定了要承担起拯黎民于水火、救民族于危难、挽狂澜于既倒、扶大厦于将倾的重大责任，注定了要担负起带领中国人民谋求民族独立、人民解放和国家富强、人民幸福，实现中华民族伟大复兴的历史使命。习近平总书记在党的十九大报告中指出："实现中华民族伟大复兴是近代以来中华民族最伟大的梦想。中国共产党一经成立，就把实现共产主义作为党的最高理想和最终目标，义无反顾肩负起实现中华民族伟大复兴的历史使命。"历史选择了中国共产党，人民选择了中国共产党。中华民族有5000多年文明历史，曾长期走在世界发展前列。正如毛泽东同志所说："一九二一年产生了中国共产党，中国就改变了方向，五千年的中国历史就改变了方向。"①

时间维度确证伟大梦想。改革开放之初，邓小平同志率先提出"走自己的路，建设有中国特色的社会主义"。新时代中国特色社会主义的开辟，连接着中国人民为实现民族复兴而奋斗的历史进程。习近平总书记曾谈到伟大梦想进展的三个时间维度。孙中山先生第一个喊出"振兴中华"的口号。"六十多年前我们党领导人民经过长期艰苦卓绝的斗争建立了新中国，三十多年前我们党领导人民开始了改革开放，这两件大事大大加快了实现中华民族伟大复兴的历史进程"。②今天，中国特色社会主义开启向新的目标奋进的新时代。习近平总书记多次指出，我们现在比历史上任何时期都更接近、更有信心和能力实现中华民族伟大复兴的目标，并提出必须坚定中国特色社会主义道路、理论、制度、文化自信，这不仅是对中华民族长期夙愿的热切回应，而且是对党领导人民实现伟大梦想进入新时代的使命宣示。我们党已经踏上新的历史征程。从党的十九大到二十大，是"两个一百年"奋斗目标的历史交汇期。我们既要全面建成小康社会，又要乘势而上开启全面建设社会主义现代化国家新征程。综合分析国际国内形

---

①《毛泽东文集》(第三卷)，人民出版社1996年版，第397页。

② 中共中央文献研究室编：《习近平关于全面深化改革论述摘编》，中央文献出版社2014年版，第5页。

势和我国发展条件，党的十九大对2020年以后的30年，分两个阶段作出战略安排，即前15年基本实现社会主义现代化，后15年全面建成富强民主文明和谐美丽的社会主义现代化强国。战略宏图绘就，美好前景呈现。踏上新征程，我们党必须牢记使命，时刻不忘“筚路蓝缕，以启山林”的艰难困苦，切实记取“其作始也简，其将毕也必巨”的历史教训，唯有不忘初心，方可告慰历史、告慰先辈，方可赢得民心、赢得时代，方可善作善成、一往无前。踏上新征程，我们党要拿出逢山开路、遇水架桥的闯劲，拿出只争朝夕、敢于担当的拼劲，努力有新作为，争取有新气象，在党的十九大擘画的新征程上夺取更大胜利。

内涵维度凸显伟大梦想。党的十九大一个重大理论创新就是作出“中国特色社会主义进入了新时代”这个重大政治判断，这是对我国发展新的历史方位的深刻把握，体现了以习近平同志为核心的党中央洞察国内外形势变化和统筹国际国内两个大局的思想自觉。改革开放40多年来，我们党带领人民群众探索中国特色社会主义道路的这段历程始终伴随着一个个新的发展阶段，也迎来了中华民族从站起来、富起来到强起来的历史性飞跃。这是一个循序渐进的过程，也是中国特色社会主义理论和实践不断深化的过程。党的十八大以来，在以习近平同志为核心的党中央坚强领导下，我们创造了全方位的、开创性的成就，发生了深层次的、根本性的变革，中国特色社会主义进入一个新时代。中国特色社会主义是改革开放以来党的全部理论和实践的主题。随着理论发展和实践创新，这个主题也在与时俱进地深化。形成新时代中国特色社会主义的重大政治判断，确立习近平新时代中国特色社会主义思想为党的指导思想，正是这个主题取得的最新成果。新的重大政治判断和新的指导思想蕴含着一个重要指向，即中国特色社会主义进入新时代，必须聚焦伟大梦想，必须向着实现中华民族伟大复兴的目标进军。在党的十九大报告中，习近平同志以“承前启后、继往开来、在新的历史条件下继续夺取中国特色社会主义伟大胜利的时代”“决胜全面建成小康社会、进而全面建设社会主义现代化强国的时代”“全国各族人民团结奋斗、不断创造美好生活、逐步实现全体人民共同富裕的时代”“全体中华儿女勠力同心、奋力实现中华民族伟大复兴中国梦的时代”“我国日益走近世界舞台中央、不断为人类作出更大贡献的时代”等阐述，诠释中国特色社会主义进入新时代的内涵。不难发现，这五个诠释角度，都凸显了中华民族伟大复兴的目标指向。

三、党的价值取向内蕴伟大梦想

伟大梦想是14亿中国人民的共同梦想。我们党在任何时候、任何情况下都必须围绕中华民族伟大复兴的梦想而不懈奋斗。因此，党的价值取向内蕴这一伟大梦想，伟大梦想体现了中国共产党人的价值取向。

以人民为中心的价值取向。首先，以人民为中心的价值取向内蕴伟大梦想的人民本体性特点。“以人民为中心”是马克思主义人民权利观的集中体现，是对中国特色社会主义人民权利理念的价值选择与价值排序。“以人民为中心”的人民权利观是以人民群众的生存权与发展权为核心延展开的。在马克思主义人民权利体系中，生存权是发展权的物质基础，生命健康权又是生存权及其他一切权利实现的前提与保证。而发展权，如国家层面的民主、文明、和谐，社会层面的自由、平等、公正等，都是基于生命形式得以存在的权利规定。我国在抗击新冠肺炎疫情中开展了人民战争、总体战和阻击战，形成了典型的中国经验和领导智慧，这是对把人民生命安全和身体健康放在第一位的人民权利观的实践与检验，体现了马克思主义权利观的价值选择和价值排序。其次，以人民为中心的价值取向内蕴伟大梦想的人民主体性特点。《共产党宣言》早就指出，“代替那存在着阶级和阶级对立的资产阶级旧社会的，将是这样一个联合体，在那里，每个人的自由发展是一切人的自由发展的条件”。中国处于社会主义初级阶段，尽管经济政治文化社会发展水平还不高，但我们的社会性质决定了国家的发展与人民的整体利益是一致的，我们发展的终极目标是实现自由人的联合体，这个联合体是以每个人的自由全面发展为条件的。中国梦靠谁来实现？马克思历史唯物主义认为，人民，只有人民才是历史的创造者。中国梦，是人民的梦，是每一个中国人的梦。因此，人民是实现中国梦的根本依靠，全体人民同心共筑中国梦，实现梦想的力量就无比强大。党的十九大报告强调，“必须坚持人民主体地位，坚持立党为公、执政为民，践行全心全意为人民服务的根本宗旨，把党的群众路线贯彻到治国理政全部活动之中，把人民对美好生活的向往作为奋斗目标，依靠人民创造历史伟业”，同时强调，“党的领导是人民当家作主和依法治国的根本保证，人民当家作主是社会主义民主政治的本质特征，依法治国是党领导人民治理国家的基本方式，三者统一于我国社会主义民主政治伟大实践”。一方面，我们要尊重每一个人的梦想，每一个人都期盼有更好的教育、更稳定的工作、更满意的收入、更可靠的社会保障、更高水平的医疗卫生服务、更舒适的居住条件、更优美的环境等。没有广大人民群众为这些期盼而作出的坚实努力，就不可能有中国梦的实现。而实现人民群众的这些期盼，既是实现中国梦的最终目的，也是人民群众为之奋斗的不竭动力。另一方面，中国特色社会主义充分尊重人民群众的主体地位，充分发挥人民群众主人翁的积极性和创造性，让人民群众自己当家作主实现自己的发展，建设自己的社会。实现中国梦，要始终注意让中国社会的一切发展都由人民群众主导，由人民群众决定；始终注意让中国社会发展的一切成果，包括物质成果和精神成果都能为人民群众共享，做到共建共享、凝聚力量，更重要的是要形成“各尽其能，各得其所”的局面和态势，这是实现中国梦的力量所在。再次，以人民为中心的价值取向内蕴伟大梦想的现实发展性需求。发展理念的嬗变与更迭，是由生产力的具体状况和所处的国际国内具体环境及条件决定的。我们党以敏锐的洞察力和决断力把握历史方位，定位发展阶段，探究发展本质，在人民群众丰富的实践活动中不断摸索、总结、验证与创新。从“以经济建设为中心”到“可持续发展”的理念变革，满足了人对物质产品的迫切需求，给生存赋予了尊严，彰显了“类”的发展代际性。从“以人为本”到“以人民为中心”的发展观更迭，将人从物的依赖中解脱出来，使人回归丰富多彩的现实生活。至此，实践主体与价值主体、发展目的与发展手段围绕人民的多维需求实现互溶互渗和互引互化，人民群众的积极性、主动性、创造性在新时代的现实境遇中被充分调动并激活。“以人民为中心”是以现实人的生存与发展为中心，将人置于时代变化的历史境遇中，以改善人民群众生存与发展的社会环境和自然环境为中心，使人与自然、人与社会、人与自身和谐共生，协同共进。

推动中国特色社会主义实现历史新飞跃的价值取向。中国特色社会主义已经用铁一般的事实，印证了近代以来久经磨难的中华民族实现了从站起来、富起来到强起来的历史性飞跃。这个飞跃过程呈阶段性的连续，而且大阶段包含小阶段，步步向前推进。自成立以来，中国共产党就始终主导着这个历史性飞跃过程，经过新民主主义革命阶段、社会主义革命和建设阶段，最终选择实行改革开放，使党和国家的事业发展进入中国特色社会主义建设阶段。习近平总书记在庆祝改革开放40周年大会上发表重要讲话指出：“改革开放是我们党的一次伟大觉醒，正是这个伟大觉醒孕育了我们党从理论到实践的伟大创造。改革开放是中国人民和中华民族发展史上一次伟大革命，正是这个伟大革命推动了中国特色社会主义事业的伟大飞跃!”这一重大论断，是对中国特色社会主义发展历程、发展轨迹和发展成就的高度概括和提炼，也深刻精准地揭示了“伟大革命”推动“伟大飞跃”的理论逻辑、实践逻辑和历史逻辑。党的十八大以来，以习近平同志为核心的党中央以强烈的政治责任感和历史使命感，强调“改革不停顿、开放不止步”，“改革开放只有进行时没有完成时”。党的十八届三中全会对全面深化改革作出顶层设计和总体部署，第一次提出全面深化改革总目标，并在总目标统领下明确了经济体制、政治体制、文化体制、社会体制、生态文明体制和党的建设制度等深化改革的目标，还决定成立中央全面深化改革领导小组（2018年3月改为“中央全面深化改革委员会”），负责改革总体设计、统筹协调、整体推进、督促落实。人们普遍感到，中国的改革开放进入了一个新的发展阶段。当然，中国特色社会主义至今仍处在实现共同富裕、迈向现代化强国的进程中，富起来的过程还在继续，强起来的过程正在开始。实现伟大梦想意味着中国特色社会主义进入新时代，必须以更大的成就实现新的历史性飞跃。

开辟中国特色社会主义发展新境界的价值取向。实践永无止境，中国特色社会主义探索永远在路上。改革开放以来，我们党面对各种考验，应对各种挑战，取得的成绩来之不易。以实现伟大梦想为号召，要求新时代党的奋斗必须努力开辟中国特色社会主义发展新境界。习近平同志在党的十九大报告中指出：“全党同志一定要登高望远、居安思危，勇于变革、勇于创新，永不僵化、永不停滞，团结带领全国各族人民决胜全面建成小康社会，奋力夺取新时代中国特色社会主义伟大胜利。”处高不一定安全，望远要看到危险，我们党只有不断开辟中国特色社会主义发展新境界，才能一步步走向实现伟大梦想的目标。这一新境界首先标志着中华民族逐步实现了历史性飞跃。近现代以来，中华民族面临两大历史任务，一个是实现民族独立和人民解放，另一个是实现国家富强和人民富裕。新民主主义革命完成了第一个任务，建立了中华人民共和国，中华民族站起来了；中国特色社会主义道路解放和发展了社会生产力，推进了经济的现代化，中华民族富起来了；党的十八大以来，以习近平同志为核心的党中央领导全党和全国人民在富起来的康庄大道上越走越强，今天的中国前所未有地靠近世界舞台中心，前所未有地接近实现中华民族伟大复兴的目标，前所未有地具有实现这个目标的能力和信心。中国特色社会主义各项建设全面进步，经济社会的发展水平与人民幸福感共同提高，国防和军队建设在中国特色强军之路上迈出坚实步伐，正向着“两个一百年”目标奋进。其次，这一新境界彰显出社会主义强大生机活力。中国特色社会主义是改革开放以来党的全部理论和实践的主题。100年来，我们党紧紧依靠人民，坚持走中国特色社会主义道路，创造了一个又一个奇迹。党的十八大以来中国社会所发生的历史性变革、取得的历史性成就充分展现中国特色社会主义的真理光辉、实践威力和远大前景，全面印证中国特色社会主义符合中国国情，符合人类历史发展规律。在近几年世界经济增长持续低迷、逆全球化思潮和保护主义倾向有所抬头、世界发展不稳定不确定的情况下，我们党坚持和发展中国特色社会主义，使得我国社会生产力水平明显提高，人民生活显著改善，国际地位明显提升。这是社会主义在中国焕发出强大的生命力并不断开辟发展新境界的生动体现。作为马克思主义基本原理同当代中国实际相结合的产物，作为一种发展中国家实现现代化的发展模式，中国特色社会主义既有其特殊性，又有其一般性，即中国特色社会主义所探索和解决的问题，对于经济文化相对落后国家的发展也具有参考价值。习近平总书记提出并积极推动打造以实现共赢和共享发展为价值支撑的人类命运共同体，既为广大发展中国家实现现代化拓宽了思路、提供了借鉴，也为解决人类普遍问题贡献了中国智慧。

促进中华民族为世界作出更大贡献的价值取向。近现代历史向人们呈现的是一幅中华民族从沉沦到站起来、从贫穷到富起来、从腾飞到强起来的壮丽画卷。完成这样一幅画卷的最后一笔就是伟大梦想的实现。我们党肩负领导中国人民实现伟大梦想的使命，就是要向世界展示中国是一个伟大的国家，中华民族是一个伟大的民族，中国人民是伟大的人民。世界上民族林立，发展的路径不一、样式多样、面貌迥异，但人类有着共同的命运。中华民族是一个有着特殊经历的民族，它曾经以辉煌的文明创造在延绵几千年的古代历史上长期居于领先地位，对世界作出的巨大贡献得到公认。进入近代以后，由于经济文化落后和其他一些复杂原因，中国对世界贡献不足，这成为中国人一个挥之不去的心结，一桩不能释怀的憾事。邓小平就说过，中国对世界的贡献与中国的地位是不相称的，中国人民要为世界作更大的贡献。改革开放以来，中国走向世界，世界接纳中国，创造了中华民族为世界作更大贡献的有利时机，而生产力迅猛发展、国家综合国力大幅度增强，科学技术日新月异，使中国在国际社会发挥作用的舞台大大扩大了。实现伟大梦想，就是要通过新时代中国特色社会主义伟大事业的创新实践，拿出中华民族对世界有更大贡献的丰硕成果。中国人民从来好强但决不逞强，求强但决不争强，致力于为解决全球治理共同性问题、为满足人类命运共同体发展普遍需要提供中国方案和中国智慧，这是我们党领导人民实现伟大梦想的价值取向。

第三节
历史使命引领伟大梦想的实现机制

马克思、恩格斯明确指出，共产党人不屑于隐瞒自己的观点和意图，而是公开宣布“我们的目的是要建立社会主义制度”和“实现共产主义”。列宁指出，无产阶级政党是“负有远大使命的政党”，必须“简要、清楚、准确地宣布党所努力争取和为之斗争的一切目标”。这十分清晰地告诉我们，无产阶级政党必须自觉地、清楚地宣示和把握自己担负的历史使命。在开启社会主义现代化新征程的发展新阶段，必须从国家、人民、世界三个主要维度，构建以国家强大为主要取向、生活美好为根本准则、命运与共为分内之责这样三位一体的实现机制，持续地、坚决地去推进和实现自己承载的历史使命。

一、构建强国战略的实现机制

中国梦的本质内涵是国家富强、民族振兴、人民幸福。没有国家富强，就没有民族振兴、人民幸福。从这个意义上说，中国梦就是强国梦。党的十九大作出了全面建设社会主义现代化强国的战略安排，强国战略的总目标是建设社会主义现代化强国，党的十九大报告从经济建设、文化教育、国防和军队建设等方面对建设社会主义现代化强国进行了具体的部署和安排。党的十九大提出的2050年的奋斗目标是“社会主义现代化强国”，而不是原来的“中等发达国家水平”。新时代强国战略具有鲜明的时代性、全面性、人民性、世界性等基本特征。

强国战略具有深厚历史积淀和理论渊源。现代化强国战略是对世界现代化所处新阶段、世界现代化面临主题新转换、世界现代化发展新趋势的深刻洞悉；是立足于中国现代化步入新阶段、中国现代化面临新问题、中国现代化肩负新任务的科学研判；是对经典马克思主义现代化思想的赓续，对中国优秀传统文化思想的继承，对国外先进现代化思想的借鉴而形成的。现代化是人类社会发展进步的文明重要标志，是人类孜孜追求并为之奋斗的目标。现代化是动态发展的，在不同的时期和阶段，其内涵、主题、路径、模式等是不同的。现代化是今天中国建设发展的最重要主题之一。实现现代化，建设现代化强国是百年来中国人民为之奋斗的事业，是中国的志士仁人苦苦探寻和追求的目标。新中国成立以来，在马克思主义现代化思想的指导下，毛泽东、邓小平、江泽民、胡锦涛等几代中央领导集体把马克思主义现代化思想的基本原理与中国现代化建设实际相结合，对社会主义现代化的实践和理论不断探索和创新，中国社会主义现代化建设取得了重大成就。党的十八大以来，以习近平同志为核心的党中央领导集体，高举中国特色社会主义伟大旗帜，坚持中国特色社会主义现代化建设的基本原则和方法，结合中国现代化发展的实际和时代潮流，立足新时代新的历史方位，推进实现社会主义现代化和全面建成社会主义现代化强国，形成和产生了现代化强国战略。现代化强国战略是在新的时代新的现代化实践和探索的基础上形成的，有着丰富内涵和战略前瞻，开拓了社会主义现代化建设思想和理论的新空间，促进了社会主义现代化思想和理论的不断完善、创新和发展。

强国战略描绘的目标内涵全面提升。在党的十九大报告中，“强国”一词出现了19次。其中5次是建设社会主义现代化强国。除此之外，党的十九大报告还明确提出要建设制造强国、科技强国、质量强国、航天强国、网络强国、交通强国、海洋强国、贸易强国、文化强国、体育强国、教育强国、人才强国共12个“强国”字眼。这些“强国”都是整个社会主义现代化强国的组成部分，也是社会主义现代化强国在各个领域的体现。现代化强国，首先要求是经济强国，同时它又不是单一的经济指标，而是“五位一体”全面发展的综合指标体系；现代化强国，必须有强大的制度优势作为保障支撑；现代化强国，必须有强大的文化力量作为深厚根基；现代化强国，必须是国家富强与人民富裕的有机统一；现代化强国，必须统筹人与自然和谐共处。此外，建设社会主义现代化强国，还要求坚持富国和强军相统一，全面推进国防和军队现代化；要求坚持“一国两制”，推进祖国统一，共圆民族复兴梦想；要求坚持和平发展道路，推动构建人类命运共同体，共创人类美好未来；要求坚持和完善党的领导。

强国战略的践行方略和独特优势。强国战略分两个阶段来安排，在实现时间上可以有先有后，不是一定都要到2050年才最终实现，其中不少在2035年前就可以实现，有的已经明确了时间，如2025年、2030年等。建设社会主义现代化强国，经济指标仍然是最基础的。我国即将进入新的发展阶段，必须贯彻落实新发展理念，推动经济由高速增长阶段转向高质量发展阶段，着力构建以国内大循环为主体、国内国际双循环相互促进的新发展格局。归纳起来，践行方略可以概括为“四个辩证统一”：独立自主与汲取借鉴的辩证统一，求真务实与开拓创新的辩证统一，顶层设计与群众路线的辩证统一，问题导向与唯物辩证的辩证统一。从独特优势角度看，首先，具有独特的政治优势，充分体现在党中央作出的重大决策的优势上。编制和实施国民经济和社会发展五年规划，是中国共产党治国理政的重要方式，也是中国创造发展奇迹的制度安排和政治优势，在全世界190多个国家中也是独具政治优势的。其次，具有独特的发展优势，包括中国的人口规模优势、人力资源优势、市场规模优势、国内投资规模优势。再次，具有独特的机遇优势。正因为中国具有独特的发展优势，能够创造独特的机遇优势，突出表现为中国已经成为当今世界经济全球化的引领者、新兴经济体集体崛起的引领者、第四次产业革命的创新者和引领者。

二、构建美好生活的实现机制

《共产党宣言》指出："无产阶级的运动是绝大多数人的，为绝大多数人谋利益的独立的运动。"人民是伟大梦想的主体，伟大梦想是伟大人民的梦想，实现伟大人民的伟大梦想是中国共产党推进伟大事业矢志不渝、一以贯之的目标取向。人民既是伟大梦想的享有者和受益者，也是实现伟大梦想的参与者和创造者。没有人民的参与和支持，伟大梦想不可能实现。"我们坚持把实现人民对美好生活的向往作为现代化建设的出发点和落脚点，着力维持和促进社会公平正义，着力促进全体人民共同富裕，坚决防止两极分化。"[①]饱经风霜的中华民族，之所以能走出苦难、走向辉煌，靠的不是空谈，而是实干。正是由于一代代中国人民的埋头苦干、接续奋斗，中华民族的伟大复兴才展现出光明的前景，伟大梦想的光辉彼岸才越来越接近。

价值旨归上的人民性。人民性是马克思主义最鲜明的品格。中国共产党就是以全心全意为人民服务作为根本宗旨的党，维护最广大人

① 习近平：《高举中国特色社会主义伟大旗帜 为全面建设社会主义现代化国家而团结奋斗——在中国共产党第二十次全国代表大会上的报告》，人民出版社2022年版，第22页。

民群众的根本利益是党的使命和责任，也是党的根本价值取向。习近平新时代中国特色社会主义思想在传承马克思主义核心取向的基础上阐释了“人民至上”的价值旨归，强调始终把人民利益摆在至高无上的地位，人民利益是我们党一切工作的根本出发点和落脚点，为坚持和发展中国特色社会主义拓宽了价值视野。习近平总书记强调“我们要始终把人民立场作为根本立场，把为人民谋幸福作为根本使命”[①]，充分体现了以习近平同志为核心的党中央治国理政实践的根本逻辑、鲜明特点和现实意义，彰显了新时代坚持和发展中国特色社会主义的根本立场。

力量源泉上的依靠性。习近平总书记指出：“人民是历史的创造者，群众是真正的英雄。人民群众是我们力量的源泉。”[②]我们为群众服务，就是顺应群众的需要并依靠群众的力量来实现，而不是代替群众包打天下。我们党之所以能够领导人民群众，是因为全心全意为群众服务，反映群众的利益和意志。所以，一切为群众的工作都要从群众的需要出发，一切为群众的工作需要依靠群众来实现。找到了为群众服务的答案，形成了特定时期完成特定任务的正确主张，要实现这些正确主张，还需要依靠群众。因为群众既是主人又是参与者。凡是需要群众参与的工作，如果没有群众的自觉与自愿，就会因流于形式而失败。我国正处在全面建成小康社会决胜阶段，这是全中国人民的伟大事业，只有依靠人民群众才能够取得胜利。所以，我们要努力做相信群众、依靠群众、联系群众、组织群众、宣传群众、教育群众、引导群众的模范，取得群众的信任、理解、支持，营造团结和谐、干事创业的大好局面。总之，群众是我们党的最大靠山。只有依靠群众这座靠山，我们才能够克服前进中的各种困难，走向胜利的彼岸。

---

①《习近平谈治国理政》（第三卷），外文出版社2020年版，第136页。

②《习近平谈治国理政》（第一卷），外文出版社2018年版，第5页。

发展成果上的共享性。首先，“共享发展”是核心理念。“共享发展”是“共同富裕”的价值理念和理论抽象；“共同富裕”是“共享发展”的实践逻辑和政策具化。习近平总书记强调发展成果由人民共享，在价值层面上表现为“人民共享”的发展观，在哲学层面上表现为“以人民为中心”的唯物史观，在实践层面上表现为“共同富裕”的政策归依，本质上都是“共享发展”理念在不同层面的展开。其次，“共享发展”是检验标准。“共享发展”是判断改革开放成功与否的根本标准，也是全面建成小康社会的根本标志。同时，习近平总书记没有停留在“共享发展”这一抽象概念上，而是要求把这一发展理念体现在改革开放和全面建成小康社会的具体实践中。再次，“共享发展”是“社会主义和中国特色社会主义的本质规定”。人民是社会主义发展的主体，理应也是社会主义发展成果享有的主体。习近平总书记指出：“中国特色社会主义是社会主义而不是其他什么主义，科学社会主义基本原则不能丢，丢了就不是社会主义。我们党始终强调，中国特色社会主义，既坚持了科学社会主义基本原则，又根据时代条件赋予其鲜明的中国特色。这就是说，中国特色社会主义是社会主义，不是别的什么主义。”①他还强调，我们说中国特色社会主义是社会主义，那就是不论怎么改革、怎么开放，我们都始终坚持中国特色社会主义道路、中国特色社会主义理论体系、中国特色社会主义制度。“这些都是在新的历史条件下体现科学社会主义基本原则的内容，如果丢掉了这些，那就不成其为社会主义了。”②既然中国特色社会主义是社会主义而不是其他什么主义，既然中国特色社会主义是社会主义的逻辑延伸，那么，“共享”作为社会主义的本质要求，也必然是中国特色社会主义的本质要求，这就把对社会主义和中国特色社会主义的认识

①② 习近平：《关于坚持和发展中国特色社会主义的几个问题》，载《求是》2019年第7期。

提升到了一个新的境界。

三、构建人类命运共同体的实现机制

习近平总书记在党的十九大报告中指出："中国特色社会主义进入新时代，意味着近代以来久经磨难的中华民族迎来了从站起来、富起来到强起来的伟大飞跃，迎来了实现中华民族伟大复兴的光明前景；意味着科学社会主义在二十一世纪的中国焕发出强大生机活力，在世界上高高举起了中国特色社会主义伟大旗帜；意味着中国特色社会主义道路、理论、制度、文化不断发展，拓展了发展中国家走向现代化的途径，给世界上那些既希望加快发展又希望保持自身独立性的国家和民族提供了全新选择，为解决人类问题贡献了中国智慧和中国方案。"这"三个意味着"，从历史、制度、实践三个维度历史演进的有机统一上，全面而深刻地阐述了坚持和发展中国特色社会主义的世界历史意义。

中华民族的复兴进程从历史演进角度为各国摆脱贫穷落后走向繁荣富强提供生动借鉴。近代以来的中国历史雄辩地证明，久经磨难的中华民族能够迎来从站起来、富起来到强起来的伟大历史性飞跃，根本在于中国共产党独立自主地探索走出了一条革命、建设和改革的道路。中国的跨越式发展，不仅从根本上改变了中国贫穷落后的面貌，彻底洗刷了近代以来中华民族的屈辱，而且使中华民族大踏步跟上时代、前所未有地走近世界舞台中央。中国作为世界上最大的发展中国家，通过自身努力成功解决了生存发展的基本问题，正在走向繁荣富强，这是中华民族对人类发展作出的巨大贡献，具有深远的意义。不少发展中国家虽然与中国的历史命运相似，但机械照搬西方道路和西方模式，最终陷入困境。中国的发展实践，生动说明了一个国家尤其是大国要实现繁荣富强的奋斗目标，关键是要有一个先进政党作为坚强领导核心，这样才能把分散的意志力量凝聚起来，团结带领人民抓住机遇、万众一心，开辟实现民族解放、国家富强、人民幸福的道路。中国的发展实践，生动诠释了各个国家和民族的命运要靠自己掌握，既不能迷信外来的思想、制度和文化，又不能故步自封、夜郎自大，落后国家只有“走自己的路”，坚定、自信、勇敢探索适合自己国情的发展道路，才能获得生存发展的主动权、主导权、制胜权，最终成功实现自身的繁荣发展。

中国道路的开辟从社会制度角度为人类对社会发展规律的探索提供了中国方案。中国道路的开辟艰辛而曲折，源于对关于中国前途命运的各种主义和方案的反复比较、选择和较量，源于对发展历经波折的社会主义的顽强坚守，源于对资本主义强大压力、阻力的不断突破，源于对世界大变局各种严峻考验的艰难开辟。中国道路是中国自主开辟的社会主义发展道路，因其异质于西方的制度模式因而为破解人类面临的共同难题贡献了中国智慧和中国方案。这条道路证明，人类历史不可能终结于资本主义，特别是在拉美新自由主义政策破产、亚洲金融危机和国际金融危机接踵而至、新冠肺炎疫情肆虐的世界形势下，风景这边独好的社会主义是一条充满生机活力、具有光明前途的人类发展道路。

中国的发展模式从发展实践角度拓展了发展中国家走向现代化的路径。习近平总书记指出，世界上没有放之四海而皆准的发展模式，也没有一成不变的发展道路。在走向现代化的进程中，西方发展模式充分利用经济科技领先的优势，以强大军事实力为后盾，建立殖民体系大肆掠夺他国财富，从而快速崛起。与此相反，以紧扣实现中华民族伟大复兴中国梦、依靠人民的力量和自身的内涵发展、与其他国家合作共赢为基本特征的中国发展模式，不仅引领中国从贫穷落后状态日益走近世界舞台中央，拓展了发展中国家走向现代化的成功路径，而且改变了长期占主导地位和垄断话语权的西方现代化模式，打破了把现代化等同于西方化，以西方社会的价值标准和发展模式主宰世界的传统认知，证明发展中国家立足本国实际独立探索形成自己的道路和模式，同样能够实现国家现代化。

第五章 中国道路与伟大梦想

习近平总书记强调，实现中国梦必须走中国道路。这里的中国道路，是中国特色社会主义道路。

第一节

实现伟大梦想必须走中国道路

依据习近平总书记对中国梦的阐释，以及对中国梦的多维度审视，首先要明确的是，实现伟大梦想，不能走封闭僵化的老路，不能走改旗易帜的邪路，不能走不适合中国国情的他路，而必须走中国道路。

党的十八大以来，习近平总书记在不同的时间场合对中国梦主要进行过三次重要表述。第一次是2012年11月29日，在参观《复兴之路》展览时，习近平总书记指出："每个人都有理想和追求，都有自己的梦想。现在，大家都在讨论中国梦，我以为，实现中华民族伟大复兴，就是中华民族近代以来最伟大的梦想。这个梦想，凝聚了几代中国人的夙愿，体现了中华民族和中国人民的整体利益，是每一个中华儿女的共同期盼。"他强调："我坚信，到中国共产党成立100年时全面建成小康社会的目标一定能实现，到新中国成立100年时建成富强民主文明和谐的社会主义现代化国家的目标一定能实现，中华民族伟大复兴的梦想一定能实现。"①这里，习近平总书记首次公开提出了实

① 《习近平谈治国理政》（第一卷），外文出版社2018年版，第36页。

现中华民族伟大复兴的中国梦，并用两个100年的时间表规划了中国梦的实现规划。

第二次是2013年3月17日，在第十二届全国人民代表大会第一次会议闭幕会上，习近平再次阐释中国梦的内涵，“实现全面建成小康社会、建成富强民主文明和谐的社会主义现代化国家的奋斗目标，实现中华民族伟大复兴的中国梦，就是要实现国家富强、民族振兴、人民幸福，既深深体现了今天中国人的理想，也深深反映了我们先人们不懈追求进步的光荣传统”[①]。他还指出了中国梦的根本：中国梦归根到底是人民的梦，必须紧紧依靠人民来实现，必须不断为人民造福。他用了“三个必须”来指明实现中国梦的路径：实现中国梦必须走中国道路；实现中国梦必须弘扬中国精神；实现中国梦必须凝聚中国力量。

第三次是2013年3月23日，在出访俄罗斯时，习近平主席首次在国际场合指出：我们要实现的中国梦，不仅造福中国人民，而且造福各国人民。他还强调，实现中华民族的伟大复兴，是近代以来中国人民最伟大的梦想，我们称之为“中国梦”，基本内涵就是实现国家富强、民族振兴、人民幸福。这里不仅再次明确了中国梦的基本内涵，而且提出了中国梦的世界意义。

在三个重要时间节点和三个重要地点对中国梦进行了三次重要阐述，这足以表明中国梦是以习近平同志为核心的新一届中央领导集体提出的重大政治命题和重要战略判断。

从内在本质来看，无论是超越现实的理想，超越实然达致应然的追求，还是超越实有追求应有的动力，梦在理性上都标示着一种“应然状态”，中国梦即“中国的应然状态”，这种应然状态包容世界、国家、个人等多个层次，涵盖过去、现在、未来等多个向度。因此，我

① 习近平：《在第十二届全国人民代表大会第一次会议上的讲话》，人民出版社2013年版，第3—4页。

们需要在多维视角中审视中国梦的内在本质。

首先，中国梦不是对封闭式现代化建设的图景描绘，而是要占据世界发展的制高点、拓宽中国在世界上的发展空间、赢得世界的认同。同美国梦、欧洲梦一样，中国梦也会在国际上散发出巨大的吸引力和感召力，中国梦也在告诉世人中国同样可以成为人们实现自己梦想的理想国度。里夫金曾在美国梦与欧洲梦的比较中畅想未来："冒着同时激怒大西洋两岸的危险，我要说：或许双方有可分享的教训。我们美国人或许会愿意对人类同胞和我们居住的地球承担更多的集体责任感。我们的欧洲朋友或许会愿意对他们在世界上个人的行为承担更多的个人责任感。我们美国人或许会在处世态度上更加谨慎、有分寸，而欧洲或许会在他们的处世态度上变得更加充满希望和乐观。通过分享两种梦想的长处，我们或许会处在更有利的位置，共同踏上通往人类意识第三阶段的旅途。"[①]值得我们深思的是，中国梦是否能够踏上"通往人类意识第三阶段的旅途"？中国梦是否以及如何能够为发展中国家甚至整个世界的未来发展提供指示方向的路标？对于这些问题的回答，还有待于中国梦的实现。然而，我们深信，中国梦必将造福世界，这是因为，中国梦公平正义地对待人民大众的利益诉求与财富要求，这样的梦想及其实现有利于普遍提高中国人即世界近五分之一人口的生活水平，也必然会得到其衷心支持；中国梦坚持走中国道路以实现国家繁荣与人民幸福，显示出与美国梦、欧洲梦的差异，为世界探寻新的发展方向贡献了中国元素，尤其是为广大发展中国家提供了新的发展思路；中国梦坚持和平发展以实现中华民族的伟大复兴，这种梦想不会谋求任何世界霸权，而是会客观合理地处理全球化时代的国家关系，为世界和平发展更好地贡献中国力量。

---

① [美] 杰里米·里夫金：《欧洲梦：21世纪人类发展的新梦想》，重庆出版社2006年版，第343页。

其次，中国梦不是为了谋求世界霸权，而是为了实现国家富强、民族振兴和人民幸福。实现中国梦所需要的中国道路、中国精神和中国力量就是在为解决中国问题寻求现实路径、精神支撑和力量源泉。实现中国梦必须解决的中国问题，从根本性上看，主要是“结构转型”和“力量转移”的问题：从中国社会结构来看，中国的诸多问题长期解决不了，根源在于体制及其背后的权力结构。中国传统的权力至上的、自上而下的、金字塔式的社会层级结构是产生中国问题的一个根。而中国传统的社会权力结构呈金字塔形，政治权力居于顶层且支配一切，经济权力、社会权力居于从属地位。改革开放以来，随着市场经济条件的发展，财富逐渐取代权力成为驱动社会的力量。在新的历史起点上，当代中国提出以人为本、自主创新，实际上就意味着我们逐渐走向创新能力驱动型社会。可以肯定的是，作为引领当代中国向何处去的总任务与总目标，中国梦具有凝聚人心、汇聚能量、引领发展的中国意义，这必将有利于不断破解中国问题进而实现中华民族伟大复兴的民族梦想。

再次，中国梦不是无视贫富差距的发展理想，而是期望建构一个具有公平正义的社会，在这一社会里，民众能各显其能、各得其所、和谐相处。中国梦的立足点和归宿点都是人民群众，这不仅是因为中国梦的实现离不开人民的历史创造作用，更是因为中国梦的出发点就是为了造福中国人民，中国梦首先就是要为中国人民实现自己的梦想提供一个公平正义的经济、政治、社会和文化环境。对此，习近平总书记曾明确指出：“中国梦归根到底是人民的梦，必须紧紧依靠人民来实现，必须不断为人民造福”，“生活在我们伟大祖国和伟大时代的中国人民，共同享有人生出彩的机会，共同享有梦想成真的机会，共同享有同祖国和时代一起成长与进步的机会”。[①]

最后，中国梦不是对昔日美国梦、欧洲梦的单纯模仿，而是基于中国的基本国情与历史方位，对当代中国究竟向何处去的总体判断。实现中华民族伟大复兴的中国梦，“既深深体现了今天中国人的理想，也深深反映了我们先人们不懈追求进步的光荣传统”[②]。从中国历史来看，中国梦承载过去、面向现实、指引未来。回首过去，中国古代在很长时间内都领先于当时世界其他国家，古代中国属于“辉煌中国”；1840年鸦片战争爆发，中国沦落到被宰割、被侮辱的境地，近代中国属于“没落中国”。从辉煌到没落、从强大到屈辱，巨大的历史反差，塑造了中国人坚定的民族性格，也唤起了中国人实现中华民族伟大复兴的梦想。面对现实，1919年以后，中国一批具有先进理念的仁人志士开始强调重塑国民性，提出立国先立人的观念，从文化上唤醒睡狮，注重文化立国。1921年以来，中国共产党人的奋斗历程实质上就是从政治上唤醒睡狮的过程，相对注重政治立国。1978年以后，中国实行改革开放，强调以经济建设为中心，主要解决物质财富积累和人民群众生活水平提高的问题，则是从经济上进一步唤醒睡狮，相对注重经济立国。经过40多年的努力，中国已经成为世界第二大经济体，这意味着我们具备了实现中华民族伟大复兴的中国梦的物质基础。在新的历史起点上，未来中国所要实现的理想目标，就是国家富强、民族振兴和人民幸福。具体而言，中国共产党成立100年时实现了全面建成小康社会的目标，到新中国成立100年时实现建成富强民主文明和谐的社会主义现代化国家的目标，实现中华民族伟大复兴的梦想。

显然，中国梦是与中国道路紧紧联系在一起的。中国梦及其实现

---

① 习近平：《在第十二届全国人民代表大会第一次会议上的讲话》，人民出版社2013年版，第5页。

② 同上，第3页。

绝不能完全照搬西方模式，绝不能走封闭僵化的老路或改旗易帜的邪路，我们要用中国特色社会主义来实现中国梦，在实现中国梦过程中进一步坚持和发展中国特色社会主义，这就决定了实现中国梦必须走中国道路。对此，习近平总书记曾明确指出："实现中国梦必须走中国道路。这就是中国特色社会主义道路。"[①]这里值得注意的是，一方面，中国道路是实践，中国精神是精神支柱，中国力量是力量源泉，后两者作为精神因素与力量因素统一于中国特色社会主义建设实践中；另一方面，实践不能缺乏精神支柱与力量源泉，因此，中国精神与中国力量是走中国道路不可或缺的元素，三者共同构成中国梦在实践维度上的基本内容。

"中国梦—中国道路—中国精神—中国力量"，有内在逻辑关联的四个词在不同场合被反复提及，折射出以习近平同志为核心的中央领导集体一以贯之的执政理念，即一种由战略目标、实施路径、精神保障、依靠力量四个要素所支撑起来的执政理念的总构想。从总体上看，中国梦在这一构想中担当"战略目标"角色。该战略目标具有时空两方面的含义。在时间上，它既凝聚着历史、当下的诉求，又深含着对中国未来的强烈预期；在空间上，它既体现了中国对其大国地位的自觉意识，同时表达了中国领导人的国际新秩序观：既主张"把中国的事情办好"，也懂得参与建立"更好世界"的重要性。在逻辑上，一旦战略目标确定，其后的路径、保障、力量等因素就自然被提上日程。实际上，随着中国梦命题的提出，实施路径、精神保障、依靠力量也陆续设置，这就是中国领导人多次强调的中国道路、中国精神、中国力量。中国道路在这一构想中担当"实现路径"角色。中国道路，即中国特色社会主义道路。实现中国梦，必须走中国道路。这是

① 习近平：《在第十二届全国人民代表大会第一次会议上的讲话》，人民出版社2013年版，第3页。

中国共产党人经过历史和实践检验以及总结国内外经验教训得出的唯一的、必然的正确结论。中国精神在这一构想中担当“精神支撑”角色。中国精神，即以爱国主义为核心的民族精神和以改革创新为核心的时代精神。民族精神是中国人最核心的文化认同，时代精神是对当今时代特征的理性认知。民族精神立足于“中华民族”这一空间平台；时代精神立足于“自然经济—商品经济—产品经济”这一历史序列的“商品时代”时间区间。中华民族是中国梦的首要主体，中国梦首先是中华民族的梦；商品时代是中国梦的历史坐标系，中国梦其次是现代的与时俱进之梦。实现中国梦，一要紧靠中华民族这一主体，二要紧扣商品时代这一脉搏。在这个意义上，中国精神是实现中国梦的精神保证。中国力量在这一构想中担当“根本依靠”角色。中国力量，就是中国各族人民大团结的力量。实现中国梦需要强大的依靠力量，人民就是这一力量的主体。中国梦是民族的梦，也是每个中国人的梦，还是中华儿女共同的梦。随着中国社会的发展，社会各阶层不断壮大，如何把全国各族人民、社会各阶层群体积极动员起来，最大限度地团结在一起，成为当前治国理政及实现中国梦的一个重要课题。

总之，中国梦就是“中国的应然状态”，就是中国人民通过中国道路实现民族复兴。具体而言，中国梦不是对昔日封建时期盛世王朝的沉溺与留恋，而是实现民族复兴以自立自强于世界民族之林的理想信念；不是对古代中国鼎盛时期疆域版图的幻想与不舍，而是中国人民追求和平发展的形象表征；更不是什么海市蜃楼般的空想或心血来潮，而是昂首阔步于已经开辟并拥有旗帜目标的道路上的坦然心态与自信状态。

第二节

中国道路是通达实现伟大梦想的必由之路

中国道路是通达国家富强之路，是通达民族振兴之路，是通达人民幸福之路。

在全球化时代追求实现现代化的相对落后国家，面临追赶和反思的双重任务。今天的中国正在中国特色社会主义道路上实现现代化和民族复兴，既享受着现代化的积极成果，也遭遇了现代化的负效应。作为现代化的本质根据和理论表达，现代性本身就带有反思的可能性和必要性。坚定走现代性的文明大道，既坚守本民族的主体性和独特性，又不排斥世界主流文明，并深入反思和批判现代性实践中已然显示的负效应，尽可能不付出或少付出发展的代价，既不以中西为沟壑，也不以古今为壁垒，是后发国家自觉建构新文明形态的应然之路。

现代性的生成是历史延续性和历史开拓性的统一。在西方漫长的中世纪和中国同样漫长的专制王朝循环时代，现代性因素在缓慢地积累和发酵。近代以来，那些率先走上现代化的国家，对累积的现代性因素进行整合并不断附加上新的因素。西方国家各自传统的延续和现实的差异性环境，又使这些共通的现代性因素沾染上了特殊的色调。假如对基本实现现代化的国家进行结构性分析，英国=A＋B＋C＋……，美国=A＋D＋E＋……，德国=A＋F＋G＋……，法国=A＋H＋I＋……，那么，不能认为后发现代化国家就应该走“A＋B＋C＋D＋E＋F＋G＋H＋I＋……”的道路，而应该进行深入的辨别和认真的剥离，找到共性因素A，还要进一步判断其他因素与A的关系究竟是必然的还是偶然的。A以及与之有必然联系的因素，是后发现代化国家需要汲取和借鉴的。这里的剥离，本身就是对于现代性的一种前提性反思。现代性必然有普遍性的因素，但是英、法、美、德等基本实现现代化的国家都不可避免具有一定特殊性。追求现代化的中国道路理应是普遍性和特殊性的统一。如果再考虑到，西方现代化是伴随着资本主义生产关系而乘风启航并破浪前进，属于典型的内生型现代化，而中国现代化是在率先走上现代化的西方国家的干预和影响下，在刺激应变中艰难起步，属于典型的后发外生型，那么中国道路的特殊性无疑会更加明显。

审视率先走上现代化道路并能持续稳住位置的西方发达国家，往往也都存有这样那样的问题。从实践效应来看，现代性是把双刃剑。在现代化进程中，人类走出了落后封闭的农业生产状态，摆脱了封建专制统治和神学思想束缚，现代政治理念及其民主化法治化运行机制荡涤了人身依附和地缘依赖，物质文明建设尤其成就斐然。与此同时，一系列现代特有的问题也不断涌现。有学者曾这样反思现代性实践的辩证性和自反性：“现代性不是拿一种目标或价值和另一种目标或价值做交易；它是一个辩证的过程，在这个过程中，那个要达到的目标或要获得的价值，在眼看着唾手可得之际，被暗中破坏了。转变成了对它自身的空洞的模仿。”[①]直面西方现代化实践中的负效应，反思哪些是不可避免的，哪些是可能越过的，如何绕开可以避免的发展代

① ［美］劳伦斯·E.卡洪：《现代性的困境——哲学、文化和反文化》，王志宏译，商务印书馆2008年版，第294页。

价，对于中国道路的发展完善具有重要的借鉴意义。

中国道路是对中华文明传统的延续，是近代以来探索中国向何处去的先进道路逐步演进，是汇流于追求以中国方式实现现代化的中国特色社会主义成果的实践表达。通过反思，我们发现现代性道路是多而不是一，由此应该更加自觉地在中华文明、现代化和中国特色社会主义的框架中探索中国道路的前景。中国一定要走向现代化，离开现代化大谈中国道路必然要偏离人类文明大道和悖逆时代潮流。与此同时，西方现代化实践中的单向度局限，不是现代性理念本身必然带来的。中国道路应自觉反思西方现代化实践中可以避免的负效应，走既充分借鉴现代性文明因素又最大限度避免现代性代价的道路。基于此，我们从理论上展望中国道路的前景，在反思与批判传统的以中华文明为核心的天下主义和近代以来以西方为中心的文明论之后，走向一种传统与现代的综合，物质与精神并重，党的领导下动力机制、平衡机制、优化机制相结合的新型文明形态，或许可以成为中华民族对人类未来文明的新贡献。今天，只有坚定走中国道路，才能实现国家富强、民族振兴和人民幸福。

第三节
中国道路是指引通向伟大梦想的路标

通过中国道路实现中国梦，有一些决不可忽视的重要路标。

一、坚持“高位导引”的制度优势

中国共产党自建立以来，就高度重视凝聚人心、汇聚中国人民大众中蕴藏着的深厚力量。中国共产党的动员和控制能力，成为一个鲜明的特点。强效、迅速、广泛的动员和控制、集中力量办大事的能力，贯穿于中国共产党革命、建设和改革的过程之中。中国政府具有举世罕见强大的力量，而力量正是来自中国共产党。中国特色社会主义制度的执行，决不能忽视中国共产党的角色和作用。美国著名汉学家杜赞奇也注意到“公共政策执行的中国现象”，他指出，中国改革的成功最不可忽略的要素，是中国存在一个强大的党组织，它深深地植根于中国城市和农村之中。党和政府有足够的动员人民的力量，要推行什么计划时，就去动员庞大的人力资源为其服务。“我们试想想，有多少国家能够像中国这样动员人民？你不一定会认同这些计划，但你不得不为这种深入社会的动员能力折服。”[①]党中央要能够统揽全局和协调各方，这是马克思主义政党的一个历史传统。1864年，马克思和恩格斯建立了国际工人协会组织（简称“第一国际”）。马克思为第一国际撰写的《国际工人协会章程和条例》中的第五条规定：“总委员会同各种工人团体建立联系，它应该使一国工人能经常知悉所有其他各国工人阶级运动的情况；使社会状况调查工作能同时并在共同领导下进行；使一个团体中提出的但具有普遍意义的问题能在所有的团体中加以讨论，并使协会在由于某种实际建议或国际纠纷而需要它加以干预时能一致行动。在一切适当场合，总委员会应主动向各个全国性团体或地方性团体提出建议。”[②]

改革开放以来，开辟中国特色社会主义道路和形成中国特色社会主义制度的过程，也体现了党中央“高位导引”的优势。20世纪70年代末，邓小平从思想路线的拨乱反正入手，发动真理标准问题大讨论，带领全党解放思想、实事求是，冲破“两个凡是”的束缚，通过党的十一届三中全会，彻底摒弃“以阶级斗争为纲”的错误，把党和国家工作重点转移到经济建设上来，作出了改革开放的重大决策。此后，改革开放成为中国社会发展最鲜明的特点。在邓小平的领导下，改革开放极大地调动了亿万人民的积极性，使中国实现了从高度集中的计划经济体制到充满活力的社会主义市场经济体制、从封闭半封闭到全方位开放的历史转折。

党的十八大以来，习近平总书记注重抓执行，多次强调在胸怀全局和抓准重点中解决实际问题。在中央全面深化改革委员会第四次会议上，习近平总书记强调改革重在落实，要求把改革重点放到解决实

---

① ［美］杜赞奇：《从历史和比较的观点看中国改革》，程美宝译，载《开放时代》2009年第8期。

②《马克思恩格斯全集》（第十六卷），人民出版社1964年版，第600—601页。

际问题上来，并明确提出要结合实际，既抓全局的重点，也抓局部的重点，做到大局小局一盘棋。“真抓才能攻坚克难，实干才能梦想成真”。崇尚实干、狠抓落实，是习近平总书记反复强调的。2013年4月，在同全国劳动模范代表座谈时，习近平总书记曾明确提出：“真抓才能攻坚克难，实干才能梦想成真。我们要在全社会大力弘扬真抓实干、埋头苦干的良好风尚。”[①]社会主义现代化和中华民族伟大复兴的实现，离不开各级党委和领导干部的真抓实干，更离不开全国各族人民的团结进取和拼搏奋斗。习近平同志从政以来一以贯之地强调求真务实、狠抓落实，这已经成为他鲜明的工作作风和执政风格。在担任浙江省委书记期间，他就在《不兴伪事兴务实》中引用古人“不受虚言，不听浮术，不采华名，不兴伪事”的箴言，提醒各级领导干部要做“愿听真话、敢讲真话、勇于负责、善抓落实之人”；在《抓落实如敲钉子》的短评中指出：“抓落实就好比在墙上敲钉子：钉不到点上，钉子要打歪；钉到了点上，只钉一两下，钉子会掉下来；钉个三四下，过不久钉子仍然会松动；只有连钉七八下，这颗钉子才能牢固”。

谁来真抓，谁来落实？各级党委和领导干部要担负起政治责任和领导责任，尤其是党政主要负责同志。只有各级主要负责同志注重战略谋划，勇于挑最重的担子、啃最硬的骨头，并亲力亲为、实事求是、狠抓落实、善始善终，才能真正把好的精神落实到实践工作中，落实到解决问题中，进而做出成绩，干出实效。2015年6月，在贵州召开的部分省区市党委主要负责同志座谈会上，习近平总书记指出，中央要做好政策制定、项目规划、资金筹备、考核评价、总体运筹等工作，省级要做好目标确定、项目下达、资金投放、组织动员、检查指导等工作，市（地）县要做好进度安排、项目落地、资金使用、人

---

①《习近平谈治国理论》（第一卷），外文出版社2018年版，第48页。

力调配、推进实施等工作。这里，具体提出了从中央到省级、市（地）县，如何通过分工与合作推进一些重大工作的有序开展和具体落实。人民群众是社会的主体，是历史的创造者。历史唯物主义关于人民群众是历史创造者的原理，是无产阶级政党群众观点和群众路线的理论基础。全面深化改革的具体落实，离不开人民群众的参与及其创造性作用的发挥，离不开14亿中国人民和衷共济。各级干部要相信群众和依靠群众，带领大家撸起袖子加油干，扎实推进各项政策措施的具体落实。

二、坚持“人民中心”的价值导向

人类社会历史的实践发展充分证明，作为社会物质财富和精神财富的创造者、社会发展的决定性力量，人民群众是社会的主体和历史的创造者。人民群众既是历史的主要参与者，又是体现历史发展规律、推动社会发展的主体。马克思主义的人民主体论，就是基于历史事实和实践分析，深入把握历史发展规律，在批判唯心主义英雄史观的过程中，明确人民群众在社会活动、物质生产实践和财富创造过程中的主体地位，逐步形成并完善人民群众是历史创造者的理论和人民群众是社会发展主体的论点。在十八届中央政治局常委与中外记者见面时，习近平就强调指出，人民是历史的创造者，群众是真正的英雄。人民群众是我们力量的源泉。我们一定要始终与人民心心相印、与人民同甘共苦、与人民团结奋斗，夙夜在公，勤勉工作，努力向历史、向人民交一份合格的答卷。这里体现出习近平思考问题时，忧国忧民，始终站在人民群众的立场上，以人民大众的利益为前提和出发点。习近平总书记在对中国梦的阐释中，这种代表人民利益、为人民大众代言的立场体现得更为鲜明。习近平总书记还把人民立场提升到执政理念的高度。在索契接受俄罗斯电视台专访时，他明确表示把“为人民服务，担当起该担当的责任”作为自己的执政理念。党的十八大以来，顺应时代发展的要求和思想引领的需求，以习近平同志为核心的党中央从理论和实践结合上系统回答了新时代坚持和发展什么样的中国特色社会主义、怎样坚持和发展中国特色社会主义这个重大时代课题，形成了习近平新时代中国特色社会主义思想。“八个明确”“十四个坚持”的基本方略，是习近平总书记系列重要讲话精神和治国理政新理念新思想新战略的集大成，是各种经验性成果的集中展示和理论提升。值得注意的是，在党的十九大报告第三部分“新时代中国特色社会主义思想和基本方略”，具体阐释“八个明确”和“十四个坚持”的十五个段落中，“人民”总计出现27次。这“八个明确”和“十四个坚持”，坚持人民主体地位，尊重人民首创精神，注重从人民群众中汲取智慧和力量，饱含着深厚的人民情怀，并且坚持把人民对美好生活的向往作为奋斗目标，把满足人民的需求作为全部工作的出发点和落脚点。

三、坚持“公平正义”的基本理念

公平正义是否应该且如何能够成为实现中国梦的核心理念？作为中国特色社会主义事业的民众表达与引领当代中国向何处去的总任务和总目标，中国梦及其实现，不仅具有中国意义，而且具有世界意义。作为社会主义制度的本质要求和中国特色社会主义的内在要求，兼具“公平型正义”与“正义型公平”的公平正义，既是解决中国的整体性问题与根本性问题进而实现中国梦的良药，也是实现中国梦的总路径与分路径的路标，只有循着公平正义的指示方向前进，实现中国梦的道路才能越走越宽。

党的十八大报告明确提出，公平正义是中国特色社会主义的内在要求。2013年2月23日，习近平总书记在主持中共中央政治局就全面推进依法治国进行的第四次集体学习时强调，要努力让人民群众在每一个司法案件中都感受到公平正义。这里的公平正义，既是“公平型正义”，即以公平作为实现正义的核心手段，又是“正义型公平”，即这种公平不是形式上的绝对平等，而是“各尽所能、各得其所”的实质性公平，其主要内容包括权利公平、机会公平、分配公平和规则公平。中国特色社会主义公平正义论，是立足社会主义初级阶段基本国情，总结我国社会主义发展实践，借鉴国外发展经验，在新的历史起点上，适应新的发展要求提出来的，它是坚持和发展中国特色社会主义必须坚持的一个重大战略思想。

四、坚持“动力 · 平衡 · 治理”的运行机制

党的领导下动力机制、平衡机制和治理机制相结合。从动力机制来看，党政主导力量、市场配置资源力量和人民主体力量等形成的合力，成为驱动自身坚持走中国道路的强大力量。从平衡机制来看，中国道路比较有效地平衡了效率与公平、利用资本和限制资本、经济发展和资源环境保护、利润追求和以人为本、市场经济和道义力量、个人自由和公平正义等。更重要的是，当前在党的全面领导下，治理机制运行顺畅，通过推进全面深化改革避免了体制机制的僵化和路径依赖，保持了实践及相应政策的机动性和灵活性。在党的领导之下，中国道路维持了动力、平衡和治理三大机制的高效综合运转，使经济社会发展既拥有充沛的活力与动力，又能够保持有效的稳定平衡。展望未来，中国若能如曾经消化吸纳佛教文化一样，持续地将异质的优秀现代文明元素内化，带有中国基因的新型现代文明形态必将在世界绽放光彩。

第六章 现代化强国与伟大梦想

党的二十大报告指出："从现在起，中国共产党的中心任务就是团结带领全国各族人民全面建成社会主义现代化强国、实现第二个百年奋斗目标，以中国式现代化全面推进中华民族伟大复兴。"在国家发展的普遍意义上，现代化强国是国家发展"站起来—富起来—强起来"链条上的较高阶段。中国发展，同样具有这样的发展逻辑。在中华民族发展的特殊意义上，中华民族历经辉煌，遭遇屈辱，实现复兴，这是中华民族在自身独特国情下，历经"肯定—否定—否定之否定"的道路，呈现曲折发展的总体走向。立足新发展阶段，现代强国与伟大梦想如何实现有机统一，这既是一个理论问题，也是一个实践问题，需要把握三个基本点，即中国建成现代强国的特殊性、中华民族复兴的双重意义、现代强国与民族复兴的辩证关系。

第一节
现代化强国的基本特征

中国的发展具有自身的特殊性，主要体现在四个方面，即人口规模的巨大、社会主义道路的自觉选择、马克思主义的思维方式、“万邦协和、天人合一”的传统理念。上述特殊性决定了中国走向现代强国的历史进程，会展示出不同于一般国家现代化进程的独特性。其独特性可以从五个方面进行理解和把握，即“我国现代化是人口规模巨大的现代化，是全体人民共同富裕的现代化，是物质文明和精神文明相协调的现代化，是人与自然和谐共生的现代化，是走和平发展道路的现代化”[①]。

一、人口规模巨大

对于中国现代化的重要特征，中国国家发展和改革委员会副主任兼国家统计局局长宁吉喆，在第二十五届（2021年度）中国资本市场论坛上表示，中国的现代化是人口规模巨大的现代化，中国14亿人口

① 习近平：《论把握新发展阶段、贯彻新发展理念、构建新发展格局》，中央文献出版社2021年版，第474页。

要整体迈入现代化社会，其规模超过现有所有发达国家总和。“艰巨性和复杂性前所未有，发展途径和推进方式也必然具有自己的特点。”[①] 中国现代化将彻底改写现代化的世界版图。这从一个侧面反映了在中国现代化进程中，人口规模巨大将会产生重大影响。要系统分析人口规模的影响，需要把握三个角度，即天然历史性、对世界的影响、对人类社会的影响。

第一，对中华民族来说，巨大的人口规模是在历史上天然形成的，这是中国现代化的先天条件，具有内生性。历史地看，中华文明源远流长，在发展过程中没有中断过，这是中华民族人口持续增长的外在条件。在自然经济时期，其核心要素是劳动力资源，得益于人口规模较大，农业时代中华民族有了重要发展优势，因此，古代中国成为泱泱大国，创造出辉煌。放眼当今世界，各国都处于“商品经济”的大历史区间上。从商品经济的规律上可以看到，人口从两个方面构成商品经济的内在优势，即劳动力资源和市场需求。在这个意义上，人口规模巨大，可以从两个宏观层面帮助中国经济发展。一是人口素质提升，人力资源将产生规模和优质两个优势。二是人口规模巨大，会形成巨大的国内需求市场，加之生活水平提高带来的高端需求，市场升级同时而来。要言之，人口规模优势，将集中体现为中国市场的持续扩大和持久升级。可以预见，在市场经济的大环境下，人口尤其是高素质人口，会再次成为经济运行的关键因素。届时，劳动力素质的大规模提升、需求层次的大规模上涨，将成为新时代经济发展的比较优势。有理由相信，在未来，巨大的人口规模将再次发挥对经济发展的正向推动作用。

第二，巨大的人口规模对世界现代化进程的影响。从纵向来看，

---

① 习近平：《高举中国特色社会主义伟大旗帜 为全面建设社会主义现代化国家而团结奋斗——在中国共产党第二十次全国代表大会上的讲话》，人民出版社2022年版，第22页。

西欧国家实现现代化，是以千万人口级别为基准的；美国实现现代化，以亿级人口为基准；而中国实现的现代化，将以10亿以上人口为基准。不难看出，中国14亿人口的现代化，将对世界产生无可估量的影响。至少，先前成功的现代化经验，因为人口级别差异过大，已经无法再拿来进行参照。从横向看，当前已经实现现代化的国家，无论是西欧还是美国，现代化的影响利弊参半，尤其是随着现代化进程的深入和全球性扩展，西欧和美国在生活上富裕发达的同时，经济上的贫富分化、政治上的霸权欺凌、生态上的破碎利己、文化上的片面颓废，也日益成为全球性问题。尤其此次新冠肺炎疫情的全球暴发，更是让西方这种现代化的负面性充分暴露。而中国，作为后发现代化国家，具有一般意义上的后发优势，在未来发展中可以扬长避短。更重要的是，中华文明是中国的根和魂，不同于西方文明，具有自己的特质，尤其是经济上的均贫富、政治上的平天下、生态上的天人合一、文化上的自强不息等特质，正可以用于治疗当前全球性困境。也就是说，中国现代化的实现，要从全球道义版图上树立起人类正能量的导向，即在中华民族复兴的影响下，世界各国和平发展、人与自然和谐共生、人类整体同心善治，世界现代化进程将不再重复昨天的故事，制度性贫富分化、强权霸凌、生态破坏、低俗颓废等一切以前曾被人们认为理所当然的不良现象，在中华民族现代化成功所带来的正向力量的吸引和影响下，不再成为主流，不再具有市场。要言之，中华民族人口规模巨大的特点，有利于在导向上影响世界现代化进程和走向。

第三，人口规模巨大的现代化对人类社会历史的重大影响。当前，全球处于商品经济历史大区间。在该区间上，人类社会的发展因商品经济所内含的劳动与资本的矛盾，形成以资本为主导的资本主义社会发展模式和以劳动为主导的社会主义发展模式。从这个高度看现代化，不难发现，无论是西欧还是美国，先发现代化国家都共同选择的是资本主义现代化模式，而中国作为后发现代化国家，走的是社会主义道路。在这个意义上，两种模式的现代化，其优劣利弊又和国家道路选择息息相关。应该说，资本主义的弊端，从根本上源于资本的优先性，而资本说到底是“物”而不是“人”。因为这一逻辑，所以西方的现代化，在物质文明发展的同时，有关人的问题也随之而来。从深层次看，贫富两极分化源于资本在国内的优先性，强权霸凌源于资本在国外的优先性，生态破坏源于资本对自然的优先性，低俗颓废源于资本对逐利的优先性。要言之，资本主义的现代化具有内生性缺陷，是其自身无法医治的恶疾。而社会主义的现代化，其本质是劳动主导的现代化，是劳动者，也就是人民群众意志的集中体现。在逻辑上，它否定资本的优先性，强调的是人的优先性，以人民为中心。该逻辑决定了中国现代化的路径首先不是贫穷分化，不是强权主义，不是生态恶化，不是颓废非善。相反，中国的现代化，意味着全体人民共同富裕、世界和平发展、人与自然和谐共生、人类命运共同体。也就是说，基于社会主义道路的中国现代化，有着人口规模巨大的天然优势，将推动人类历史向着一个不同于先前西方现代化方向的方向大步前进。可以预见，一旦中国如期建成现代化强国，人类历史将会随之有一次飞跃。

二、全体人民共同富裕

党的十九大报告提出，到2035年基本实现社会主义现代化时，全体人民共同富裕迈出坚实步伐，到21世纪中叶，把我国建成富强民主文明和谐美丽的社会主义现代化强国时，全体人民共同富裕基本实现。党的十九届五中全会进一步提出了“全体人民共同富裕取得更为明显的实质性进展”的目标。党的二十大报告提出，“共同富裕是中国特色社会主义的本质要求，也是一个长期的历史过程”。那么，为什么在基本实现现代化的同时要实现全体人民共同富裕？如何在现代化进程中实现共同富裕？何时实现共同富裕？这些问题成为我们深入理解和把握现代化这一特征的基本点。

第一，为什么要实现共同富裕？实现共同富裕，从根源意义上看，主要由两个因素决定：客观上，这是由社会主义的本质决定的；主观上，这是由中华民族的价值理念决定的。如前文所述，在社会主义强调的是劳动对资本的优先性，实践上体现为坚持以人民为中心。中华民族在现代化进程中，选择了社会主义道路，也就是说，中国的现代化是社会主义现代化。基于此，首先，中国现代化的成果，要满足全体人民的需要，实现共同富裕是社会主义现代化的题中应有之义。其次，作为后发现代化国家，针对西方出现的贫富两极分化的弊端，中国在现代化过程中必须采取有针对性的措施，避免此类情况发生，实现全体人民的共同富裕。从中华民族的价值理念来看，5000年中华文明一直强调“尚大同”和“患不均”，一直反对贫富分化，这些文化积淀、理念传承，在中华民族的发展中，渗透到每个人的生活世界，影响着每个人的观念意识，在这个意义上，关于分配性社会问题，中国社会的基本价值取向就是共同富裕。这成为整个民族共同意识的一个基本内容。综合而言，社会主义的逻辑，中国人普遍的心理认同，是中国现代化必须要实现全体人民共同富裕的根源所在。

第二，如何实现共同富裕？从政策上说，党的十九大报告提出的2035年目标和2050年目标，对于怎样实现共同富裕，都给出了清晰的路径。比如，到2035年的目标提出，“人民生活更为宽裕，中等收入群体比例明显提高，城乡区域发展差距和居民生活水平差距显著缩小，基本公共服务均等化基本实现，全体人民共同富裕迈出坚实步伐”。在这里，提高中等收入群体比例—缩小城乡区域发展差距—缩小居民生活水平差距—实现基本公共服务均等化，构成社会基本的宏观政策实施路径。在实践上，主要围绕上述路径，精准施策，目标就一定会实现。再例如，到2050年的目标提出，“全体人民共同富裕基本实现，我国人民将享有更加幸福安康的生活”。在这里，从基本实现到更加幸福安康，显示出政策的重心由量的聚焦转向质的重点，即共同富裕在基本物质水平保障的前提下，更针对获得感、生活品质提升等。实现共同富裕会有一个过程，我们要努力去做、不断推进。而从逻辑上说，实现共同富裕，核心是解决两个层次的问题，一个是聚焦“做大蛋糕”，是效率问题；一个是聚焦“分好蛋糕”，是公平问题。一般来说，社会发展公平和效率是一个辩证的统一体，公平和效率只有侧重，不能完全分开。在社会发展处于“做大蛋糕”的阶段，效率优先兼顾公平；在社会发展变成“分配蛋糕”的阶段，公平优先同时保证效率。基于这种逻辑，中国的现代化，要实现共同富裕，需要坚持效率和公平的统一，需要随着社会发展阶段的变化，适时调整其二者的关系。

第三，何时实现共同富裕？从逻辑上说，实现共同富裕是过程和结果的统一。作为过程，实现共同富裕是动态的，从基本实现到全面实现，从全面实现到总体提升，是其基本的演进形态。作为结果，实现共同富裕具有阶段性，基本实现、全面实现、总体提升，共同富裕在不同的历史阶段，具有不同的标志和评价标准。综合而言，从实践上衡量，可以这样看待实现共同富裕的时间问题：到2035年“人民生活更为宽裕，中等收入群体比例明显提高，城乡区域发展差距和居民生活水平差距显著缩小，基本公共服务均等化基本实现，全体人民共同富裕迈出坚实步伐”；到2050年，“全体人民共同富裕基本实现，我国人民将享有更加幸福安康的生活”。

三、物质文明和精神文明相协调

“物质富足、精神富有是社会主义现代化的根本要求。”[①]社会主义现代化是全面发展、全面进步的现代化，也是物质文明和精神文明相协调的现代化，没有社会主义文化繁荣发展，就没有社会主义现代化。那么，为什么说没有精神文明的现代化就没有物质文明的现代化？为什么二者要协调发展？如何才能实现协调发展？回答这些问题，可以帮助我们深入理解两个文明相协调是中国现代化基本特征之一这个问题。

第一，两个文明为什么要相协调？物质文明与精神文明要协调，是由客观规律和主体需求所决定的。所谓客观规律决定，是指由物质和意识的辩证关系所决定。辩证唯物主义认为，物质决定意识，意识反作用于物质，二者统一于实践。本质上，物质文明属于物质范畴，精神文明属于意识范畴，二者之间构成上述辩证关系。在实践上，中国现代化的伟大实践，首先是物质文明建设，其次是精神文明建设，前者决定后者，后者对前者具有反作用。在这个意义上，中国现代化建设，当然是两个文明相协调的现代化建设。而所谓主体的需求决定，指的是随着小康社会的全面建成，人民生活达到小康后，对非物质性需求更加旺盛，对优美环境、优良秩序、优质服务的期待更为迫切。这意味着，需求升级，供给侧也必须随之升级，这就要求必须以精神文明建设成果不断增强人民群众获得感、幸福感、安全感。而深入看，社会主体的需求升级，一般具有如下规律性：升级的路径为“物质性需求—非物质性需求”，升级的形式为“实体性消费—符号性

① 习近平：《高举中国特色社会主义伟大旗帜　为全面建设社会主义现代化国家而团结奋斗——在中国共产党第二十次全国代表大会上的报告》，人民出版社2022年版，第22页。

消费”，升级的诉求为“标准化、大众化消费—定制化、小众化消费”。这些规律意味着，精神文明的建设，需要随着这些需求的升级，有针对性地进行建设，尤其是不能停留在物质性需求满足的阶段，否则，精神文明建设的内容针对性、形式适应性、话语有效性就会出问题。

第二，如何在实践上实现两个文明建设相协调？从理论上说，因为精神文明对物质文明具有能动反作用，实现两个文明的协调发展，关键是要充分发挥精神文明的能动性。精神文明的能动性，体现为三个方面，即为物质文明提供方向指引，为物质文明提供智力支持，为物质文明提供动力源泉。以此为遵循，协调推进两个文明建设，需要重点做好两项工作：合理布局四项工作，重点抓好五项任务。所谓四项布局，即在统筹推进“五位一体”总体布局、协调推进“四个全面”战略布局中，文化是重要内容；在推动高质量发展中，文化是重要支点；在满足人民日益增长的美好生活需要中，文化是重要因素；在战胜前进道路上各种风险挑战中，文化是重要力量源泉。所谓五项重点任务，一是要坚持马克思主义在意识形态领域的指导地位，推动理想信念教育常态化制度化；二是要坚持以社会主义核心价值观引领文化建设，加强社会主义精神文明建设，提高社会文明程度；三是要提升公共文化服务水平；四是要健全现代文化产业体系；五是要繁荣社会主义文艺。总之，面向未来，精神文明建设的基本思路是，培育和践行社会主义核心价值观，加强理想信念教育，弘扬中华优秀传统文化，增强人们精神力量，促进物的全面丰富和人的全面发展。

四、人与自然和谐共生

从自然的角度看，人因自然而生，与自然共生，人与自然是命运共同体。从社会的角度看，生态文明是人类社会进步的重大成果，旨在实现人与自然和谐共生。“无止境地向自然索取甚至破坏自然必然会遭到大自然的报复。”①一般来说，现代化的生态文明建设，以资源环境承载能力为基础，以自然规律为准则，以可持续发展、人与自然和谐为目标，坚定走生产发展、生活富裕、生态良好的文明发展道路，努力建设望得见山、看得见水、记得住乡愁的美丽中国。展望21世纪中叶的中国，可以预见，天蓝、地绿、水清的优美生态环境将成为常态，人与自然和谐共生将成为基本生活理念。

第一，现代化建设为什么要实现人与自然的和谐共生？从哲学的高度看，生态文明建设根源于社会实践活动要实现科学性和价值性相统一的内在要求。在这里，科学性是指，人与自然之间具有辩证关系，人的实践活动必须符合其辩证关系原理，基本原则是指，人源于自然，同时又以自然为对象进行改造。价值性是指，作为社会实践主体的人，本身具有合理的需求，实践活动要满足这些需求，这是实践活动的价值性要求，其基本原则是要合目的、要有理性。综合而言，实现科学性与价值性有机统一，要求人与自然的关系必须遵循以下基本原则：适应自然、改造自然、保护自然。其中，适应自然是处理人与自然关系的前提，需要有敬畏心和尊重意识；改造自然是处理人与自然关系的主要方面，需要有自觉理性和天人合一理念；保护自然是处理人与自然关系的基本规矩，需要有底线思维和忧患意识。

第二，如何实现人与自然的和谐共生？习近平总书记关于社会主义生态文明建设的一系列重要论述，内涵丰富，对于我们深刻认识生态文明建设的重大意义，正确处理好经济发展同生态环境保护的关系，具有十分重要的指导意义。其主要从政策实施的角度说明如何实

① 习近平：《高举中国特色社会主义伟大旗帜　为全面建设社会主义现代化国家而团结奋斗——在中国共产党第二十次全国代表大会上的报告》，人民出版社2022年版，第23页。

现人与自然的和谐共生，是基本指导性框架，分为六个方面。一是贯彻新发展理念，推动形成绿色发展方式和生活方式。“要坚持在发展中保护、在保护中发展，实现经济社会发展与人口、资源、环境相协调，不断提高资源利用水平，加快构建绿色生产体系，大力增强全社会节约意识、环保意识、生态意识。”[①]二是按照系统工程的思路，全方位、全地域、全过程开展生态环境保护建设。“要大力节约集约利用资源，推动资源利用方式根本转变，加强全过程节约管理，大幅降低能源、水、土地消耗强度。要控制能源消费总量，加强节能降耗，支持节能低碳产业和新能源、可再生能源发展，确保国家能源安全。要加强水源地保护和用水总量管理，推进水循环利用，建设节水型社会。要严守耕地保护红线，严格保护耕地特别是基本农田，严格土地用途管制。要加强矿产资源勘查、保护、合理开发，提高矿产资源勘查合理开采和综合利用水平。要大力发展循环经济，促进生产、流通、消费过程的减量化、再利用、资源化。”[②]三是环境保护和治理要以解决损害群众健康突出环境问题为重点。“要按照绿色发展理念，实行最严格的生态环境保护制度，建立健全环境与健康监测、调查、风险评估制度，重点抓好空气、土壤、水污染的防治，加快推进国土绿化，治理和修复土壤特别是耕地污染，全面加强水源涵养和水质保护，综合整治大气污染特别是雾霾问题，全面整治工业污染源，切实解决影响人民群众健康的突出环境问题。”[③]四是完善生态文明制度体系，用最严格的制度、最严密的法治保护生态环境。“要精心研究和论证，究竟哪些要列入生态红线，如何从制度上保障生态红线，把

---

① 中共中央文献研究室编：《习近平关于社会主义生态文明建设论述摘编》，中央文献出版社2017年版，第19页。

② 同上，第45页。

③ 同上，第90—91页。

良好生态系统尽可能保护起来。”[①]五是强化公民环境意识，把建设美丽中国化为人民自觉行动。“要强化公民环境意识，倡导勤俭节约、绿色低碳消费，推广节能、节水用品和绿色环保家具、建材等，推广绿色低碳出行，鼓励引导消费者购买节能环保再生产品，推动形成节约适度、绿色低碳、文明健康的生活方式和消费模式。”[②]六是积极参与国际合作，携手共建生态良好的美好家园。“中国坚持正确义利观，积极参与气候变化国际合作。多年来，中国政府认真落实气候变化领域南南合作政策承诺，支持发展中国家特别是最不发达国家、内陆发展中国家、小岛屿发展中国家应对气候变化挑战。为加大支持力度，中国在今年九月宣布设立二百亿元人民币的中国气候变化南南合作基金。中国将于明年启动在发展中国家开展十个低碳示范区、一百个减缓和适应气候变化项目及一千个应对气候变化培训名额的合作项目，继续推进清洁能源、防灾减灾、生态保护、气候适应型农业、低碳智慧型城市建设等领域的国际合作，并帮助他们提高融资能力。”[③]

五、走和平发展道路

与西方现代化道路不同的是，中国的社会主义现代化是以人民为中心的现代化。“我们坚定站在历史正确的一边、站在人类文明进步的一边，高举和平、发展、合作、共赢旗帜，在坚定维护世界和平与发

① 中共中央文献研究室编：《习近平关于社会主义生态文明建设论述摘编》，中央文献出版社2017年版，第89页。

② 同上，第122页。

③ 同上，第136页。

展中谋求自身发展，又以自身发展更好维护世界和平与发展。”[①]这就决定了在对外关系方面，中国走的必然是独立自主的和平发展道路。习近平总书记指出：“我们将继续沿着中国特色社会主义道路大步向前，坚持全面深化改革，坚持高质量发展，坚持扩大对外开放，坚持走和平发展道路，推动构建人类命运共同体。”[②]那么，为什么中国与西方不同？为什么中国要走和平发展道路？关于中国现代化是走和平发展道路的现代化这一特征，只要从深层次上回答好上述问题，这一特征的基本内涵及其价值也就不言而喻了。

第一，为什么中国与西方不同？这是社会主义的逻辑使然。事实表明，在处理与世界的关系上，西方和中国具有根本性不同。西方现代化进程展示的是强权主义思维和社会达尔文主义的做派。从根源上看，这是由资本主义的资本优先特质决定的。中国是社会主义国家，社会主义强调的是劳动对资本的优先性。这一特质决定了人民是国家的主人，发展是社会进步的基本路径。人民主体性原则决定了中国的现代化对内是独立自主的现代化，发展性原则决定了中国的现代化对外是和平发展的现代化。在实践上，独立自主意味着对强权主义的否定，和平发展意味着对弱肉强食的丛林规则的否定和坚决抛弃。正是上述社会主义基本的逻辑，决定了中国现代化必然的路径，即和平与发展。在这个意义上，走和平发展道路，是中国现代化的内在特性。

第二，为什么要走和平发展道路？这是中国历史和未来的必然要求。从现实角度去看，中国走和平发展道路，具有两个特定原因：一个是历史的背景，一个是未来的考量。历史的背景，即中华文明一直

---

① 习近平：《高举中国特色社会主义伟大旗帜 为全面建设社会主义现代化国家而团结奋斗——在中国共产党第二十次全国代表大会上的报告》，人民出版社2022年版，第23页。

②《习近平在第二届“一带一路”国际合作高峰论坛开幕式上的主旨演讲》，载新华网2019年4月26日。

具有“王道”文化传承。在中国传统政治文化中，“王霸之辨”一直是最重要的命题。利用强权谋求一国之私，这是霸道，为中国传统主流文化所贬抑和否定。通过弘义融利形成道德感召力、实现天下大同，这就是王道，是中国传统主流文化尊崇的理想。这个理想在中华文明的世代传承中逐渐成为一种底层逻辑，深刻影响了中国的国际观。《中国共产党章程》将“维护世界和平与促进共同发展”作为中国共产党的三大历史任务之一。习近平总书记提出推动构建人类命运共同体的主张，成为新时代坚持和发展中国特色社会主义的基本方略之一。另一个是对未来的考量，即着眼于对当前国际治理中强权主义和霸权欺凌不合理现实的批判，中国作为负责任的大国，有义务对国际秩序提出合理主张、推动加快构建进程。这既是中华民族对世界发展自觉负责、主动担当的体现，也是中国特色社会主义在推进全球现代化进程中，基于实力的提升和道义诉求，对人类一个时期以来强权横行、霸权独大、邪以压正历史怪象的拨乱反正，更是科学社会主义在全球承担道义力量，进而树起立世界公平正义、国际和平善治之良性导向的责任担当。

第二节
实现中华民族伟大复兴具有“中国意义”和“世界意义”

中华民族的伟大复兴既会造福中国人民，同时也会造福世界人民。对中国人民来说，民族复兴意味着中国人民强大起来了，意味着社会主义在人类历史进程中形成了主导力量，意味着华夏文明更具有世界凝聚力。对世界人民来说，中华民族的伟大复兴，预示着中国已经走到世界舞台中央，预示着社会主义的力量开始主导人类历史进程，预示着和平发展、公道正义的正能量正趋势已经成为人类文明的主形态。中华民族的伟大复兴同时具有中国意义和世界意义。

一、实现中华民族伟大复兴具有“中国意义”

分析民族复兴的中国意义，可以在两个语境下进行。一个是历史的语境，从与中国历史的对照中看当前民族复兴的价值；另一个是当下的语境，从现实的角度看民族复兴带给人民的获得感和生活品质的提升，看民族复兴对世界社会主义的强大推动作用和巨大影响力。

第一，在历史的对照中，看民族复兴的价值。20世纪的中国，多灾多难。1949年，毛泽东在新中国建立时庄严宣告，占人类总数四分之一的中国人民从此站立起来了。这主要是指国家独立，人民获得了自由和解放。本质上，这是中华民族复兴的开始。到新中国成立100周年时，建成社会主义现代化强国，中华民族将在政治、经济、文化、科技和社会发展等各个方面、在综合国力的世界较量中完全“站起来”。在这个意义上，民族复兴的第一个价值，是实现中华民族强起来的历史使命。民族复兴的第二个价值，是履行中国对世界社会主义所肩负的伟大职责。我们党领导人民继续坚定地走中国特色社会主义道路，其取得的辉煌成就，使人们看到了世界社会主义事业的希望。邓小平同志曾经满怀信心地预言：到21世纪中叶，中国能够接近世界发达国家的水平，那才是大变化。到那时，“那就可以进一步断言社会主义成功”。“只要中国社会主义不倒，社会主义在世界将始终站得住。”[①]由此可见，“复兴”不仅仅只是中国的事情，它还关系世界社会主义的前途和命运。中华民族复兴，将促进世界社会主义运动不断走向繁荣兴盛。

第二，从现实的受益中，看民族复兴的直接影响。中华民族的伟大复兴，直接给中国人民带来了实实在在的好处。主要体现在三个方面。一是中华民族迎来了从站起来、富起来到强起来的伟大飞跃，尤其是改革开放以来的巨大成就，使人民过上美好生活，推动了社会主要矛盾的转变，实现了社会发展需求的升级转型，迎来了实现中华民族伟大复兴的光明前景。二是民族复兴的推进，意味着社会主义在21世纪的中国焕发出强大生机活力。按照规划，到2035年，我国经济实力、科技实力、综合国力将大幅跃升，人均国内生产总值达到中等发

① 《邓小平文选》（第三卷），人民出版社1993年版，第346页。这是邓小平于1989年11月23日在会见南方委员会主席、坦桑尼亚革命党主席尼雷尔时提出的论断。

达国家水平，城乡区域发展差距和居民生活水平差距显著缩小，人民生活更加美好，人的全面发展、全体人民共同富裕取得更为明显的实质性进展。这意味着，在世界上，中国高高举起了中国特色社会主义伟大旗帜。三是中华民族伟大复兴，意味着中国特色社会主义道路、理论、制度、文化不断发展，“四个自信”在实践中将进一步坚定。事实证明，民族复兴，拓展了发展中国家走向现代化的途径，给世界上那些既希望加快发展又希望保持自身独立性的国家和民族提供了全新选择，为解决人类问题贡献了中国智慧和中国方案。世界看好中国，中国更有益于世界。

二、实现中华民族伟大复兴具有“世界意义”

分析中华民族复兴的世界意义，需要两个基本尺度，即现实的尺度和未来的尺度。现实的尺度，就是看民族复兴对当下世界的影响；未来的尺度，就是看民族复兴对未来世界发展的深远影响。

第一，从现实尺度看民族复兴对当前世界的影响。在方法论意义上，民族复兴的世界意义有六个方面：它是对人类社会发展规律的新探索，为世界特别是广大发展中国家提供了一种可资借鉴的新模式；中国道路的成功改变了全球发展观念，证明了“单一发展模式与模式可输出理论的简单和偏颇”；中国道路的成功打破了西方经验唯一正确的神话，终结了西方模式主宰世界的历史；中国道路的成功证明了，通往现代化并非只有华山一条路，所谓“全球化＝西方化”或“现代化＝西方化”，不过是西方编造的神话；中国道路的成功将西方的“普世模式”还原为地区性模式，人类开启了一个没有“普世模式”的多元化时代；中国道路的成功向世界揭示了“走自己的路”，寻找适合本国国情的发展模式才是不变的法则、永恒的真理。[1]中国道路所蕴含的方法论不只属于中国，也属于世界。

在价值观维度看，民族复兴是中国奉献给全人类的宝贵精神财富。中华民族伟大复兴绝不仅仅意味着经济体量的壮大，还包含文化、价值观和精神等软实力的增强。习近平同志指出："实现我们的发展目标，不仅要在物质上强大起来，而且要在精神上强大起来。"[2]今天，中国的文化、价值观和精神就是我们对人类的贡献。这样一种新型文化、价值观和精神，源于马克思主义的价值立场，源于社会主义的价值追求，源于中国传统文化的优秀基因。这是不同于新教伦理与资本主义精神的价值体系，是对西方价值观念唯一正确性构成巨大挑战的思想资源，是对西方自由民主制度具有比较优势的精神财富。

第二，从未来尺度看民族复兴对世界的深远影响。可以从三个层面评估中华民族复兴对未来的深远影响。首先，中华民族的伟大复兴，预示着中国已经走到了世界舞台中央。中华民族在相应的兴盛阶段都对世界产生了巨大影响。例如，汉朝强盛，在河西走廊以西设置都护府；唐朝强盛，和印度交流，使中国文化更加开放，走向世界；明朝强盛，郑和下西洋，早于西方半个世纪的航海事件，使得中华文化影响力不断扩大。可以预见，在未来中华文化在世界上必定是引领性的。以中国经济体量巨大这个现实为出发点，在未来全球市场经济体系中，中国是最大的市场主体，中国市场是全世界最大的市场。经济基础决定上层建筑，相应地，在全球上层建筑体系中，中国道路和中国方案，在未来全球发展中，也必定是引领性的。在这个意义上，无论是历史的经验性，还是未来的必然性，都在预示着，中华民族的伟大复兴，意味着中国必将走上世界舞台中央，中华文化必将担负起

---

① 韩庆祥、陈曙光：《中华民族伟大复兴的世界意义》，载《人民日报》2016年5月5日。

②《习近平谈治国理政》（第一卷），外文出版社2018年版，第46页。

其对人类历史的“兼济天下”之伟大职责。其次，中华民族的伟大复兴预示着社会主义的力量必将主导人类历史进程。作为中华民族伟大复兴之内核的“中国特色社会主义”将不断影响世界，进而逐渐成为全球各个国家学习和效仿的对象。同样，因为中国巨大的体量，这种影响必然会经过量的不断积累，最终出现质的变化，即中国特色社会主义成为主导力量，引领全球各国的发展。这是中华民族复兴对世界的必然影响。再次，中华民族的伟大复兴，预示着和平发展、公道正义的正能量必然成为人类文明的主形态。在当今世界，资本主义发展具有主导性，西方文化殖民、强权政治一直成为影响世界现实秩序的霸权性话语。从本质上说，这种话语是违背人类公认的道义原则，体现的是一种弱肉强食的丛林法则，体现的是资本恶劣的一面。但由于资本主义的发展具有生命力，其经济基础很雄厚，不合理性无法消除。进入21世纪，随着中华民族的伟大复兴，随着中国社会主义现代化的实现，社会主义的力量走向世界舞台中央，资本的主导性会被劳动的主导性取代。相应地，基于劳动主导的和平发展、公道正义的价值理念成为主流，强权政治、霸权欺凌会逐渐没有了市场，人类社会的正能量时代终将到来。这就是中华民族复兴对全球社会主义的推动，也是中国特色社会主义对人类文明的贡献。

第三节
现代化强国与民族复兴的关系

国家发展和民族复兴二者之间具有辩证性。一方面，现代化强国是民族复兴的前提和载体，没有现代化强国，就不会有民族的伟大复兴，离开国家的强大，民族复兴就会成为无根基的空中楼阁。另一方面，民族复兴是国家强大的阶段性目标和实质性目的，在走近世界舞台中心的过程中，民族复兴是一个国家发展的阶段性目标，该目标实现了，并不意味着现代化的终结，相反，它意味着民族复兴取得实质性进展，即它要实现中华民族对人类历史发展所肩负的使命，这才是国家强大和民族复兴的终极目的。简言之，现代化强国和民族复兴最终统一于国家和民族对人类历史发展所肩负的责任和使命上，中华民族要对人类社会作出更大的贡献，推进人类社会向共产主义阶段迈进。

一、二者具有共同指称，但话语表述不同

现代化强国，意指建成现代化强国；民族复兴，意指实现中华民族伟大复兴。从语言分析的角度看，对话语进行分析，一个基本的前提是对话语运用语境给以界定。党的十九届五中全会提出“统筹中华

民族伟大复兴战略全局和世界百年未有之大变局”。在这里，两个大局，既是一种重大的战略判断，同时也是我们分析当前中国一些重要语境的前提。

首先，从民族复兴战略全局这一语境看，即着眼于21世纪中叶第二个百年目标的实现。它特指在新中国成立100周年时，建成现代化强国和实现民族伟大复兴。在这里，时间节点是新中国成立100周年（即到2049年），核心事件是建成现代化强国，实现民族伟大复兴。党的十九大确定从2021年到2050年的30年将分两个15年安排。这样，改革开放以后我国社会主义现代化建设的时间表、路线图，实际上分成五个阶段：第一阶段，改革开放之初到1990年主要解决人民的温饱问题；第二阶段，1991年到2000年使人民生活达到小康水平；第三阶段，2001年到2020年全面建成小康社会；第四阶段，2021年到2035年基本实现社会主义现代化；第五阶段，2036年到2050年建成富强民主文明和谐美丽的社会主义现代化强国。到那时，我国物质文明、政治文明、精神文明、社会文明、生态文明将全面提升，中华民族将以更加昂扬的姿态屹立于世界民族之林。在这个意义上，现代化强国与民族复兴，指称一致，都是第二个百年目标的实现。

其次，从世界百年未有之大变局来看，也就是立足于百年尺度看历史。现代化强国是中华民族现代化进程的一个必然追求和目标，是着眼未来的考量，旨在实现中华民族的强盛和繁荣，履行中华民族对人类历史的责任和担当；民族复兴是立足于近代以来中国的落后境遇，是针对历史的自强，旨在实现中国对世界民族之大家庭的责任和担当。由此可见，从现实指称来看，二者在21世纪中叶这个重要历史节点上，实现了有机统一。从话语的运用来看，一个指向未来，一个针对过去，具有异质性。简言之，立足于百年的尺度，二者具有指称的同一性，同时又具有指向的差异性。是一个内涵具有共性，话语不尽相同的两个重要概念。

二、二者相辅相成，但角度有所不同

深入地看，现代化强国与民族复兴，二者之间具有辩证性，是差异与同一的有机统一。

从差异性来说，现代化强国，是指中华民族的现代化追求，是国家发展“站起来—富起来—强起来”逻辑链条上的一个重要环节，是中华民族现代化进程中的一项重大任务。民族复兴，是指中华民族在其源远流长的文明传承中，其文明发展“兴盛＋衰落”周期更替中的一个段落，是中华文明发展的一个新周期。

从同一性来说，现代化强国，是中华民族在人类历史发展“商品经济时期”，实现从传统社会向现代社会转型的一个必要的目标。中华民族在实现现代化过程中，必须实现既大又强。大，是中华民族的自然性特质，外部性要求；强，是中华民族的社会性诉求，主体性自觉。而民族复兴，是基于中华文明发展而言的，是中华文明传承的一个历史片段。无论是中华民族现代化进程，还是中华文明传承，都是中华民族的事情，都是中华民族在当今时代的基本任务。质言之，在当今时代，“现代化进程之目标＋文明兴盛之担当”，这是中华民族的伟大历史使命，同一个主体，不同层次的目标，这就是现代强国和民族复兴二者相统一的基础。在这个意义上，现代强国与民族复兴相辅相成，但角度又不同。

三、现代化强国逻辑在先，但二者相互作用

在实践上，现代化强国是民族复兴的前提和载体，民族复兴需要

通过现代化强国才可以实现。这根源于现代化强国和民族复兴各自的运行逻辑。现代化逻辑的核心是，自然经济向市场经济的转型；民族复兴的核心是，中华文明的世界认同。经济决定政治，政治具有反作用。在这个意义上，现代化强国在逻辑上优先于民族复兴，但彼此相互影响、相互作用。

第一，现代化强国的优先性和对实现民族复兴的决定性作用。一般而言，现代化内涵是指人类社会从自然经济历史时期向市场经济历史时期的转型过程。这一过程的核心逻辑是：社会主体，实现“农民为主向市民为主”转型；产业形态，实现“农业主导向工商业主导”转型；生活交往，实现“村庄向社区”转型。在商品经济语境下，现代化是主题，现代化过程就是上述三大核心要素变革的过程。当前中国的现代化过程，基本上也是如此。而在全球现代化舞台上，国家的现代化，相应地表现为三大进程：国民素质的现代化即人的现代化，经济体系的现代化，国家治理的现代化。三者之中，经济体系现代化是基础，国家治理现代化是关键，人的现代化是终极目的。在一般意义上，国家发展必须谋求强大，即经济强大，国家治理强大，人的素质的强大。在新时代，随着中国逐渐实现了富起来的目标，强起来成为后续发展的首要诉求。所以，从现实性上看，建成现代化强国，是国家实现现代化过程中的首要性要求。建成现代化强国在逻辑上优先于民族复兴。而历史地看，在实现中华民族现代化进程中，民族复兴是近代以来中华民族所追求的最大愿望。这一愿望，来自近代落后的逼迫，是一种外力因素，但是，它早已嵌入现代化进程中，成为中华民族现代化历程中的一个阶段性目标，成为当代中国人民的政治诉求。经济决定政治，历史影响当代，在这个意义上，建成现代化强国对实现民族复兴又具有决定性意义。

第二，民族复兴对现代化强国意义的提升作用。习近平在党的十九大报告中说："实现中华民族伟大复兴是近代以来中华民族最伟大的梦想。中国共产党一经成立，就把实现共产主义作为党的最高理想和最终目标，义无反顾肩负起实现中华民族伟大复兴的历史使命，团结带领人民进行了艰苦卓绝的斗争，谱写了气吞山河的壮丽史诗。"在这一重要论述中，笔者以为，把握民族复兴的内涵，关键是抓住其最核心的特征，即生成性。总书记的论断为我们分析这一生成性特征提供了方法论指导。

民族复兴具有历时性。历史地看，它缘起于中国近代的落后挨打，是在外部强力逼迫下的一种愿望。这种愿望，体现了仁人志士对中华民族的历史反思和对当时历史困境的突破之意愿。在近代西强东弱的大历史背景下，中国仁人志士的探索和救国努力，形成的最大共识就是民族复兴。在当时，民族复兴成为中国人民的救亡图存的精神动力和精神旗帜。1921年中国共产党成立、1949年中华人民共和国建立、1978年改革开放和推进中国特色社会主义事业，是五四运动以来我国发生的三大历史性事件，是近代以来实现中华民族伟大复兴的三大里程碑。进入新时代，习近平说，今天，我们比历史上任何时期都更接近、更有信心和能力实现中华民族伟大复兴的目标。党的十九大提出，到21世纪中叶，新中国成立100周年时，实现中华民族的伟大复兴。由此，民族复兴的历时性，可以这样概括：近代中国人民的精神旗帜，当代中国共产党的历史使命。

民族复兴具有共时性。习近平强调，伟大斗争，伟大工程，伟大事业，伟大梦想，紧密联系、相互贯通、相互作用，其中起决定性作用的是党的建设新的伟大工程。作为新时代中国共产党的历史使命，民族复兴的内涵中又具有共时性特征，即"四个伟大"。四者之中，伟大梦想是目标，伟大斗争是基本手段，伟大工程是主体，伟大事业是基本路径。实现伟大梦想，必须进行伟大斗争，这种斗争具有全面性，包括政治、经济、文化、社会等领域和自然界出现的挑战。实现伟大梦想，必须建设伟大工程，核心是增强党的政治领导力、思想引领力、群众组织力、社会号召力，集中体现为党领导一切。实现伟大梦想，必须推进伟大事业，核心是增强道路自信、理论自信、制度自信、文化自信，始终坚持和发展中国特色社会主义。

更为重要的是，民族复兴还具有印记性，即中华文明和社会主义的印记。从逻辑上说，印记源于一个民族在其发展过程中的对外部因素的吸纳和转化，是民族特质生成的基本路径之一。中华民族历史悠久，文明传承源远流长。在5000年的发展中，中华文化兼容并蓄，批判接纳，形成了今天影响巨大的中华文明。在近代中西方文明碰撞和交流互鉴中，中华民族学习总结，引进吸收，形成了影响世界的中国特色社会主义。要言之，在民族复兴的历史进程中，中华优秀传统文化和社会主义成为当今中国进行民族复兴的基本印记。这种印记意味着，随着中华民族伟大复兴的实现，中华文明和社会主义将更深远地影响世界和人类历史发展。

第三，中华文明和社会主义对世界和人类历史发展的影响。可以从两个基本方面评估这种影响，即天下全球的思维方式和产品经济时代的大历史观。

天下全球的思维方式。思维方式是一个文化体系的底层性架构，它从根源的意义上决定着一个文化的发展和影响力。中华传统文化的思维方式是不同于西方的，其核心是"圆点—生成"模式。中华文化认为，人的活动具有这样的逻辑脉络，即"修齐治平"，修身为原点，依次外推外扩为"齐家—治国—平天下"，其中，原点具有根源、源头意义，对后续的扩展具有决定性作用，后续的外推外扩本质都是原点的放大和应用，本质不变。所以在中国传统文化中，中华文明的思维是返本求源式的，即只要找到本质、源头，那么，外部世界就在掌握之中了。以此逻辑，可以预见，随着中华民族复兴的实现，随着中国现代化对全球现代化影响力的扩大，中华文化的这种思维方式也将随着现代化的溢出效应，逐渐影响全世界。不难想象，随着这种溢出效应的扩大，天下全球，全球天下的世界观将普遍化。

产品经济时代的大历史观。马克思主义与社会主义不可分割。马克思主义对人类社会历史的“三分历史观”同样与社会主义的全球实践不可分割。随着中华民族伟大复兴的深入推进，随着中国社会主义现代化强国的不断壮大，人类社会历史三分的历史观将随着社会主义的成功实践不断深入人心。马克思主义认为，从交换角度，人类历史分为三个阶段，即人与自然交换的自然经济历史时期、人与人交换的商品经济历史时期、人与社会直接交换的产品经济历史时期。其内在逻辑是，人的需求的升级，即自然经济时期，人要填饱肚子；商品经济时期，人要互换自己所需；产品经济时期，物质极大丰富，人需要什么，就可以从社会上拿什么，即按需分配。人对物质需求不再成为主要方面，劳动成为第一需要。这就是人类发展的大历史观。这种历史观意味着，人类社会发展的核心目标是生产力，终极目的是人的自身的发展。产品经济时代是全球发展的共同目标，社会主义是通向这一时代的必然之路。

总而言之，随着民族复兴的实现，它将对现代化强国在两个层面上起能动的反作用，即天下全球、全球天下世界观的自然形成，产品经济时代的大历史观成为常识。可以预见，届时，中华文明和社会主义必将成为人类社会发展的主流。

第七章 伟大梦想与美好生活

2013年3月17日，习近平在第十二届全国人大一次会议闭幕会上谈中国梦的具体内容，把人民幸福与国家富强、民族振兴并列为中国梦的本质内涵，提出“实现中华民族伟大复兴的中国梦，就是要实现国家富强、民族振兴、人民幸福”。2015年9月22日，习近平在访问美国时进一步明确提出，“中国梦是人民的梦，必须同中国人民对美好生活的向往结合起来才能取得成功”。2017年10月25日，习近平在党的十九届一中全会上再次从共产党人的初心这一高度去论证美好生活与伟大梦想的关系，提出“为人民谋幸福，是中国共产党人的初心。我们要时刻不忘这个初心，永远把人民对美好生活的向往作为奋斗目标”。2022年10月16日，党的二十大报告提出：“必须坚持在发展中保障和改善民生，鼓励共同奋斗创造美好生活，不断实现人民对美好生活的向往。”可以说，人民幸福是中华民族伟大复兴梦的必然要求，实现中华民族伟大复兴中国梦，最根本的是要实现中国人民的美好生活。

第一节

美好生活是伟大梦想的题中应有之义

中国自1840年鸦片战争后沦为半殖民地半封建社会，近现代的中国面临着两大历史任务，即争取民族独立、人民解放和实现国家富强、人民共同富裕。两大历史任务的完成，既是中华民族从站起来到富起来、再到强起来的过程，同时也是中国人民从受奴役到得解放、再到得幸福的历史过程。从100多年的中国近现代历史来看，实现中华民族的伟大复兴梦与中国人民不断追求美好生活的历史进程相伴相生、相辅相成、相得益彰。

一、民族独立与人民解放相伴相生

“一部中国近现代史，就是一部中国人民和中华民族的抗争史，也是一部中国梦的演进史。”[①]中华民族在5000多年的历史发展中，创造了灿烂悠久的文明，也铸就了伟大复兴的历史根基。但是由于封建王朝的腐败统治和西方列强的入侵，中国逐渐沦为半殖民地半封建社

① 顾保国：《伟大的梦想》，北京联合出版公司2019年版，第7页。

会，“救亡图存”“振兴中华”成为贯穿中国近代史的主线。在中华民族内忧外患、社会危机空前深重的背景下，各社会阶级阶层围绕着“中国往何处去”的问题进行了各自思考，为实现民族独立和人民解放的历史任务进行了不懈努力。太平天国运动、洋务运动、戊戌变法都没能完成这一使命。

1911年，以孙中山为首的资产阶级革命派选择了革命救国的道路，发动了轰轰烈烈的辛亥革命，彻底推翻了在中国持续2000多年的封建君主专制制度，建立了中华民国。但是，由于资产阶级自身的软弱性，辛亥革命的胜利果实被袁世凯窃取，“民主共和梦”最终流产，资产阶级革命派也没有完成民族独立、人民解放的历史任务。

辛亥革命后，中国陷入军阀混战、日益衰败的境地，出路到底在哪里？一些先进的中国知识分子认为“欲图根本之救亡”，仅仅学习西方的技术和政治制度还远远不够，必须要在中国进行一场思想启蒙运动，改造“国民性”，于是提倡民主与科学的新文化运动兴起了。而随后的五四运动更是一场反帝反封建的爱国运动，揭开了近代中国争取民族独立和人民解放的序幕。五四运动爆发后，马克思主义在中国得到广泛传播，陈独秀、李大钊等人发起成立了中国共产党的早期组织，1921年7月23日中共一大的召开，标志着中国共产党的正式成立，近代以来中国人民在实现民族复兴的征程中终于有了自己的领路人。

中国共产党从成立之日起，就肩负起实现中华民族伟大复兴的历史任务。基于对当时国际、国内形势的正确分析，中国共产党认识到要让中华民族在世界上站起来，让人民过上幸福和富裕的生活，就必须首先进行彻底的反帝反封建斗争，推翻半殖民地半封建的社会制度，争得民族独立和人民解放。于是，中共二大制定了“消除内乱，打倒军阀，建立国内和平；推翻国际帝国主义的压迫，达到中华民族的完全独立；统一中国为真正的民主共和国”的最低纲领和“建立劳农专政的政治，铲除私有财产制度，渐次达到共产主义社会”的最高纲领，把中国革命的历史进程分为新民主主义革命和社会主义革命两个性质不同的革命阶段，并创造性地探索出了一条适合中国国情和中国特点的新民主主义道路。

新民主主义革命时期，中国共产党始终把实现民族独立与人民解放紧密结合起来，把反对帝国主义、封建主义、官僚资本主义“三座大山”同团结依靠、教育引导人民群众紧密结合起来。土地革命时期，党把农民问题作为革命的首要问题，通过解决土地问题使农民阶级成为中国革命的重要依靠力量，也在一定程度上把农民从几千年的封建土地所有制的束缚中解放出来。全面抗战时期，中国共产党高举抗日救国的大旗，积极促成抗日民族统一战线的形成，不仅维护了民族的独立和尊严，也维护了中国人民的根本利益。解放战争时期，中国共产党反对蒋介石国民党的专制独裁，提出和平民主的建国主张，赢得了全国人民的拥护支持，为取得解放战争胜利奠定坚实的群众基础。1949年4月23日，人民解放军占领南京，宣告国民党反动统治的覆灭。1949年9月21日，中国人民政治协商会议第一届全体会议召开，毛泽东在开幕词中向全世界庄严宣告：“我们的工作将写在人类的历史上，它将表明：占人类四分之一的中国人从此站立起来了”，“我们的民族将再也不是一个被人侮辱的民族了，我们已经站起来了”。①

值得注意的是，这里“站起来”的主体既有我们的民族，还有我们的人民。1840年鸦片战争以来的历史表明，民族独立与人民解放的历史任务是相伴相生的，而1949年新中国的成立，则标志着这一历史任务的完成。从此以后，中华民族摆脱了屈辱命运，中国人民翻身得

①《毛泽东文集》（第五卷），人民出版社1996年版，第343—344页。

解放，当家做了主人。

二、民族振兴与人民幸福相辅相成

新中国的成立是近代以来实现中华民族伟大复兴进程中的里程碑，意味着实现伟大梦想迈出了关键的第一步。为改变新中国一穷二白、百废待兴的面貌，实现第二个历史任务，我们党领导人民确立社会主义制度，进行中国特色社会主义建设，实行改革开放，实现了中华民族由站起来向富起来的伟大飞跃，并不断推进中华民族由富起来向强起来的迈进。新中国成立以来的历史，既是一部中华民族由独立走向振兴的历史，也是一部中国人民由解放走向幸福的历史。

中华人民共和国的建立开启了中国现代化进程的大门。在党的领导下，中国人民迅速医治战争创伤、恢复国民经济，胜利完成了对农业、工业和资本主义工商业的社会主义改造，于1956年基本确立了社会主义制度。新中国的成立以及社会主义制度的确立是实现民族振兴与人民幸福的基本前提，具体表现在：国家经济得到恢复和发展，为实现民族复兴奠定了物质基础；使社会主义事业得以在政权稳固、社会安定、国际环境相对有利的条件下进行，为实现民族复兴提供了政治保障；初步建立了社会主义的文化形态，为实现民族复兴奠定了思想基础；建立了从政治到经济、从中央到地方的一系列基本制度，为实现民族复兴奠定了制度基础；形成并开始实践独立自主的和平共处外交原则，为实现民族复兴奠定了国际基础；等等。

从1956年到1966年，中国共产党领导中国人民独立自主地探索社会主义建设道路。这10年间，毛泽东、周恩来等共产党人不断提出并完善“四个现代化”的强国梦想，明确“要在不太长的历史时期内，把我国建设成为一个具有现代农业、现代工业、现代国防和现代科学技术的社会主义强国”，并提出了“两步走”的强国战略，即第一步，建立一个独立的比较完整的工业体系和国民经济体系；第二步，全面实现农业、工业、国防和科学技术的现代化。[①]在全面推进社会主义建设的过程中，中国共产党人提出了很多富有创造性的构想，虽然这些构想有不成熟、不完善的地方，在实践中也遭遇了一些挫折，但却为改革开放后探索中国特色社会主义道路、形成中国特色社会主义理论体系、完善中国特色社会主义制度提供了宝贵经验和物质基础。

党的十一届三中全会在全面纠正“文化大革命”的“左”倾错误基础上，作出改革开放的伟大决策，标志着社会主义现代化建设进入新的历史时期，开启了探索中国特色社会主义的伟大征程。在如何实现社会主义现代化、实现强国梦想的部署上，党的十三大提出了“三步走”的战略安排，即“第一步，实现国民生产总值比一九八〇年翻一番，解决人民的温饱问题。这个任务已经基本实现。第二步，到本世纪末，使国民生产总值再增长一倍，人民生活达到小康水平。第三步，到下个世纪中叶，人均国民生产总值达到中等发达国家水平，人民生活比较富裕，基本实现现代化。”[②]“解决人民的温饱问题”—“人民生活达到小康水平”—“人民过上比较富裕的生活”的“三步走”战略安排，表明中国共产党始终是把实现强国梦想与提升人民生活水平紧密结合在一起的。

党的十八大报告将实现中国梦的主要目标表述为：“在中国共产党成立一百年时全面建成小康社会，在新中国成立一百年时建成富强民主文明和谐的社会主义现代化国家。”“两个一百年”奋斗目标是对“三步走”战略安排的继承与超越，如，把“三步走”中的第二步目标提升延伸，由“人民生活达到小康水平”上升为“全面建成小康社

---

① 《周恩来选集》（下卷），人民出版社1984年版，第439页。
② 中共中央文献研究室编：《十三大以来重要文献选编》（上），人民出版社1991年版，第16页。

会”，并把“全面建成小康社会”纳入“四个全面”的战略布局，对“全面建成小康社会”从经济建设、政治建设、文化建设、社会建设、生态文明建设等方面作了具体的目标规划；对“三步走”中的第三步目标提升细化，由“基本实现现代化”具体化为“建成富强民主文明和谐的社会主义现代化国家”，对现代化作了“富强民主文明和谐”的描述和界定。

党的十九大报告在作出“中国特色社会主义进入新时代”科学判断的基础上，对“两个一百年”奋斗目标中的第二个百年目标进一步细化，提出从2020年到21世纪中叶可以分两个阶段来安排：第一个阶段，从2020年到2035年，奋斗15年，基本实现社会主义现代化；第二个阶段，从2035年到21世纪中叶，在基本实现现代化的基础上，再奋斗15年，把我国建成富强民主文明和谐美丽的社会主义现代化强国。从“两个一百年”的奋斗目标到“两个阶段”的战略安排，从建成“富强民主文明和谐的社会主义现代化国家”到“富强民主文明和谐美丽的社会主义现代化强国”，体现了新时代中国共产党人实现伟大梦想时的务实性和前瞻性，更体现了伟大梦想的内涵与时代发展和人民期望息息相关。

2020年10月，党的十九届五中全会召开。全会高度评价决胜全面建成小康社会取得的决定性成就，并审议通过了向第二个百年奋斗目标进军的纲领性文件《中共中央关于制定国民经济和社会发展第十四个五年规划和二〇三五年远景目标的建议》。回首新中国成立到建党一百年间的历史，在中国共产党的坚强领导下，中国人民对于中华民族伟大复兴中国梦的内涵认识日趋丰富，“中华民族伟大复兴向前迈出了新的一大步，社会主义中国以更加雄伟的身姿屹立于世界东方”[①]。现

---

①《中共中央关于制定国民经济和社会发展第十四个五年规划和二〇三五年远景目标的建议》，人民出版社2020年版，第3页。

代中国的复兴之路，既是民族不断走向振兴之路，也是人民不断追求幸福之路。

三、人民追求美好生活与实现伟大梦想相得益彰

100多年的中国近现代历史表明，中华民族的伟大复兴之路，既是一条中华民族由“站起来”到“富起来”，并不断追求“强起来”的国家富强、民族振兴之路，也是一条中国人民由追求“独立生活”到追求“富裕生活”和“富强生活”的美好生活追逐之路。实现中华民族的伟大复兴梦与中国人民不断追求美好生活之间相辅相成、相得益彰。

一方面，人民的美好生活是实现伟大梦想的应有之义和必然要求。中国梦是中华民族的梦，也是每个中国人的梦，它归根到底是人民的梦，必须紧紧依靠人民来实现，必须不断为人民造福。人民是中国梦的做梦人、实践者和受益者，是中国梦的最终主体。实现伟大梦想，要求全体人民能过上富裕而有尊严的生活，享有美好的自然和社会环境；实现伟大梦想，要求全体人民同祖国和时代一起成长与进步，共同享有梦想成真、人生出彩的机会；实现伟大梦想，重在民为邦本、本固邦宁，强调每个人的权利得到保障、利益得到实现、生活得以美满。民族危难之时，正是尊重和维护人民利益，中国共产党才赢得民心，取得民族独立和人民解放；社会主义建设时期，正是紧紧依靠群众力量，中国共产党才能带领人民群众取得社会主义建设的巨大成就。总而言之，人民的美好生活是民族复兴的根本出发点和落脚点，不追求人民美好生活的民族复兴是没有希望和生命力的，中国共产党也正是在尊重和维护最广大人民根本利益基础上，才使中华民族走向独立自主并不断走向振兴强大。

另一方面，伟大梦想是创造人民美好生活的动力源泉和根本保

障。首先，伟大梦想是创造力的源泉，人民只有心怀梦想，才有建设美好生活的动力。从旧民主主义革命、新民主主义革命，到社会主义革命和建设，再到改革开放以及进入中国特色社会主义新时代，一代代中国人把个人梦想融入实现中华民族伟大复兴的中国梦之中，百折不挠、坚强不屈，用热血、生命和汗水铺就了通向美好生活的康庄大道，正是民族复兴的伟大梦想激发了人民创造美好生活的热情和不懈奋斗的动力，为新时代美好生活新篇章的书写奠定了基础。其次，伟大梦想的实现是人民创造美好生活的基础，只有国家富强、民族振兴，人民的美好生活才能有所保障。近代以来，中华民族饱受蹂躏和屈辱，中国社会各阶级阶层无不在追求民族的独立与振兴，然而农民阶级的“天国梦”、地主阶级的“自强梦”以及资产阶级的“改良梦”和“民主共和梦”都以失败而告终，在民族遭受压迫、面临危亡的背景下，人民的解放与基本生存尚成问题，何谈人民幸福与美好生活？而在中国共产党领导人民推翻“三座大山”、实现新民主主义革命胜利，并坚定不移地走上社会主义道路之后，从根本上扭转了中华民族的命运，也为人民不断追求美好生活奠定了坚实基础。历史告诉我们：没有民族的振兴与强大，人民的幸福和美好生活根本就无从谈起。

第二节
美好生活的新时代内涵

美好生活的内涵与人的需要紧密相关。一方面，人的需要具有由生理到心理、由低到高、由片面到全面的逐步提升过程，这就带来了美好生活内涵的历史性和发展性，导致不同阶段人们对“何为美好生活”会有不同的回答：饥寒的年代里，温饱是美好生活；温饱的年代里，文明是美好生活；离乱的年代里，安定是美好生活；安定的年代里，繁荣是美好生活……另一方面，人的需要具有自然、社会、精神需要以及生存、享受、发展需要等多维多向结构，这就决定了美好生活内涵的广泛性和多维性。进入新时代，“人民美好生活需要日益广泛，不仅对物质文化生活提出了更高要求，而且在民主、法治、公平、正义、安全、环境等方面的要求日益增长。”[①]新时代的美好生活，至少应具备以下几个方面的内涵要求。

① 习近平：《决胜全面建成小康社会 夺取新时代中国特色社会主义伟大胜利——在中国共产党第十九次全国代表大会上的报告》，人民出版社2017年版，第11页。

一、美好生活是物质富足的生活

“物质需求是第一位的，吃上饭是最主要的”[①]，物质富足是美好生活的首要基础。马克思曾言：“人们为了能够‘创造历史’，必须能够生活。但是为了生活，首先就需要吃喝住穿以及其他一些东西。因此第一个历史活动就是生产满足这些需要的资料，即生产物质生活本身。”[②]由此可见，物质生活是人类全部生活的基础，物质生活体现的是人与自然的关系，这既是“现实的人”存在的基本条件，也是“现实的人”生活的最基本内容，人类全部生活都在物质生活的基础上展开。

从古至今，为了从“物”的束缚中解放出来，人类开始从事各类生产活动并通过不断改进生产工具来提高生产效率。在原始社会，主要生产工具是石器、兽骨；到奴隶社会，主要生产工具是青铜器，生产力明显比原始社会时增长；到封建社会，主要生产工具是铁器；到近代资本主义社会，生产工具变成以蒸汽机为代表的大机器；而现代社会，又引入了电子化的智能信息工具，更是极大地提升了生产效率。历经石器时代、青铜器时代、铁器时代、机器大工业时代和信息化时代的发展，社会生产力不断提升，人们的物质生活不断改善，美好生活在物质维度上不断提质升级。

新中国成立初期，人们温饱问题尚未解决，食不果腹的情况时有发生，当时人们对于物质生活的期盼仅是能够吃饱穿暖，温饱是当时人们对物质层面美好生活的向往。改革开放以后，随着生活质量的提高，人们的物质生活有了更高需求，希望在解决温饱的基础上达到小

---

①《习近平谈治国理政》（第二卷），外文出版社2017年版，第315页。

②《马克思恩格斯文集》（第一卷），人民出版社2009年版，第531页。

康。小康水平是指人们物质和文化生活的基本需要得到较好满足的程度，虽然它不仅仅是指经济的发展，但其最重要的指标毫无疑问是经济指标，如：邓小平提出，“从一九八一年开始到本世纪末，花二十年的时间，翻两番，达到小康水平，就是年国民生产总值人均八百到一千美元。”[①]进入21世纪，人们对物质生活的要求更高，党的十六大提出“全面建设小康社会”的目标，要求“在优化结构和提高效益的基础上，国内生产总值到2020年力争比2000年翻两番”。

进入新时代，人们对物质生活的美好向往又往前推进了一步，由原来的“温饱”和“小康”上升为“富足”。新时代美好生活要求必须在人们物质生活的量和质两方面都得到满足。

第一，量的要求。20世纪80年代，邓小平所设想的21世纪中叶我们基本实现现代化要达到的物质财富“总量”目标是，年国民生产总值为6万亿美元，人均量达到4000美元。但由于这种量的标准具有动态发展性和国际比较性，所以新时代的物质富足标准肯定有较大提升，但“达到中等发达国家水平”这个整体标准是不变的，而在量的具体要求方面，有学者预测，“中国人均GDP相当于世界人均水平的161%—178%之间，相当于美国人均水平的51%—57%之间，可以视为达到中等发达国家水平”[②]，而中等发达国家水平就是新时代人民对于美好物质生活的向往。

第二，质的要求。物质富足生活与温饱生活不同，它是“高质量的物质富足”，更为强调质的要求。表现为：一是这种“高质量的物质富足”更加注重生活的质量，从满足吃喝住穿等基本生存需要逐步过渡到追求品质上来，人们期盼吃得更健康、穿得更个性、住得更舒

①《邓小平文选》(第三卷)，人民出版社1993年版，第224页。

② 胡鞍钢等：《2035中国：基本实现社会主义现代化》，载《中央社会主义学院学报》2017年第6期。

适、行得更便捷、用得更智能；二是这种“高质量的物质富足”是全体人民共创共享的物质富足，是全体人民的共同富足而非少数人的富足；三是这种“高质量的物质富足”是经济结构均衡，克服了发展不平衡不充分的物质富足；四是这种“高质量的物质富足”必须与高质量的政治、文化、生态环境等高度融合，是建立在高质量的政治、文化、生态环境等基础上的物质富足。

二、美好生活是政治民主的生活

政治民主是美好生活的基本保障。亚里士多德认为“人天生是一种政治动物”[①]，参与政治生活是人的本性。马克思主义认为，民主是建立在一定的社会经济基础之上的上层建筑，是人们参与政治生活的重要保证，在实践中民主无不具有特定的阶级属性，如列宁曾言：“民主是一种国家形式，一种国家形态。因此，它同任何国家一样，也是有组织有系统地对人们使用暴力，这是一方面。但另一方面，民主意味着在形式上承认公民一律平等，承认大家都有决定国家制度和管理国家的平等权利。”[②]虽然古今中外对民主的认识不尽一致，但也形成了一些基本认识，即人民通过组建、参与和运营一定的共同体机制，保持自己在自然和社会面前的主体性，从而让自己能够高质量地生活，增进人民福祉。习近平总书记更是站在实现伟大梦想的高度，深刻指出社会主义民主的实质和重要作用，“人民当家作主是社会主义民主政治的本质和核心。人民民主是社会主义的生命。没有民主就没有

①《亚里士多德全集》（第九卷），颜一、秦典华译，中国人民大学出版社1994年版，第6页。
②《列宁选集》（第三卷），人民出版社1972年版，第257页。

社会主义，就没有社会主义的现代化，就没有中华民族伟大复兴”[①]。

近代中国的历史表明，在半殖民地半封建的中国，救亡图存的各种努力失败的根本原因就是不能彻底发动和依靠人民群众，而只有彻底发动人民群众、实行人民民主才能求得民族独立和人民解放。新中国成立前期，以毛泽东为代表的中国共产党人找到了“跳出历史周期律”的民主路径，并在新中国成立后逐步建立和完善起一系列民主制度，包括人民民主专政制度（国体）、人民代表大会制度（政体）、中国共产党领导的多党合作和政治协商制度（政党制度）以及民族区域自治制度等，并以宪法的形式确立了“一切权力属于人民”，人民翻身成为国家的主人，极大地调动起人民创造美好生活的主人翁责任感，也为伟大梦想的实现注入了动力。改革开放后，邓小平强调“我们进行社会主义现代化建设，是要在经济上赶上发达的资本主义国家，在政治上创造比资本主义国家的民主更高更切实的民主”[②]，因此在推进经济体制改革的同时加强政治体制改革和政治民主建设，为社会主义现代化建设、人民创造美好生活提供了政治保证。

党的十八大以来，党中央不断深化对共产党执政规律、社会主义建设规律和人类社会发展规律的认识，在统筹推进党的领导制度体系建设、人民当家作主制度体系建设、中国特色社会主义法治体系建设、国家治理体系建设、协商民主制度体系建设中，不断强化社会主义民主政治制度化、规范化、法治化、程序化，实现新时代中国特色社会主义民主政治建设从不断丰富制度到完善制度体系的飞跃，推动新时代中国特色社会主义民主政治向更高水平、更高质量稳步发展，人民享有更加广泛、更加充分、更加真实的民主权利，幸福感不断提升。

---

① 中共中央文献研究室编：《十八大以来重要文献选编》（中），中央文献出版社2016年版，第54—55页。

②《邓小平文选》（第二卷），人民出版社1994年版，第322页。

作为新时代美好生活保障的政治民主，必须注意从以下几个方面去理解和把握：第一，新时代政治民主是具有阶级属性的民主，它是社会主义政治民主而非资本主义政治民主或其他抽象的政治民主，其本质是人民当家作主，坚持党的领导、人民当家作主、依法治国有机统一；第二，新时代政治民主是具体的、真实的、具有中国特色的政治民主，我们要“扩大人民有序政治参与，保证人民依法实行民主选举、民主协商、民主决策、民主管理、民主监督，发挥人民群众积极性、主动性、创造性，巩固和发展生动活泼、安定团结的政治局面”①，其基本特征是选举民主与协商民主、党内民主与人民民主、民族区域自治与基层群众自治等相结合；第三，新时代政治民主是更高水平、更高质量的政治民主，主要表现为民主制度体系更加健全、民主参与渠道更加畅通、民主政治生态更加良好、民主治理效能更加彰显等。

三、美好生活是文化繁荣的生活

文化繁荣是美好生活的灵魂。美好生活以“美好”为修饰限定词，要想实现其“美好”的价值旨归，必须有优秀的文化赋予其意义，必须有健康的精神与之相协调。正如习近平指出的那样，“人类社会与动物界的最大区别就是人是有精神需求的，人民对精神文化生活的需求时时刻刻都存在”②，文化需要是美好生活需要的重要组成部分。不仅如此，文化需要的增长本身就是美好生活需要提升的直接表现，当人们的物质生活需要得到基本满足之后，精神文化需要才会更

① 习近平：《高举中国特色社会主义伟大旗帜 为全面建设社会主义现代化国家而团结奋斗——在中国共产党第二十次全国代表大会上的报告》，人民出版社2022年版，第37页。

②《习近平谈治国理政》（第二卷），外文出版社2017年版，第315页。

加凸显出来，反之食不果腹、衣不蔽体的情况下，人们对于美好生活的理解往往会缺乏精神文化方面的想象。另外，人们对美好生活的理解感受和创造实现过程，都离不开文化的价值指引和精神的凝聚维系，精神文化对美好生活起着促进和提升作用。文化是国家、民族的灵魂，也是人民美好生活的灵魂，文化兴国运兴、文化强民族强、文化繁荣人民幸福，实现中华民族的伟大复兴、创造人民的美好生活，必须有文化的繁荣兴盛作为深厚支撑。

中国共产党在领导中国人民实现中国梦、追求美好生活的过程中，始终重视文化的建设和发展。新民主主义革命时期，毛泽东提出"我们共产党人，多年以来，不但为中国的政治革命和经济革命而奋斗，而且为中国的文化革命而奋斗"，"我们不但要把一个政治上受压迫、经济上受剥削的中国，变成一个政治上自由和经济上繁荣的中国，而且要把一个被旧文化统治因而愚昧落后的中国，变为一个被新文化统治因而文明先进的中国"[①]，从而建设了民族的科学的大众的新民主主义文化。新中国成立初期，在"百花齐放，百家争鸣"方针的指导下，新中国的文化事业得到繁荣发展。改革开放初期，邓小平就提出物质文明与精神文明"两手都要抓""两手都要硬"的观点，围绕着社会主义精神文明建设，中国特色社会主义文化建设进一步得到繁荣发展。

新时代以来，习近平多次指出"我们要建设的社会主义现代化强国，不仅要在物质上强，更要在精神上强"[②]，"满足人民过上美好生活的新期待，必须提供丰富的精神食粮"[③]。在这样的认识指导之下，新时代文化建设取得了辉煌的成就，"马克思主义在意识形态领域的指

① 《毛泽东选集》（第二卷），人民出版社2006年版，第663页。

② 习近平：《在纪念五四运动100周年大会上的讲话》，人民出版社2019年版，第11页。

③ 习近平：《决胜全面建成小康社会 夺取新时代中国特色社会主义伟大胜利——在中国共产党第十九次全国代表大会上的报告》，人民出版社2017年版，第43—44页。

导地位更加鲜明，中国特色社会主义和中国梦深入人心，社会主义核心价值观和中华优秀传统文化广泛弘扬，群众性精神文明创建活动扎实开展。公共文化服务水平不断提高，文艺创作持续繁荣，文化事业和文化产业蓬勃发展，互联网建设管理运用不断完善，全民健身和竞技体育全面发展。主旋律更加响亮，正能量更加强劲，文化自信得到彰显，国家文化软实力和中华文化影响力大幅提升，全党全社会思想上的团结统一更加巩固”①。但是，新时代文化领域仍存在着一些质量不高、内容匮乏、缺乏创新力的文化产品和文化活动形式，文化需求层面还存在着较为明显的城乡差距，这些都影响着人们生活的美好程度，因此我们要从满足人民美好生活新期待的高度去繁荣和发展文化，充分发挥文化对人民创造美好生活的灵魂和引领作用。

四、美好生活是社会和谐的生活

社会和谐是美好生活的必要条件。追求社会和谐，既是中国传统和谐思想的反映，也是马克思主义和谐思想的体现。中国传统文化历来主张“以和为贵”“以和为美”，“和谐”与“美好”紧密相关。中国传统和谐思想产生于战争频繁不断、王权统治崩塌的春秋时代，在礼崩乐坏、动荡不安的状况下，“大同社会”的理想社会范本诞生，集中体现了中国传统社会对和谐社会的向往。马克思主义创立之初便确立了共产主义的远大理想，这一理想的提出正是对资本主义发展过程中暴露出来的各种矛盾、对立、冲突和斗争的回应，“人与自然之间以及人与人之间的冲突问题”得到“实际意义的解决”是共产主义社会的首要表现。中国传统和谐思想和马克思主义和谐思想中所论及的和

① 习近平：《决胜全面建成小康社会 夺取新时代中国特色社会主义伟大胜利——在中国共产党第十九次全国代表大会上的报告》，人民出版社2017年版，第4—5页。

谐，都包含着人与自身、人与社会、人与自然的和谐，是个体身心和谐、社会关系和谐、生态文明和谐的辩证统一。此部分论及的社会和谐，主要是指社会关系的和谐，即社会矛盾和冲突问题得以良好解决，人与人、人与社会之间关系的和谐，而个体身心和谐、生态文明和谐问题则会在随后两部分中论及。

社会和谐是中国共产党不懈奋斗的目标。新中国成立后，我们党为促进社会和谐进行了艰辛探索，积累了正反两方面经验，取得了重要进展。党的十一届三中全会以后，我们党坚定不移地推进改革开放和现代化建设，积极推动经济发展和社会全面进步，为促进社会和谐进行了不懈努力。党的十六大以来，我们党对社会和谐的认识不断深化，明确了构建社会主义和谐社会在中国特色社会主义事业总体布局中的地位，按照“民主法治、公平正义、诚信友爱、充满活力、安定有序、人与自然和谐相处”的总要求，以解决人民群众最关心、最直接、最现实的利益问题为重点，着力发展社会事业、促进社会公平正义、建设和谐文化、完善社会管理、增强社会创造活力。进入新时代以来，针对人民日益增长的美好生活需要和不平衡不充分的发展之间的矛盾，进一步推进社会协调发展，保障社会公平正义，不断增强人民群众的获得感、幸福感和安全感，努力形成全体人民各尽其能、各得其所而又和谐相处的局面。

作为新时代美好生活必要条件的社会和谐，是动态的、多样的、人本的和谐。第一，社会和谐是持续的、动态的和谐，任何社会都是在矛盾运动中发展进步的，社会和谐不是指社会没有任何矛盾，而是指一个不断化解社会矛盾、持续增进社会和谐的过程。第二，社会和谐是“和而不同”的和谐，不是指取缔个性和多样性后整个社会的整齐划一，而是指一种各美其美、美美与共、和谐共生的良好局面。第三，社会和谐是以人为本的、惠及全体人民的和谐，即“在更高水平上实现幼有所育、学有所教、劳有所得、病有所医、老有所养、住有所居、弱有所扶，让发展成果更多更公平惠及全体人民”[①]。

五、美好生活是生态良好的生活

生态良好是美好生活的内在要求。中国传统文化中就有“天人合一”的思想，主张“天地与我并生，万物与我为一”，强调人与自然的和谐共生。马克思提出“人靠自然界生活。这就是说，自然界是人为了不致死亡而必须与之处于持续不断的交互作用过程的、人的身体。”[②]“自然界才是人自己的合乎人性的存在的基础，才是人的现实的生活要素”[③]，他认为人类是自然界长期发展的产物，人类的生存和发展离不开自然生态的给养。可以说，良好生态环境本身就构成美好生命的有机组成部分，从而是美好生活的内在要求。如果缺失了良好的生态环境，大地裸露身躯、天空布满烟雾、海河充满污水、空气弥漫恶臭、生态受损恶化，人们生活在其中难以获得真正的幸福，更谈不上实现和享受美好生活。另外，良好的生态环境更是可以惠及全体人民的公共产品，因而也是最公平的民生福祉，能够直接提升人民的获得感和幸福度。

在人类漫长的发展过程中，人与生态环境的关系大致经历了农耕文明时代人对自然的“崇拜敬畏”到工业文明时代人对自然的“征服利用”，再到生态文明时代人与自然的“和谐共生”的发展历程。关于生态环境，新中国成立以来也走过了一个“人定胜天、生态失衡—生产力飞速发展但遭遇生态红线—启动新时代生态文明建设”的曲折历程。

---

① 习近平：《在纪念马克思诞辰200周年大会上的讲话》，人民出版社2018年版，第21页。
②《马克思恩格斯文集》（第一卷），人民出版社2009年版，第161页。
③ 同上，第187页。

新中国成立初期，秉承“人定胜天”的理念，中国共产党带领人民治山治水、拓荒垦殖，在一定程度上缓解了当时粮食生产短缺、生产力水平低下的问题，但也有了生态失衡的苗头。改革开放后，工业化快速推进，城市化加速发展，生产力大大提升，物质财富快速集聚，但是诸如垃圾成灾、森林资源锐减、土地荒漠化、臭氧层破坏、淡水资源危机、能源短缺等环境和资源问题也逐步显现，可持续发展遭遇了生态红线、环境底线和资源上限的压力，人们开始日益认识到生态环境保护的重要性，对良好生态环境的需求日益增长。

实施生态文明战略，满足人民群众日益增长的良好生态环境需要正是新时代中国共产党人初心和使命的重要体现。党的十七大把生态上升到文明的高度去认识，首次提出建设“生态文明”的命题。党的十八大把生态文明建设提升到更高的战略层面，将其与经济建设、政治建设、文化建设、社会建设一起纳入“五位一体”总体布局，首次把“美丽中国”作为生态文明建设的宏伟目标。党的十九大报告更是明确指出了生态文明在实现现代化、满足人民美好生活需要方面的战略地位，强调“我们要建设的现代化是人与自然和谐共生的现代化，既要创造更多物质财富和精神财富以满足人民日益增长的美好生活需要，也要提供更多优质生态产品以满足人民日益增长的优美生态环境需要”。党的十九届五中全会通过的《中共中央关于制定国民经济和社会发展第十四个五年规划和二〇三五年远景目标的建议》进一步强调“推动绿色发展，促进人与自然和谐共生”，要求深入实施可持续发展战略，完善生态文明领域统筹协调机制，构建生态文明体系，促进经济社会发展全面绿色转型，建设人与自然和谐共生的现代化。

六、美好生活是心情舒畅的生活

心情舒畅是美好生活的主体感受。哲学史上，对“美到底是一种客观存在还是一种主观感受”有过激烈争论，按照马克思主义的观点，美首先是一种客观存在，有其客观的物质基础；美又是一种主观感受，离不开主体的情感体验与价值评价。美好生活作为“美”在生活层面的延展，同样是现实客观标准与主体主观评价的统一，既包含人们对当下较高的经济、政治、文化、民生、生态等现实生存境况的描绘，也包含人们对这一现实生活境况在情感体验和价值评价上自觉生发出的“美好”之感受。换言之，美好生活既具有客观的现实标准，如：物质富足、政治民主、文化繁荣、社会和谐、生态良好等就是美好生活的现实支撑；同时，美好生活还是人们的一种心理感受，是人们感觉“美好”的生活，即处于美好生活中的人们一定是心情舒畅、感觉美好的。

心情舒畅作为人对美好生活的主观感受，新时代的具体表现就是人民的获得感、幸福感、安全感。2015年2月，习近平总书记首提“获得感”这一概念，强调要“把改革方案的含金量充分展示出来，让人民群众有更多获得感”。党的十九大报告中提出了更高的要求，把“获得感”上升为“获得感、幸福感、安全感”，提出要“使人民获得感、幸福感、安全感更加充实、更有保障、更可持续”。获得感、幸福感、安全感是标识人对美好生活主观感受的范畴，它们以主体需求为出发点，以客观享有为基础，以主体积极体验为内容，是客观上的需求满足与主观上的积极认知之间的统一。新时代的美好生活，一定是人民获得感、幸福感、安全感不断提升，从而精神愉悦、心情舒畅的生活。

获得感、幸福感和安全感具有内在的统一性。其中，获得感强调人们的劳动付出与实际所得相比较而产生的满足感受，这种满足感不仅包括对收入、福利等待遇提高和衣、食、住、行等条件改善的切身感受，而且还包括精神文化生活质量提升的亲身体会。幸福感侧重自身需求得到满足而产生的愉悦感，这种愉悦感不仅指在自身生活和工作中享有的诸如自尊和自豪等身心愉悦的精神状态，更是指在自我追寻和实现中得到的诸如社会认同和价值共鸣等欣喜快慰的心灵体验。安全感强调不被伤害且长期稳定的生活状况能得到保证的主观感受，这种主观感受是对内外环境的认同和信任，不仅体现着对当前现状没有后顾之忧的稳定预期，更体现着对未来的良好预期。三者当中，获得感是较为简单的主观体验，它强调个人付出与获得的一致性和公平性，是幸福感和安全感获得的前提基础。安全感是较高层次的主观体验，它是对内外部关系、内外部环境感觉踏实和稳定的主观体认，是获得感和幸福感的基本条件与保障。幸福感是最高层次的满足感，它是人的生活期待与能够享受的客观条件相符合的主体满足感，由于人有多方面的生活期待，所以人的幸福感也是多向度的评判结果，具有实现的复杂性，获取幸福感是增进获得感和安全感的目的和核心。获得感、幸福感、安全感相互影响、相互渗透，共同构成新时代美好生活的主体感受维度。

总之，美好生活不是单一维度和静态维度的价值范畴，而是包含着多维价值内涵、不断生成的动态“总体性”概念。新时代的美好生活，是美好的经济生活、美好的政治生活、美好的文化生活、美好的社会生活、美好的生态生活的相互渗透，是美好的客观状况与美好的主观心理感受的有机统一。

第三节
“强不强”影响“好不好”

改革开放以来，特别是党的十八大以来，我国社会在很多方面进入世界前列，人民生活发生翻天覆地的变化。然而，我国在发展领域也面临一些突出问题，集中表现为发展的不平衡和不充分问题。与此同时，人民的美好生活需要日益广泛，人民不仅对物质文化生活提出了更高要求，而且在民主、法治、公平、正义、安全、环境等方面的要求日益增长。因此，党的十九大报告指出：“中国特色社会主义进入新时代，我国社会主要矛盾已经转化为人民日益增长的美好生活需要和不平衡不充分的发展之间的矛盾。”实现人民的美好生活，就要着力解决好发展不平衡不充分问题，大力提升发展质量和效益，在推动社会全面进步的强国之路上，以“强”带“好”，更好满足人民在经济、政治、文化、社会、生态等方面日益增长的需要。

一、解决发展不平衡有助促进美好生活实现

发展不平衡是一个长期存在的问题，主要是指发展领域诸多关联要素之间发展力量不均、速度不一致、节奏不统一，从而带来的发展

机会、过程和结果不平衡的现象。我国发展不平衡问题突出表现在城乡、区域、经济和社会、物质文明和精神文明、经济建设和国防建设等关系上。

首先是经济内部发展的不平衡，包括城乡发展不平衡、区域发展不平衡、产业发展不平衡等。其中，城乡发展不平衡是最突出的经济发展不平衡现象，具体表现为：我国城镇发展的质量、速度、规模以及支撑城镇发展的诸多条件都要远远优于农村；城镇居民的收入、消费、文化教育、医疗卫生以及其他社会公共服务的质量也要远远高于农村居民。区域发展不平衡表现为东部、中部、西部区域之间发展的不平衡以及区域内部不同省市县区发展的不平衡两个方面，前者指东部的经济发展总量以及在产业、市场、制度、技术、人才等方面均明显优于中西部地区；后者指同一区域内各部分发展不协调或失衡的现象，这不仅包括东部内、中部内、西部内各组成省份之间的不平衡，而且还表现在省域内、市区内、县域内各个组成部分之间的不平衡。产业发展不平衡是国民经济各产业部门之间以及各产业部门内部发展失衡的现象，表现为农业、工业、第三产业之间发展的不平衡，农业占比较大、工业发展缓慢、第三产业发展滞后；以及农业内部、工业内部、第三产业内部发展不平衡，如农业内部种植业占据主导而林牧渔业产值较低，工业内部轻工业与重工业之间、基础工业与高科技工业之间发展不均衡，第三产业内部交通运输、仓储等传统服务业部门和互联网、金融等新兴部门在投资、产值、就业等方面的不平衡等。

其次是经济建设与政治、文化、社会、生态建设之间发展的不平衡。我国经济发展的突出成就有目共睹，目前经济总量居世界第二位，脱贫攻坚取得重大历史性成就。相对而言，其他领域的发展还较为滞后，具体表现在：民主法治迈出重大步伐，但仍存在落实人民当家作主权利的相关制度机制还需完善、法治思维较为简单化、法治化水平不高等问题，经济与政治的发展不够平衡；文化发展的质量和水平还不高，文化建设的布局和结构不尽合理，制约文化发展的体制机制障碍尚未完全破除，我国文化产品无论是数量还是质量，都还不能很好地满足人民群众多方面、多层次、多样化的精神文化需求，物质文明与精神文明的发展不够平衡；不同地区在资源开发和环境保护程度上存在较大差异，不少地方生态环境保护意识不浓、法制不健全、生态投资不足，使得人民对新鲜空气、清洁水、良好环境质量的需要难以得到完全满足，人与自然发展仍不平衡；与经济飞速发展的状况相比，关系民生的若干内容却发展不足，人民需要更好的教育、更好的医疗、更好的社会保障、更充分的就业等方面相对短缺，经济与社会的发展不够平衡；等等。

过去在经济发展水平落后的情况下，主要任务是要跑得快，但跑过一段时间，当发展进入新常态后，就要注意调整关系，注重发展的整体效能，否则“木桶效应”就会愈加显现，影响人们对美好生活需要的实现和满足。因此，实现人民的美好生活必须要解决发展不平衡问题。

解决发展不平衡问题，最根本的就是贯彻新发展理念，尤其是其中的协调发展理念，更加强调从全局的高度筹划发展，更加注重城乡协调、区域协调、行业协调以及经济与社会其他方面之间的协调。一是实施乡村振兴战略，加速推进城乡一体化。农业农村农民问题是关系国计民生的根本性问题，必须始终坚持农业农村优先发展，按照产业兴旺、生态宜居、乡风文明、治理有效、生活富裕的总要求，建立健全城乡融合发展体制机制和政策体系，加快推进农业农村现代化；与此同时，加速城乡一体化建设，建立有利于资源要素向农村配置的激励机制，促使农村的社会事业、社会保障、基础设施、人居环境、金融服务等方面与城镇基本相同，增强农村发展活力，实现城乡共同繁荣，进一步缩小城乡差距。二是实施区域协调发展战略。加大力度支持革命老区、民族地区、边疆地区、贫困地区加快发展，强化举措推进西部大开发形成新格局，深化改革加快东北等老工业基地振兴，发挥优势推动中部地区崛起，创新引领率先实现东部地区优化发展，建立更加有效的区域协调发展新机制。三是优化产业结构布局。围绕建设现代化经济体系的目标，以供给侧结构性改革为主线，以创新为引领，培育壮大新产业，改造提升传统产业，推动产业转型升级，加快迈向中高端水平，使第一产业比重明显降低、第二产业得到加强、第三产业带动作用不断增强。四是统筹推进“五位一体”总体布局。在推动经济协调发展的基础上，坚持人民当家作主，把中国特色社会主义民主政治的优势和特点充分发挥出来，保证人民当家作主落实到国家政治生活和社会生活之中；坚持社会主义核心价值体系，坚持对传统文化进行创造性转化、创新性发展，不断发展中国特色社会主义文化；坚持在发展中保障和改善民生，在发展中补齐民生短板、促进社会公平正义，在幼有所育、学有所教、劳有所得、病有所医、老有所养、住有所居、弱有所扶上不断取得新进展；坚持人与自然和谐共生，形成节约资源和保护环境的空间格局、产业结构、生产方式、生活方式，还自然以宁静、和谐、美丽。

二、解决发展不充分有助于推进美好生活实现

发展不充分与发展不平衡紧密联系、互为表里，但两者又有所区别、各有侧重。不平衡发展多是从横向覆盖面和要素之间的协同性来分析的，而不充分发展更多是从发展质量和要素的能力发挥程度来分析的。发展不充分是指发展领域诸多要素的内在发展能量、发展潜

力、发展动力等没有得到充分有效的发挥，使得发展“欠缺火候”而出现“营养不良”的疲软现象，主要包括整个社会的发展总量不够丰富、发展程度不够高、发展态势不够稳固等。

发展不充分主要表现在以下方面：一是经济发展方式转变不够充分。经过多年改革尤其是近年来的供给侧结构性改革，我国经济增长正在从传统的靠拼土地、拼资源、拼劳动力向拼科技、拼质量、拼效益转变，但这种转变还处在起步阶段，创新驱动还未充分发挥其第一动力作用，新动能在短时间内还难以挑起经济发展的大梁，占据国民经济“半壁江山”的服务业需要向高端化迈进，对资源和能源的过度消耗也没有从根本上解决，这决定了我们转变发展方式要经历一个相当长的充分发展阶段。二是体制机制改革不够充分。全面深化改革给人民群众带来满满的获得感，但改革依然面临很多艰巨任务，比如，以产权制度和要素市场化配置为重点的经济体制仍不完善、财税改革有待进一步推进、金融机构体系有待健全、重点领域关键环节改革任务仍然艰巨等，随着改革继续挺进深水区，还有更多的“硬骨头”要啃，全面深化改革面临着更多的困难和艰险。三是依法治国推进不够充分。法治是社会公平正义的最后一道防线，目前，依法治国已有重大进展，中国特色社会主义法律体系已经形成，司法制度改革不断深化，但解决“无法可依”后，“有法不依”的问题就更加凸显出来。做到让人民群众在每一个司法案件中感受到公平正义，依法治国还需要努力。四是精神文明提升不够充分。物质文明的快速发展，更加需要与之相辅相成的精神文明高度发展，但物质文明和精神文明在很多地方还存在“一个快、一个慢”，“一条腿长、一条腿短”的问题，无法满足人们对精神世界的更高追求，精神文明发展不充分，反过来会严重制约物质文明的充分发展。五是社会事业发展不够充分。上学难、看病难、养老难，这些百姓反映强烈的突出问题尚未根本性解决，而随着人们对公平正义的要求日益增长，如何既把蛋糕做大又把蛋糕分好，是新时代我们面临的一个严峻考验。六是生态环境有待充分改善。近年来，随着整个社会环保意识增强和相关措施落地，我国生态文明建设取得积极进展，但总体建设水平仍滞后于经济社会发展，生态环境恶化趋势尚未得到根本扭转，“美丽”已成为我们建设现代化强国的重要约束性指标，反映了人民群众在新时代对美好环境的新期待。

解决发展不充分有助推进美好生活实现。经济和社会发展不充分直接影响发展的质量和效益，同时“不充分”又是“不平衡”产生的客观基础，在不科学的发展理念、不合理的体制机制驱使下，发展不平衡就会进一步加剧。因此，实现人民的美好生活必须要解决发展不充分问题。

解决发展不充分，关键是要以高质量发展为目标，破除一切制约生产力发展的障碍，释放一切社会活力与创造力，不断提高发展水平、发展能力与发展绩效。具体来说，一是进一步转变发展方式，转换增长动力。要坚持质量第一、效益优先，以供给侧结构性改革为主线，推动经济发展质量变革、效率变革、动力变革，提高全要素生产率，加快建设实体经济、科技创新、现代金融、人力资源协同发展的产业体系，加快传统产业改造升级，加快发展新兴产业，增强经济发展新动能；要注重创新驱动发展，紧紧扭住创新这个牛鼻子，强化创新体系和创新能力建设，推动科技创新和经济社会发展深度融合，塑造更多依靠创新驱动、更多发挥先发优势的引领型发展。二是进一步深化体制机制改革。通过全面深化改革，用制度创新来纠正不正确的发展理念；用体制机制来保障发展主体的权利，激发社会活力，提升社会创造力；通过营造良好的制度环境促进发展走向平衡，实现充分发展。三是遵循自然规律，进一步加强生态文明建设。树立和践行“绿水青山就是金山银山”理念，坚持节约资源和保护环境的基本国策，坚决摆脱“先污染后治理”的发展老路，统筹山水林田湖草系统治理，强化大气、水、土壤污染防治，将绿色发展嵌入到经济发展中，同时加大生态文明建设力度，建设美丽中国，在可持续发展中孕育打造经济发展的新空间新前景。四是遵循社会规律，进一步提升人民群众的获得感、幸福感、安全感。在促进经济持续健康发展过程中，坚持以人民为中心的发展思想，更加注重包容性发展，更加注重民主法治建设和社会民生建设，在更高质量、更有效率、更加公平、更可持续、更为安全的发展中，满足人民群众的美好生活需要。

特别强调的是，从人类社会矛盾的变化规律看，发展的平衡性和充分性总是相对的，而发展的不平衡和不充分则是绝对的。追求发展的平衡性绝不意味着追求发展的均等，追求发展的充分性也不是一步到位、一劳永逸的事情。我们需要根据人民日益增长的美好生活需要，动态解决发展的不平衡不充分问题，助推人们美好生活的实现。

三、国家富强、民族振兴是实现美好生活的前提

实现人民美好生活，建立在一系列主客观条件之上，它既离不开个体的主观努力和奋斗，更离不开社会创造的各种条件和国家民族的强大支撑。而解决发展的不平衡和不充分问题，正是要通过高质量发展来实现社会的全面进步，以国家民族的“强”来推动人民生活的“好”。

国家富强、民族振兴是实现美好生活的前提，这已为近代以来的中国历史所证明。鸦片战争以来，中国生产力落后、积贫积弱，清政府腐败无能，官员贪污腐败、结党营私、贿赂成风，清朝成为一个闭关锁国、愚昧落后的政府。落后就要挨打，中国的国土一块块被列强分割，中华民族饱受蹂躏和屈辱，中国社会各阶级阶层无不在追求民

族的独立与振兴，然而农民阶级的“天国梦”、地主阶级的“自强梦”以及资产阶级的“改良梦”“民主共和梦”都以失败而告终，在国家遭受压迫、民族面临危亡的背景下，广大人民生活在水深火热之中，人民的解放与基本生存尚成问题，何谈人民幸福与美好生活？而在中国共产党领导人民推翻“三座大山”、实现新民主主义革命胜利并坚定不移地走上社会主义道路之后，中国发生了翻天覆地的变化，中国成为一个独立自主的政治大国，国际地位不断提高，经济快速增长，发展成仅次于美国的世界第二大经济体，是世界上综合实力最强的发展中国家，中国人民终于享受到了幸福的滋味。

国家富强、民族振兴是实现美好生活的前提，也是新时代实现伟大梦想的必然路径。实现中华民族伟大复兴的中国梦，就是要实现国家富强、民族振兴、人民幸福。国家富强，就是要全面建成小康社会，并在此基础上建设富强民主文明和谐美丽的社会主义现代化强国；民族振兴，就是要使中华民族更加坚强有力地自立于世界民族之林，为人类作出新的更大的贡献；人民幸福，就是要坚持以人民为中心，增进人民福祉，促进人的全面发展，创造人民美好生活。中国梦把国家的追求、民族的向往、人民的期盼融为一体，体现了中华民族和中国人民的整体利益，表达了每个中华儿女的共同愿景，已成为激荡在14亿人心中的高昂旋律，成为中华民族团结奋斗的最大公约数和最大同心圆。“得其大者可以兼其小。”只有国家富强、民族振兴，人民的美好生活才能有所保障。新时代以来，我们不断解决发展的不平衡不充分问题，不断提升发展的质量和效益，不断追求高质量的发展，目的正在于实现国家由“富”到“强”的提升，从而为人民美好生活的实现奠定坚实基础。

综上所述，人民美好生活是伟大梦想的题中应有之义。实现伟大梦想是一个中华民族从站起来到富起来、再到强起来的民族复兴之路，也是一个中国人民从受奴役到得解放、再到得幸福的人民追求美好生活之路。中华民族实现伟大复兴的历史进程，必须以人民为中心、以民生为基础，必须与人民创造和实现美好生活紧密结合起来。新时代背景下，我们要全面把握美好生活的丰富内涵，深入解决不平衡不充分发展的突出问题，不断满足人民对美好生活的需要，不断实现中华民族伟大复兴的伟大梦想。

第八章 风险挑战与伟大梦想

古人说："事者，生于虑，成于务，失于傲。"伟大梦想不是等来的、盼来的和喊来的，而是拼出来、干出来的。伟大梦想每向前推进一步，都要付出巨大的努力、面对更大的压力、遭遇更大的风险挑战。党的二十大报告指出："我国发展进入战略机遇和风险挑战并存、不确定性预料因素增多的时期，各种'黑天鹅''灰犀牛'事件随时可能发生。"我们现在所处的，是一个船到中流浪更急、人到半山路更陡的时候，是一个愈进愈难、愈进愈险而又不进则退、非进不可的时候。当前是一个国际政治经济格局发生深刻变化的时期，也是世界秩序重构的关键期，世界发展前景风云变幻：全球化进程出现逆流，世界经济秩序面临重构，民粹主义冲击欧美政治，新技术革命带来生产发展模式的挑战。当然，世界发展的不确定性也在孕育着新机遇。新兴发展中国家经济崛起，政治多极化格局渐趋均衡，特别是中国在经济总量和政治影响上都举足轻重，成为全球秩序重构的关键性变量。在这样的情况下，习近平总书记提出重大论断，认为"当前，我国处于近代以来最好的发展时期，世界处于百年未有之大变局"。当今世界正经历百年未有之大变局，中国特色社会主义现代化强国建设面临一系列风险挑战，但危和机并存、危中有机、危可转机，时与势在我们一边。只有顺应历史潮流，积极应变，主动求变，才能与时代同行。

今后一个时期，我们将面对更多逆风逆水的外部环境，必须做好应对一系列新的风险挑战的准备。以习近平同志为核心的党中央，深刻把握形势发展变化，充分发挥改革突破和先导作用，将改革作为应对变局、开拓新局的重要抓手，把防风险、打基础、惠民生、利长远的各项改革有机统一起来，以制度优势应对风险挑战冲击，确保中华民族伟大复兴进程不被滞缓或阻断。

第一节

世界已进入系统性风险世界

当今世界是开放的世界，也是风险高度集中的世界。可以说世界面临着系统性风险。什么是系统性风险？如果系统性风险是不可控的，又应该如何规避？在全球系统性风险明显上升的情况下，在不确定性和不稳定性明显增强的时代背景下，需要更强大的风险预警和风险管控能力。全球系统性风险可能出现新动向，如去全球化逆流。“当今世界的力量均衡，正在发生急速的变化。”[①]2021年1月4日，美国政治风险咨询公司欧亚集团（Eurasia Group）发布了报告《2021年全球十大风险》。根据该报告，2021年全球最大的风险是美国的政治分裂，第二大风险为新冠肺炎疫情的长期影响，第三大风险为围绕气候变化的竞争，第四大风险为中美关系的持续恶化，第五到第十大的风险依次为数据保护主义的愈演愈烈、网络空间冲突的全面展开、土耳其问题、低油价对中东的影响、默克尔卸任对欧洲的冲击及拉丁美洲政治经济压力的进一步上升。实际上，除了土耳其和拉丁美洲这两个地区的风险与中国的关系相对不密切以外，其余的八个风险都和中国有密

① [英] 马丁·雅克：《当中国统治世界：中国的崛起和西方世界的衰落》，张莉、刘曲译，中信出版社2010年版，第113页。

切的关系。“中国要实现和平崛起，就必须保持战略的冷静与清醒，提升政治家做出科学战略决定的能力，顺应力量转移，推动权力转移，控制责任转移，化解风险转移。”[①]今后，“开顶风船”和“走上坡路”将成为常态。要加强对各种风险源的研判，提升应急处置能力，有效防范“黑天鹅”事件、“灰犀牛”事件冲击，防止小风险演化为大风险，防止外部风险演化为内部风险，防止金融风险演化为社会政治风险，防止个别风险演化为系统性风险，为全面建成社会主义现代化国家和实现中华民族伟大复兴创造安全稳定的环境。

一、影响世界百年未有之大变局的“变量”

“百年未有之大变局”的核心在于世界格局中的力量对比及其转移，本质在于当前国际秩序的大变革与大调整，动力在于新一轮科技革命和产业变革的突破性进展以及思想和制度的创新，其主要特征则着重表现为世界战略格局、世界经济格局、国际秩序、全球治理体系及治理规则、人类文明及交往模式等领域所发生的富有历史意义的大变化。[②]

从现实角度来看，处于“百年未有之大变局”的世界历史背景下的全人类，正在面临诸多共同挑战，迫切需要新思维、新理念来解疑破题，从而才能打破困局、走出迷局、开创新局。在21世纪，国际上各种思想文化交流交锋交融日益明显，世界各国你中有我、我中有你，人类命运日益紧密地联系在一起，没有哪一个国家能够摆脱世界历史的影响而独善其身，世界各国的前途命运从未像今天这样紧密相连，这就需要有一种新理念，来深刻地解释世界并用于有原则地改变

① 韩庆祥、张艳涛：《论力量转移》，载《哲学研究》2016年第1期。
② 罗建波：《在世界百年未有大变局中把握战略机遇期》，载《科学社会主义》2019年第3期。

世界。“随着世界多极化、经济全球化深入发展和文化多样化、社会信息化持续推进，今天的人类比以往任何时候都更有条件朝和平与发展的目标迈进，而合作共赢就是实现这一目标的现实路径。”①世界潮流，浩浩荡荡，顺之者昌，逆之者亡。在全球化时代，时代的主题是和平、发展、合作、共赢。尽管当今世界霸权主义和强权政治依然存在，但推动国际秩序朝着更加公正合理方向发展的呼声不容忽视，国际关系民主化已成为不可阻挡的时代潮流；尽管单边主义、贸易保护主义、逆全球化思潮沉渣泛起，但以“合作共赢”取代“零和博弈”，以“命运依存”取代“利益对抗”是大势所趋；尽管“文明冲突论”“文明优越论”等论调时有听闻，但文明多样性是人类进步的不竭动力，不同文明交流互鉴是各国人民的共同愿望。走出“我—你”的二元困境，走向“我们”的共同世界，才是人间正道。习近平总书记指出：“领导干部要胸怀两个大局，一个是中华民族伟大复兴的战略全局，一个是世界百年未有之大变局，这是我们谋划工作的基本出发点。”②“国内大局与国际大局相互交织、相互影响。中华民族伟大复兴是世界百年未有之大变局的题中应有之义，甚至是关键变量。”③准确识变、科学应变、主动求变，善于在危机中育先机、于变局中开新局，抓住战略机遇，在大变局中实现从大到强，实现中华民族伟大复兴。

二、世界正进行大发展大调整大变革

世界正处于大发展大变革大调整时期，和平与发展仍然是时代主

①《习近平谈治国理政》（第一卷），外文出版社2018年版，第274页。

②《习近平谈治国理政》（第三卷），外文出版社2020年版，第77页。

③ 赵磊：《从世界百年未有之大变局看中国实现现代化强国的进程》，载《中国党政干部论坛》2021年第1期。

题。党的十九大报告指出："世界正处于大发展大变革大调整时期"，"贫富分化日益严重，地区热点问题此起彼伏，恐怖主义、网络安全、重大传染性疾病、气候变化等非传统安全威胁持续蔓延，人类面临许多共同挑战"。没有哪个国家能够独自应对人类面临的风险挑战，也没有哪个国家能够独善其身，旧的不合理的世界秩序正在解构，新的世界秩序正在建构，人类呼唤共商共建共享的全球治理观。随着世界多极化、经济全球化、文化多样化和社会信息化的程度不断加深，不可否认的一个基本事实是今天全人类已进入命运与共的时代，这也正是马克思恩格斯所揭示的"民族历史"向"世界历史"转变的当代表达和集中展现。与之相应，人们的生产方式、生活方式、生存方式、思维方式正在发生深刻变革。人类命运共同体理念是贯穿于"治理的中国方案""信任的中国方案""和平的中国方案"和"发展的中国方案"之中的轴心原则。"人类命运共同体是其他具象的中国方案的精髓和灵魂，是中国贡献于世界的总方案。"[①]当今世界正处于大发展大变革大调整时期，我们要具备战略眼光，树立全球视野，既要有风险忧患意识，又要有历史机遇意识，努力在这场百年未有之大变局中把握航向。"人类"不是在对应动物的语境中使用的，而是在"自我"与"他者"、"我"与"你"、"我"与"我们"的意义上使用的。如果人真正是一种"类存在物"，那么就要现实地思考：人类作为一个群体何以可能？"为了塑造一个反映我们共同目标和价值观的美好未来，共识至关重要。"[②]当今时代主题已不是战争与革命，而是转换成和平、发展、合作、共赢。为此，以"合作共赢"取代"零和博弈"，以"命运依存"取代"利益对抗"成为时代的新趋向。然而，树欲静而风不

① 何毅亭：《习近平新时代中国特色社会主义思想是21世纪马克思主义》，载《学习时报》2020年6月15日。

② ［德］施瓦布：《第四次工业革命》，李菁译，中信出版社2016年版，前言第5页。

止。当前，世界经济复苏乏力，南北差距、贫富差距远未消失，贸易保护主义抬头、逆全球化、去全球化浪潮涌动，如何推进开放、包容、普惠、平衡、共赢的经济全球化成为现实挑战。

三、世界进入动荡变革期

当今世界正经历百年未有之大变局，世界进入动荡变革期。当前，新冠肺炎疫情全球大流行使这个大变局加速变化，保护主义、单边主义上升，世界经济低迷，全球产业链供应链因非经济因素而面临冲击，国际经济、科技、文化、安全、政治等格局都在发生深刻调整，人类社会面临的传统安全和非传统安全威胁层出不穷，国际形势不稳定性不确定性明显上升，我们必须深刻认识新冠肺炎疫情对百年未有之大变局的影响。新冠肺炎疫情具备超级转换器的功能，即它是能够触发系统突变的一种媒介，其产生的影响具有颠覆性、联动性、突发性，对此我们必须有深刻认识。在经济社会领域专家座谈会、深圳经济特区建立40周年庆祝大会上，习近平总书记深刻指出，“世界进入动荡变革期”。这是继提出“百年未有之大变局”后，习近平总书记对世界局势的一个新提法。当前，在实现“十四五”规划和2035年远景目标的时期，我们面临日趋复杂的国际形势。在全球范围内，在不同社会制度、不同道路、不同发展阶段和不同利益诉求的各个地区各个国家之间，经历多边和单边、开放和封闭、合作和对抗的重大考验。面对世界动荡变革期，要主动拥抱变化挑战，推动构建人类命运共同体深入发展。

“变”是当今世界最显著的特征。如何在变局中开新局，不仅是中国需要回答的问题，也是全世界的共同关切。在新一轮科技革命的推动下，全球化进程不断拓展且复杂程度日益加深。人类越来越成为一个紧密联系的命运共同体。同时，各国在政治、经济、文化、社会、生态等领域的博弈日渐剧烈，世界不稳定不确定性更加突出，人类文明进程面临诸多新困难新挑战，“人类向何处去”成为重大现实问题。党的十八大以来，中国共产党直面“世界百年未有之大变局”，立足“中国特色社会主义进入新时代”，稳步推进“中华民族伟大复兴的战略全局”，倡导不同民族国家及其人民应当要打破制度、阶级、文化、种族等隔阂，携手构建人类命运共同体。习近平人类命运共同体理念的提出，为人类文明进步贡献了“中国智慧”，为破解人类“四大赤字”提供了“中国方案”，既呼应了世界的主题与大势，也彰显了大国的责任与担当。中国提出构建人类命运共同体的主张，体现了不同社会制度、不同意识形态、不同历史文明、不同发展水平的国家求同存异、包容发展的新的全球观。在经济全球化深入发展的今天，弱肉强食、赢者通吃是一条越走越窄的死胡同，包容普惠、互利共赢才是越走越宽的人间正道。各国应该超越差异和分歧，发挥各自优势，推动包容发展，携手应对全人类共同面临的风险和挑战。究竟是什么导致冲突？有人认为，是利益、资源。经济学有一个基本假设：资源的稀缺必然改变利益格局、导致冲突。实际上是资源的稀缺导致冲突，而不是资源导致冲突。“冲突”一词的英文拼写是“rivalry”，这个单词的词根“riv-”来源于拉丁语名词“rivus（河流）”，原意为“人们共用一条河流”导致冲突。

四、世界面临不稳定不确定性

当今世界的变局百年未有，不稳定性和不确定性明显增强。变革会催生新的机遇，但变革过程往往充满着风险挑战，人类又一次站在了“十字路口”。合作还是对抗？开放还是封闭？互利共赢还是零和博弈？如何回答这些问题，关乎各国利益，关乎人类前途命运。我们要“站在历史正确的一边”。所谓“站在历史正确的一边”，就是与历史真相站在一起，与历史发展的客观必然性站在一起。“当今世界正在经历新一轮大发展大变革大调整，各国经济社会发展联系日益密切，全球治理体系和国际秩序变革加速推进。同时，世界经济深刻调整，保护主义、单边主义抬头，经济全球化遭遇波折，多边主义和自由贸易体制受到冲击，不稳定不确定因素依然很多，风险挑战加剧。这就需要我们从纷繁复杂的局势中把握规律、认清大势，坚定开放合作信心，共同应对风险挑战。”①当前，国际疫情持续蔓延，世界经济下行风险加剧，不稳定不确定因素显著增强。我们正在见证历史，我们也正在创造历史。世界希望中国发挥更大的作用，中国希望为世界作出更大贡献。面对严峻复杂的国内外形势，我们要坚持底线思维，做好较长时间应对外部环境变化的思想准备和工作准备。只有坚持底线思维，凡事从坏处准备，努力争取最好的结果，才能有备无患、遇事不慌，才能牢牢把握主动权。

当今世界正处于百年未有之大变局，文明差异不应成为世界冲突的根源，而应成为人类文明进步的动力。有些国家妄图对人类未来应该往哪走、人类应该怎样生活指手画脚，并提出了相应条件要求其他国家接受和遵守，这实际上不是在积极推进全球化而是在逆全球化，不是在引导世界走向多极化而是在引导世界走向单极化。西方需要超越霸权主义、强权政治与零和博弈的狭隘视角，才能真正认识变化中的世界与发展中的中国。

---

①《习近平谈治国理政》（第三卷），外文出版社2020年版，第200页。

五、人类面临的是系统性风险世界

人类遭遇“四大赤字”：和平赤字、发展赤字、治理赤字、信任赤字，挑战切切实实摆在世人面前。当前，“世界百年未有之大变局”正在加速演进，“中华民族伟大复兴的战略全局”进入关键期，同时，人类面临的治理赤字、信任赤字、和平赤字、发展赤字也日趋严峻，世界新旧动能转换加速，世界不稳定性和不确定性明显增强。

越是接近民族复兴，就越不会一帆风顺，就越充满风险挑战乃至惊涛骇浪。实现中华民族伟大复兴一定要有战略定力。岁寒而知松柏之后凋。其实，任何力量也阻止不了伟大复兴。无论遭遇多少艰难险阻也要有力克服，也要实现中华民族伟大复兴，这就是我们中国共产党人的战略定力。当然我们也必须充分估计民族复兴历史进程中的困难、风险和不确定性，成熟的中国面对挑战要有足够的定力。中国是一个久经苦难且坚忍不拔的民族，我们爱好和平，珍惜200年来好不容易才获得的发展机遇。40年来的发展，也让中国不再是一个弱国，我们完全有理由保持充分的自信与足够的定力，来迎接未来的挑战。新时代，中国共产党胸怀“中华民族伟大复兴战略全局”和“世界百年未有之大变局”的高度自觉，牢牢掌握当代中国发展的历史主动性，坚持“人民伟大论”“人民至上论”“人民幸福论”，既为人民幸福不懈奋斗，也依靠人民创造历史伟业，开辟强党之路、强国之路、复兴之路。中国是一个大国，决不能在根本问题上出现颠覆性错误，一旦出现就无法挽回、无法弥补。实现中华民族伟大复兴的千秋伟业，必须着力防范化解可能迟滞或阻碍伟大复兴进程的重大风险。既要警惕“黑天鹅”事件，也要防范“灰犀牛”事件；既要有防范风险的先手，也要有应对和化解风险挑战的高招；既要打好防范和抵御风险的有准备之战，也要打好化险为夷、转危为机的战略主动战。在全面深化改革的新阶段，习近平总书记指出：“改什么、怎么改必须以是否符合完善和发展中国特色社会主义制度、推进国家治理体系和治理能力现代化的总目标为根本尺度，该改的、能改的我们坚决改，不该改的、不能改的坚决不改。”[①]要有对治党治国治军的定力，对内政外交国防的定力、对改革开放稳定的定力。我们坚定中国道路自信、理论自信、制度自信、文化自信，说到底是战略定力问题。用“制度之制”推动“中国之治”，以“中国之治”造福中国人民和世界人民。随着中国逐渐走近世界舞台的中央，今日之中国不仅是“中国之中国”，而且是“亚洲之中国”，“世界之中国”。

① 《习近平谈治国理政》（第三卷），外文出版社2020年版，第184页。

第二节

中国正进入风险社会

毫无疑问，现代社会是“风险社会”。人类进入风险社会，这一点是不可以选择的，是现代化发展的必然产物，是不以人类的情感态度为转移的，不以人类意志为转移的。现代风险理论认为“风险”是现代性所固有的。由此，风险评估和风险管理便应运而生。在风险研究中，西方学界关注的较为具体，特别是一些著名的社会学家，从社会学的视角来关注风险，像贝克、吉登斯、罗曼都对风险概念作过有益的探究，深化与扩展了风险的概念。乌尔里希·贝克最早将风险定位于现代性的范畴之内，他认为在对现代性进行反思与研究的过程中，风险是作为核心概念而存在的。贝克所说的风险是指那些业已存在、面向未来的种种有危害性的不确定因素。风险既是可能性，也是现实性；既是本土的，也是全球的。[①]在对风险概念的深刻研究基础上，贝克首次提出了风险社会的概念。中国作为最大的发展中国家，改革开放以来社会发生了巨大变迁，但整体而言，中国还是处于社会主义初级阶段，物质财富并未达到极大丰富，人民的生活水平与西方发达国

① 刘岩：《风险社会理论新探》，中国社会科学出版社2008年版，第2页。

家相比还有一些差距，工业发展相对落后。科学技术的发展及全球化浪潮的推进，将中国卷入世界市场，中国就生存在传统与现代的夹缝中，面对这种尴尬的局面，中国社会也就呈现双重性，即既有自身的独特性也受到全球化的影响。在这样的现实面前，中国的现代化过程充满着更多的不确定性，更多的风险。风险社会的最大特点便是对于未来的“不确定性”以及“不可预测性”无法有效控制。“焦虑之所以发生，首先是由于未来的不确定性或未知性。”[①]现代性并没有将人类引向一种更安全更幸福的生活境遇，相反，它让我们持续暴露在“风险”之下，我们正在经历着“风险”产生的巨大后果。概括起来，现代人正处于四大“风险景象”之中：人造的自然灾难、科技造成的安全隐患、虚拟资本带来的财富冲击和金融体系的高风险效应。在高风险的现代社会，人的安全和存在焦虑成为一个困扰现代人的现实问题。实际上，生活在高度现代化的世界里，便是生活在一种机遇与风险并存的世界之中。政治学家亨廷顿关于现代化引起不稳定、现代化伴随风险的观点，得到许多国家经济社会发展实践的验证。他认为，在现代化起飞阶段，尤其是中期阶段，即相对解决物质财富积累之后民众诉求、民众参与日益觉醒阶段，是社会结构错动、社会问题增多、社会诉求增强、社会秩序失范、社会风险易发时期。风险可以成为社会创新发展的动力源泉，但也意味着不确定性和危险性。这会对社会公共安全形成挑战。总之，现代社会既是一个充满希望的社会，也是一个充满风险的社会。由此，贝克认为，“当代人正生活在文明的火山口上”。

“当前，世界百年未有之大变局加速演进，新一轮科技革命和产业变革深入发展，国际力量对比深刻调整，我国发展面临新的战略机

① ［德］乌尔里希·贝克：《风险社会》，何博闻译，译林出版社2004年版，第6页。

遇。”[1]在大变局和新时代，坚决打好防范化解重大风险是“三大攻坚战”之一。在当前，经济风险源即失业，政治风险源即腐败，文化风险源即认同危机，社会风险源即公平正义有所缺失，体制机制风险源即民众诉求得不到通畅表达，等等，对我国社会秩序、社会安全和公共安全带来了严重影响，造成了一定的安全困境。为此，要增强驾驭风险的本领，健全各方面风险防控机制，善于处理各种复杂矛盾，勇于战胜前进道路上的各种艰难险阻。要“健全国家安全体系，加强国家安全法治保障，提高防范和抵御安全风险能力”[2]，应对各种风险和挑战需要不断披荆斩棘。

一、人类正经历四大趋势性改变

趋势一：以美国为核心的单极体系式微；趋势二：“第三波民主化”退潮；趋势三：资本主义全球化陷入困境；趋势四：以西方为中心的世界日益没落。风险社会是一个越来越关注未来的社会，这就暗示着，处于风险社会中的人，必然要对现代性进行反思。增强忧患意识，防范化解风险挑战。坚持底线思维，着力防范化解重大风险。“实现伟大梦想，必须进行伟大斗争。社会是在矛盾运动中前进的，有矛盾就会有斗争。我们党要团结带领人民有效应对重大挑战、抵御重大风险、克服重大阻力、解决重大矛盾，必须进行具有许多新的历史特点的伟大斗争，任何贪图享受、消极懈怠、回避矛盾的思想和行为都是错误的。”[3]

① 习近平：《高举中国特色社会主义伟大旗帜 为全面建设社会主义现代化国家而团结奋斗——在中国共产党第二十次全国代表大会上的报告》，人民出版社2022年版，第26页。

② 习近平：《决胜全面建成小康社会 夺取新时代中国特色社会主义伟大胜利——在中国共产党第十九次全国代表大会上的报告》，人民出版社2017年版，第49页。

③ 同上，第15页。

二、中国发展新的历史方位与现实任务

实干铸就梦想，奋进赢得未来。中国社会发展的方式和任务取决于其所处的阶段。从社会发展方式和阶段性特征视角看，改革开放之初是“动员参与期”，其任务主要是动员参与，各尽其能，使社会活力迸发出来；继之而来的是“利益分化期”，其任务主要是各谋其利，造成社会差距拉大；再后来是“表达诉求期”，其任务主要是各言其言，尊重各阶层社会成员的正当利益诉求并使各种诉求通过合适的渠道表达出来；新时期是“整合凝聚期”，其任务主要是各得其所，协调各种力量和各方面的利益关系，寻求最大公约数，整合凝聚中国力量，积极保障和改善民生。历史地看，我国改革开放40多年取得了西方资本主义国家几百年工业化和城市化的发展成果，与此相应，西方国家几百年发展过程中所遭遇的社会矛盾和发展困境也集中地以“时空压缩”的形式在我国40多年的改革进程中涌现出来。以往中国发展遗留下的问题与继续全面深化改革所要解决的矛盾冲突相互交织，更凸显了当下维稳的重要性与难度。邓正来在为《转型中国的社会正义问题》一书所写的序言《中国语境中的社会正义问题》一文中指出，“自改革开放以来，特别是自20世纪90年代初确立了社会主义市场经济的经济改革目标以来，以贫富分化为主要表征的社会正义问题已成为当代中国最为突出的社会问题之一”，然而一些论者“从经济视角出发，将当下中国的社会正义问题归结为再分配问题，并以此作为理解和破解中国社会正义问题的主要突破口”。[①]显然，这种经济主义、物质主义的理解无疑是片面且狭隘的。原因在于它既没有看到社会正义的非

① 邓正来、郝雨凡主编：《转型中国的社会正义问题》，广西师范大学出版社2013年版，序言第1页。

经济维度，也无法从根本上有效破解中国社会公平正义问题。当然，竞争可以是建设性的，也可能是破坏性的。其实，市场竞争只是手段而非目的，如果任由市场力量发展，必然会导致垄断的产生，从而造成社会不公不义，因此政府力量某种程度的介入，实属必要。正如亚当·斯密在《道德情操论》中所指出的："如果一个社会的经济发展成果不能真正分流到大众手中，那么它在道义上将是不得人心的，而且是有风险的，因为它注定要威胁社会稳定。"《道德情操论》之所以给西方世界带来深远影响，原因就在于它触及更为宏大的社会主题：公平与正义。改革发展稳定是中国发展的"牛鼻子"，这一问题如果抓得住、抓得好，我国就将一步步迈向"富强民主文明和谐美丽"的现代国家行列，中国社会也会进入"自由平等公正法治"的现代社会。在当前全面深化改革大背景下，妥善处理各种矛盾的关键就在于正确处理好改革发展稳定三者的关系。当前，在经济新常态的格局中，只有紧紧抓住创新这个发展第一动力，才能化解"三期叠加"风险、破解产能过剩难题，实现经济结构转型升级，跟上世界科技革命步伐。提升抗风险力。如果公平正义问题不抓紧解决，就满足不了人民群众的新期待，就会成为风险的根源，甚至会动摇党的执政基础。由此，如习近平总书记所说的那样，要从维护最广大人民根本利益、最大限度增加和谐因素和增强社会发展活力出发，以促进公平正义为尺度，创新制度保障体系，营造公平环境。加快形成以国内大循环为主体、国内国际双循环相互促进的新发展格局，是党中央应对国内外形势变化作出的一项重要战略部署，是事关全局的一场深层次变革。双循环不是短期调整，重点不是内与外，而是如何循环起来，包括让要素市场循环起来，让服务循环起来。一个国家的综合国力提升，既需要提升硬实力，同时也需要提升软实力。如果说硬实力是确保国家强大的，那么软实力则是确保国家伟大的。中华民族不仅追求强大，更追求伟大。2019年5月，在江西考察期间，习近平总书记又强调："领导干部要胸怀两个大局，一个是中华民族伟大复兴的战略全局，一个是世界百年未有之大变局，这是我们谋划工作的基本出发点。"[①]

三、我国发展起来以后的风险挑战越来越多

中国作为一个发展中社会主义大国，如何既解决好发展进程中面临的风险挑战等安全共性问题，又处理好自身面临的特色安全问题，是头等大事。如果坚持用全面、辩证、长远的眼光看待当前的困难、风险、挑战，就不难发现，其实任何事物都有其两面，发展和代价、成就和问题、机遇和挑战如影随形。彩虹和风雨共生，机遇和挑战并存，这是亘古不变的辩证法则。我们党建党100年、新中国成立70多年、改革开放40多年的历史，从来都不是一帆风顺的。新的征程上，会有新的发展机遇，也会有新的风险挑战。当今世界正面临百年未有之大变局，我国发展仍处于重要战略机遇期，同时各种可以预料和难以预料的风险挑战增多。中国发展仍然处于重要战略机遇期，但机遇和挑战都有新的发展变化。整体来看，经过新中国成立以来尤其是改革开放以来40多年的快速发展，我国已经全面建成小康社会。因此，我国现阶段整体上已处于"发展起来以后"的阶段。这意味着中国已经进入了邓小平所说的"发展起来以后"时期。"发展起来以后"，我国社会进入了以力量转移、利益博弈、思想多元为推动的"整体转型升级"。当前，中国正处在"整体转型升级"新的历史起点上：在价值理念上，由过去一些地方在具体实践中以物为本走向现在基于共建共治共享的以人民为中心；在奋斗目标上，由实现"三步走"战略走向

① 《习近平谈治国理政》（第三卷），外文出版社2020年版，第77页。

实现“两个一百年”奋斗目标和实现中华民族伟大复兴的中国梦；在生产力上，由“要素驱动、投资规模驱动”走向更加注重“创新驱动”；在生产关系上，由“让一部分人先富起来”走向更加注重“共同富裕”和“使全体人民共享发展成果”；在国家权力运作方式上，由“国家主导”体制走向在中国共产党领导下更加注重“推进国家治理体系和治理能力现代化”；在意识形态上，由注重打破“思想僵化”走向更加注重解决“思想分化”；在社会发展水平上，由注重重点突破非均衡发展走向更加注重全面协调可持续发展；在对外开放和国际战略上，由“回应挑战”走向更加注重“积极作为、合作共赢、提升国际话语权”；在国际地位上，由“大国”走向“强国”；在治国理政方略上，由相对“摸着石头过河”走向也注重顶层设计的“四个全面”战略布局和“五位一体”总体布局。中国所实现的整体转型升级及其历史性飞跃，意味着社会主义在中国焕发着强大生机活力并不断开辟发展新境界，意味着中国特色社会主义拓展了发展中国家走向现代化的路径，为解决人类问题贡献了中国智慧、提供了中国方案。

当代中国发展不是“自然发展”和“自发发展”，而是在中国共产党领导下有规划的“自觉发展”过程。自从2010年我国成为世界第二大经济体尤其是中国特色社会主义进入新时代之后，我国总体上步入了“发展起来”时期，中国处在由“大国”迈向“强国”的关键时期。以前我们要解决“有没有”的问题，现在要解决“好不好”的问题。我们解决了许多长期想解决而没有解决的难题、办成了许多过去想办而没有办成的大事，当代中国共产党人正在团结带领全国人民努力接续完成实现现代化和民族复兴的时代课题，此时必须把中国共产党建设成坚强有力的强大政党，确保党在世界形势深刻变化的历史进程中始终走在时代前列，在应对国内外各种风险和考验的历史进程中始终成为全国人民的主心骨，在坚持和发展中国特色社会主义的历史进程中始终成为坚强有力的领导核心。如果说提高政党治理和防范风险的能力主要是解决本领高强问题，那么应对“四大挑战”，克服“四种危险”，主要解决的是精神状态问题。保持定力，增强信心，集中精力办好自己的事情，是我们应对各种风险挑战的关键。

四、中央对应对风险挑战具有高度的认识自觉和实践自觉

“行百里半九十”，越是接近奋斗目标，前进阻力和风险压力就越大。增强忧患意识、防范风险挑战要一以贯之。“当前和今后一个时期，是我国发展面临的各方面风险不断积累甚至集中显露的时期。我国面临的重大风险既有国内经济、政治、意识形态、社会风险以及来自自然界的风险，也有来自国际经济、政治、战略、主权、军事等方面的风险。而且，这些风险往往不是孤立出现的，很可能是相互交织并形成一个风险综合体。”[①]如果发生重大风险又扛不住，民族复兴的进程就可能被迫中断。习近平总书记指出，我们的事业越前进、越发展，新情况新问题就会越多，面临的风险和挑战就会越多，面临的不可预料的事情就会越多。我们必须增强忧患意识，做到居安思危，沉着应对各种风险挑战。凡事要把困难估计得更充分，把预案做得更周密，注重“托底”“守底”“保底”，力争不出现重大风险，至少在出现重大风险之时扛得住、过得去、打得赢。历史的不确定，格局的复杂多变，风险的加大，危险的存在，挑战的严峻，要求我们必须具有高

① 中共中央党校（国家行政学院）：《习近平新时代中国特色社会主义思想基本问题》，人民出版社、中共中央党校出版社2020年版，第162页。

超的智慧。“当前，我国正处于一个大有可为的历史机遇期，发展形势总的是好的，但前进道路不可能一帆风顺，越是取得成绩的时候，越是要有如履薄冰的谨慎，越是要有居安思危的忧患，绝不能犯战略性、颠覆性错误。面对波谲云诡的国际形势、复杂敏感的周边环境、艰巨繁重的改革发展稳定任务，我们既要有防范风险的先手，也要有应对和化解风险挑战的高招；既要打好防范和抵御风险的有准备之战，也要打好化险为夷、转危为机的战略主动战。”[①]

中国共产党在内忧外患中诞生，在磨难挫折中成长，在战胜风险挑战中壮大，始终有着强烈的忧患意识、风险意识。党的十八大以来，习近平总书记多次强调要坚持底线思维，告诫全党时刻牢记“安而不忘危，存而不忘亡，治而不忘乱”。新形势下，我国面临复杂多变的发展和安全环境，各种可以预见和难以预见的风险因素明显增多，如果得不到及时有效控制也有可能演变为政治风险。全党同志特别是各级领导干部必须增强风险意识，提高防范政治风险能力。“高度重视并及时阻断不同领域风险的转化通道，避免各领域风险产生交叉感染，防止非公共性风险扩大为公共性风险、非政治性风险蔓延为政治风险。”[②]

中国的改革都是解决难题的，没有担当精神是不行的。我们不能向后退缩，退是没有出路的。有效的办法，就是邓小平同志所强调的，胆子要大，步子要稳。具体而言，就是要敢于承担风险，但要减少风险；应允许实验，但要选择好时机和方式；应允许失败，但要减少失败；不怕出现问题，但发现问题赶快解决；不怕犯错误，但要及时总结经验，稳步前进；应敢试敢闯敢于创新，但在处理具体事情上要谨慎小心；应预见可能出现的代价和风险，但应及早积极采取相应

① 习近平：《习近平谈治国理政》（第三卷），外文出版社2020年版，第73页。
② 同上，第97页。

对策；应稳妥，但不能把稳妥变成停滞不前。改革开放每一步都不是轻而易举的，未来必定会面临这样那样的风险挑战，甚至会遇到难以想象的惊涛骇浪。当今世界正经历百年未有之大变局，我国正处于实现中华民族伟大复兴关键时期。顺应时代潮流，适应我国社会主要矛盾变化，统揽伟大斗争、伟大工程、伟大事业、伟大梦想，不断满足人民对美好生活新期待，战胜前进道路上的各种风险挑战，必须在坚持和完善中国特色社会主义制度、推进国家治理体系和治理能力现代化上下更大功夫。

要牢记“船到中流浪更急、人到半山路更陡”。当前，改革发展稳定任务之重、矛盾风险挑战之多、治国理政考验之大都是前所未有的。我们要赢得优势、赢得主动、赢得未来，必须不断提高运用马克思主义分析和解决实际问题的能力，不断提高运用科学理论指导我们应对重大挑战、抵御重大风险、克服重大阻力、化解重大矛盾、解决重大问题的能力，以更宽广的视野、更长远的眼光来思考把握未来发展面临的一系列重大问题，不断坚定马克思主义信仰和共产主义理想。党的十八大以来，我们党从历史经验和现实需要的高度，反复强调，改革开放是党和人民事业大踏步赶上时代的重要法宝，也是决定实现“两个一百年”奋斗目标、实现中华民族伟大复兴的关键一招。习近平总书记指出：面对未来，只有通过改革开放，才能真正破解发展面临的各种难题，化解来自各方面的风险和挑战，更好发挥中国特色社会主义制度优势，推动经济社会持续健康发展；只有抓紧推进全面改革，才能实现伟大梦想。“伟大斗争，伟大工程，伟大事业，伟大梦想，紧密联系、相互贯通、相互作用，其中起决定性作用的是党的建设新的伟大工程。推进伟大工程，要结合伟大斗争、伟大事业、伟大梦想的实践来进行，确保党在世界形势深刻变化的历史进程中始终走在时代前列，在应对国内外各种风险和考验的历史进程中始终成为全国人民的主心骨，在坚持和发展中国特色社会主义的历史进程中始终成为坚强领导核心。”[①]

① 习近平：《决胜全面建成小康社会 夺取新时代中国特色社会主义伟大胜利——在中国共产党第十九次全国代表大会上的报告》，人民出版社2017年版，第17页。

第三节

风险世界和风险社会境遇下的伟大梦想

中国人民是具有伟大梦想精神的人民。实现伟大梦想是一个历史过程，不可能一蹴而就，也不可能一帆风顺，需要付出长期艰苦的努力。中国的和平崛起，是以中国特色社会主义全面现代化为根本动力的中华民族文明的伟大复兴，而绝非那种近代世界史框架内的新霸主取代旧霸主。为此，我们要提高政治判断力、政治领悟力、政治执行力，主动识变求变应变，强化全局视野和系统思维。

一、我国社会主要矛盾变化带来的新特征新要求

中国经济转型期的社会和政治稳定应管控风险，努力寻求最大公约数，增进最大共识度，形成最大凝聚力。营造共担改革风险、共创改革成就、共享改革成果的体制机制，最终实现国家长治久安的制度保障。创新社会治理，应着眼于维护最广大人民根本利益，最大限度地增加和谐因素，增强社会发展活力，提高社会治理水平，维护国家安全。当今世界正经历百年未有之大变局，国际形势复杂多变，改革发展稳定、内政外交国防、治党治国治军各方面任务之繁重前所未

有，我们面临的风险挑战之严峻前所未有。这些风险挑战，有的来自国内，有的来自国际，有的来自经济社会领域，有的来自自然界。“我们要打赢防范化解重大风险攻坚战，必须坚持和完善中国特色社会主义制度、推进国家治理体系和治理能力现代化，运用制度威力应对风险挑战的冲击。”①

二、错综复杂国际环境带来的新矛盾新挑战

在国际上，世界力量正在发生转移，大国关系出现重大调整，发展中国家群体性崛起，局部地区发生动荡混乱。在国内，社会阶层、利益主体、思想观念出现分化，利益固化格局严重存在，政府公信力、民众创造力、社会凝聚力有待提高，社会发展动力、社会创新活力不足，社会和谐稳定因素不够，各种社会矛盾、问题、困难、风险、挑战交织在一起。在这种执政境遇中，既要“对外”妥善处理国际关系以应对复杂局面，还要“对内”经受“四大考验”、应对“四大危险”，实现中国梦，实现“第二个百年目标”。因而从总体上说，如今既是我们党执政以来取得最大历史成就的时期，也是面临难题最集中的时期。2013年12月3日，习近平总书记在中央政治局第十一次集体学习时讲话时曾指出：“面对着十分复杂的国内外环境，肩负着繁重的执政使命，如果缺乏理论思维的有力支撑，是难以战胜各种风险和困难的，也是难以不断前进的。”②习近平总书记的这一讲话对于我们认识错综复杂国际环境带来的新矛盾新挑战具有重要指导意义。当前，中国发展存在的风险或问题，主要是“不平衡、不协调、不可持

① 《习近平谈治国理政》（第三卷），外文出版社2020年版，第113页。
② 中共中央文献研究室编：《习近平关于全面建成小康社会论述摘编》，中央文献出版社2016年版，第192页。

续”的结构性的问题，而结构性问题必须通过结构改革来解决。中国结构改革具有两个层面的内容：“一是权力结构；二是经济结构、政治结构、文化结构和社会结构”[①]。当前改革开放已进入“深水区”和“攻坚期”，利益关系重新调整必然触及深层结构。今后一段时间中国应该将重点放在结构改革，不失时机地推进结构改革，为中国健康发展奠定基础。中国发展不进行结构转型，不可能有可持续发展的能力；中国经济发展不建立在内生增长上，不可能具有抗风险能力；中国发展不主要靠自主创新，不可能获得国际竞争力，成为世界性强国。

三、奋力实现伟大梦想带来的新机遇新战略

“两个一百年”奋斗目标，既是中国人民对美好生活向往的集中体现，也是当代中国共产党人最重要最现实的使命担当。越是接近目标，越需要全党同志增强信心、勠力同心，保持忧患意识、增强斗争精神，沉着应对各种风险挑战。当前，外部环境复杂，风险挑战严峻，不稳定不确定因素明显增多。新旧问题相互交织，长期性矛盾与阶段性矛盾相互交织，可以预见的与难以预料的困难、风险相互交织。仔细分析，工业社会与风险社会的差异：主要在于前者主要是分配财富，后者主要是分配风险。习近平总书记强调，当今世界正经历百年未有之大变局，国内外形势正在发生深刻复杂变化，来自各方面的风险挑战明显增多，迫切需要我们在加强国家制度建设和治理能力建设上下更大功夫，充分发挥我们的制度优势，使其更好转化为治理效能，使国家长治久安。

当前，世界大变局加速深刻演变，全球动荡源和风险点增多，我

---

① 韩庆祥、张健：《中国特色社会主义建设实践的内在逻辑与发展趋向》，载《中国社会科学》2012年第3期。

国外部环境复杂严峻。我们要统筹国内国际两个大局、发展安全两件大事，既聚焦重点，又统揽全局，有效防范各类风险连锁联动。关键是要不为任何风险所惧，不为任何干扰所惑，坚定“任凭风浪起，稳坐钓鱼船”的战略定力和大国心态。要完善风险防控机制，建立健全风险研判机制、决策风险评估机制、风险防控协同机制、风险防控责任机制，主动加强协调配合，坚持一级抓一级、层层抓落实。

在国际方面，我国在世界产业分工新格局中处于不利地位：当今世界产业分为研发、制造和营销三大链条，世界经济发展呈现如下趋势：“去工业化主导工业化”“金融经济主导”“美元杠杆性和霸权化”，在上述三大趋势中，我们大多数现有路径都不占优势甚至处于绝对劣势。[①]金融风险类似于“击鼓传花”游戏，问题在于“花落谁家”。尤其是在金融化时代，货币转移与中国发展具有更为复杂的关联。人民币如何成为与美元、欧元具有同样地位的世界货币，对于中国而言依然有一段艰辛的路要走。为优化监管资源配置，更好统筹系统重要性金融机构监管，逐步建立符合现代金融特点、统筹协调监管、有力有效的现代金融监管框架，守住不发生系统性金融风险的底线，将中国银行业监督管理委员会和中国保险监督管理委员会的职责整合，组建中国银行保险监督管理委员会，作为国务院直属事业单位。

如何实现生产发展、生活富裕、生态文明？关键是实现“环境风险的公正分配”。这一问题又分为“历时态的环境风险的公正分配”和“共时态环境风险的公正分配”，前者主要是指“代际正义”，后者主要是指“代内正义”。无论是代际正义还是代内正义都奠基于可持续发展理念之上。因为“可持续发展是既满足当代人的需要，又不对后代人

① 参见张健：《后危机时代的风险研究：后工业社会的格局、挑战及评估》，载《社会科学战线》2011年第6期。

满足其需要的能力构成危害的发展"[①]。实际上，代内正义和代际正义各有特点又相互关联，代内正义是代际正义的前提，代际正义是代内正义的延伸。没有代内正义，代际正义无从谈起；没有代际正义，正义便不具彻底性和持续性。就代际而言，正义不允许一代人通过直接消耗的方式而损害子孙后代的利益；就代内而论，正义不允许一些人通过直接消耗的方式而损害另一些人的利益。在全球性环境问题日渐突出形势下，中国作为大国应积极行使发展中国家的环境权利，自觉履行环境义务，肩负起全球环境治理和环境正义实现的相应责任，中国的发展应对全球环境正义作出更大贡献。

应对风险挑战，推进伟大梦想，必须坚持底线思维。习近平总书记在省部级主要领导干部坚持底线思维着力防范化解重大风险专题研讨班开班式上发表重要讲话时，强调提高防控能力着力防范化解重大风险，保持经济持续健康发展社会大局稳定。他在讲话中就防范化解政治、意识形态、经济、科技、社会、外部环境、党的建设等领域重大风险作出深刻分析，提出明确要求。他强调，面对波谲云诡的国际形势、复杂敏感的周边环境、艰巨繁重的改革发展稳定任务，我们必须始终保持高度警惕，既要高度警惕"黑天鹅"事件，也要防范"灰犀牛"事件；既要有防范风险的先手，也要有应对和化解风险挑战的高招；既要打好防范和抵御风险的有准备之战，也要打好化险为夷、转危为机的战略主动战。

前进的道路不可能一帆风顺，越是前景光明，越是要增强忧患意识，做到居安思危，全面认识和有力应对一些重大风险挑战。在一个充满不确定性的高风险时代，人与技术的匹配至关重要，归根结底，高技术需要人的高智商和高情商来匹配。新技术带来新风险，对此要

① 世界环境与发展委员会：《我们共同的未来》，王之佳等译，吉林人民出版社1997年版，第52页。

做好应对之策。在第四次工业革命境遇下，如何防止技术失控和数字化风险？有两点应明确：一是技术由人类创造；二是技术要为人类服务。技术的唯一价值就是解放人并为人的自由全面发展服务。高技术只能作为高情商个人和高情商社会的仆人，而不是主人。我们必须这样来管理高技术社会，强调它的经济活动的工具性，使它服从于促进人的自由全面发展的目的。“马克思的社会主义思想核心就是主张，人及其感情和理智的力量是文化发展的目标所在，物（即资本）必须服务于生命（劳动），生命决不可以服从死的东西。”①

世界不可能再回到过去了，人们在求索未来。我国要在自力更生主导的基础上坚持双向对外开放基本国策，善于统筹国内国际两个大局，利用好国际国内两个市场、两种资源，发展更高层次的开放型经济，积极参与互利共赢型的全球经济治理，同时坚决维护我国发展利益，积极防范各种风险，确保国家经济安全。

总之，中国共产党之所以能，关键是中国共产党人有“不畏浮云遮望眼”的视野、有“乱云飞渡仍从容”的定力、有“咬定青山不放松”的执着，也有“大海依旧在那儿”的信心，每一个中国共产党人都应该坚守这份初心，像习近平总书记那样努力做到“我将无我，不负人民”。自1921年中国共产党成立以来，我们党始终挺立时代潮头、永葆初心本色，在推进广泛深刻社会革命的同时，也进行着前所未有的自我革命。在“两个大局”境遇下，中国共产党肩负任务重、使命要求高、时代挑战多，但影响党先进性、纯洁性的因素尚未根本清除，一些已经解决的问题还可能反弹，新问题不断出现，“四大考验”“四种危险”和“四风问题”依然复杂严峻，党的自我革命任重而道远，决不能有停一停、歇一歇的想法。我们党想永远立于不败之

① ［美］埃利希·弗洛姆：《健全的社会》，欧阳谦译，中国文联出版公司1988年版，第281页。

地，就要不断推进自我革命，教育引导党员、干部特别是领导干部从思想上正本清源、固本培元，筑牢思想道德防线，增强拒腐防变和抵御风险能力，时刻保持共产党人的政治本色。站在“两个一百年”奋斗目标的历史交汇点上，既要充满信心，也要居安思危，要胸怀“中华民族伟大复兴战略全局”和“世界百年未有之大变局”，牢牢把握“国之大者”的时代意蕴，做出优异成绩。

第九章 中国话语与伟大梦想

实现中华民族伟大复兴，是近代以来无数中华儿女梦寐以求的理想，也是中华民族近代以来最伟大的梦想。“这个梦想，凝聚了几代中国人的夙愿，体现了中华民族和中国人民的整体利益，是每一个中华儿女的共同期盼。”①自从中国共产党成立以后，实现中华民族伟大复兴的历史使命就落在了中国共产党的肩上。百年风雨兼程，在中国共产党的带领下，今日之中国前所未有地接近实现中华民族伟大复兴的梦想，前所未有地具有实现这个伟大梦想的能力和信心。中华民族的伟大复兴是21世纪最为重大的世界历史事件，民族的复兴必然伴随着话语的崛起，而话语的崛起是民族伟大复兴的直接表征和评价标准。站在民族复兴的门槛上，实现伟大梦想与中国话语的崛起同向同行。我们必须正确提炼表达伟大梦想的中国话语，用中国话语来阐释伟大梦想，用伟大梦想引领中国话语。

① 中共中央文献研究室编：《习近平关于实现中华民族伟大复兴的中国梦论述摘篇》，中央文献出版社2013年版，第3页。

第一节 伟大梦想与话语崛起

中华民族伟大复兴的梦想和中国话语的崛起是一个穿越时空的漫长过程。实现中华民族伟大复兴的中国梦从缘起的起点，过程的节点，再到预期目标的实现，时间上跨越了三个世纪，经历了旧民主主义革命、新民主主义革命、社会主义建设、改革开放四个历史时期。中华民族伟大梦想有其提出和形成的历史逻辑、理论逻辑和实践逻辑。

一、揭示伟大梦想的历史逻辑

实现中华民族伟大复兴是近代以来中国历史发展进程中最突出的主题。在历史上，中华民族曾创造出灿烂的古代文明，中华文化圈与欧洲文化圈、阿拉伯文化圈、印度文化圈并称为世界四大文化圈。法国启蒙思想家伏尔泰在《路易十四时代》一书中称赞中国，“由于它是世界上最古代的民族，它在伦理道德和治国理政方面，堪称首屈一指”[①]。从汉唐时期到康乾时期，中国古代农耕文明达到极致，中国古

① [法] 伏尔泰：《路易十四时代》，吴模信、沈怀洁、梁宇锵译，商务印书馆1982年版，第594页。

典话语体系辐射四方。1840年鸦片战争的爆发掀开了中国近代历史悲剧的大幕，内忧外患接踵而至，内部统治阶级腐朽不堪，外部列强竞相入侵。随之而来的一系列不平等条约使中华民族沦为西方列强恣意压榨的对象。

昔日的辉煌与现实遭遇之间的冲突是中华民族渴望走向复兴的历史前提。在这样的历史背景下，100多年来，中国经历的革命、建设、改革几个阶段都是为了实现中华民族伟大复兴这个目标。在中国共产党成立之前，以太平天国运动为代表的农民革命提不出反映先进生产力发展要求的纲领，不能终结封建王朝的统治；以洋务运动为代表的封建地主阶级的自救运动没能在制度上进行改革，战胜不了西方列强的侵略；以维新变法为代表的资产阶级改良运动不触动封建统治的根基，改变不了中国的命运；以辛亥革命为代表的旧式资产阶级民主革命没能解决当时中国的现实问题，依然救不了中国。民族复兴方案从“中体西用”到“民主共和”，都没能结束中华民族屈辱的历史。孙中山第一个喊出“振兴中华”的口号，他领导的辛亥革命结束了统治中国几千年的封建君主制度，开两千年未有之变局，是中华民族复兴征程上一座里程碑，但没有改变中国半殖民地半封建社会的面貌，没有从根本上推动实现民族复兴伟大梦想的历史进程。中华民族不仅没有走上复兴，而且遭受到了更大的灾难。辛亥革命胜利的果实被袁世凯窃取，民主共和的旗帜惨遭抛弃。袁世凯复辟帝制失败后，中国陷入军阀割据、社会失序、国家分裂的混乱状态，前途更加危险。

中国共产党之前的其他政治力量无法承担和完成民族复兴的历史使命。在这样的情况下，中国人民必须在辛亥革命的基础上开拓新的复兴道路。近代中国历史的发展已经表明，谁能够结束列强压迫、军阀割据的局面，完成民族独立、人民解放的历史使命，谁就能够得到中国人民的拥护。在历史的反复拉锯中，在各种理论和主义的反复权衡下，在各种政治势力不断登上历史舞台的实践后，中国先进分子从马克思主义的科学真理中看到了解决中国问题的出路，他们把马克思主义与中国工人运动相结合，1921年中国共产党应运而生。中国共产党“一经成立，就把实现共产主义作为党的最高理想和最终目标，义无反顾肩负起实现中华民族伟大复兴的历史使命”①。从此中华民族走上了真正的复兴之路。

中国共产党是在中华民族探索伟大复兴道路的十字路口登上历史舞台，给风雨如晦的旧中国带来了光明和希望。中国共产党的成立是开天辟地的大事变，中华民族伟大复兴的历史从此翻开了新的一页。中国共产党把马克思主义与中国革命实际相结合，开辟了农村包围城市、武装夺取政权的特色民主革命道路，成为实现中华民族伟大复兴的中流砥柱。中国共产党领导中国人民经过28年的反帝反封建斗争，推翻了帝国主义、封建主义和官僚资本主义“三座大山”，取得了新民主主义革命的胜利，赢得了民族的解放、独立和自由。1949年新中国的成立彻底结束了旧中国半殖民地半封建社会的历史，实现了中国从封建专制到人民民主的伟大飞跃，为中华民族的伟大复兴扫清了根本障碍，标志着中国共产党带领中国人民开始了复兴之路的新征程。1956年中国共产党团结带领人民确立了社会主义制度，完成了中华民族有史以来最为广泛而深刻的社会变革，为当代中国一切发展进步奠定了根本的政治前提和制度基础。之后中国社会主义建设道路经历了由借鉴苏联模式到以苏为鉴、独立自主探索适合国情的社会主义建设道路的转变。在经过挫折后，中国又以改革开放为基本国策建设中国特色社会主义，取得了举世瞩目的成就。

改革开放是中华民族伟大复兴的关键抉择，通过改革开放的伟大

---

① 习近平：《决胜全面建成小康社会　夺取新时代中国特色社会主义伟大胜利——在中国共产党第十九次全国代表大会上的报告》，人民出版社2017年版，第13页。

革命，中国共产党带领中国人民成功开辟了中国特色社会主义道路，形成了中国特色社会主义理论体系，确立了中国特色社会主义制度，发展了中国特色社会主义文化。党的十八大吹响了全面实现中华民族伟大复兴的新号角，明确提出建设中国特色社会主义的总任务，是实现社会主义现代化和中华民族伟大复兴，这是近代以来中华民族伟大复兴的历史发展主题的延续。中国特色社会主义进入新时代以来，党带领人民接续探索与奋斗，使我国大踏步赶上时代潮流，经济总量跃居世界第二位，综合国力大幅提升，国防和军队现代化建设持续推进，人民生活水平显著提高，创造出举世瞩目的发展奇迹。习近平总书记指出："我们比历史上任何时期都更接近中华民族伟大复兴的目标，比历史上任何时期都更有信心、有能力实现这个目标。"[①]中国特色社会主义各项事业发生全局性历史性变革，中华民族迎来了从站起来、富起来到强起来的伟大飞跃。

二、理解伟大梦想的理论逻辑

中华民族伟大复兴的中国梦作为新时代的政治话语具有深厚的理论内涵。它是我们党团结带领全国各族人民以实现中华民族伟大复兴为基本内核的奋斗目标，创造性地回答了中华民族"实现什么样的民族复兴，怎样实现民族复兴"的问题。中华民族的伟大复兴梦是在继承和发展中国共产党治国理政思想的基础上提出来的，具有深厚的理论基础和渊源。

在中国共产党历史上，李大钊最早使用了民族"复兴"和"复活"的概念。"从'五四'运动以后，我们已经感觉得这民族复活的动

①《习近平谈治国理政》（第一卷），外文出版社2018年版，第35—36页。

机了。”[1]但当时的中国处于半殖民地半封建社会状态，民族要想复兴首先要获得解放，所以，民族解放成为中国共产党的重要政治话语。随着新民主主义革命的胜利，民族独立、人民解放的任务基本完成，1949年3月，毛泽东指出“中国经济复兴”“中国兴盛”是可以计日程功的。改革开放后，邓小平在同李政道的谈话中首次使用了“振兴中华民族”的提法，社会主义现代化建设与民族复兴话语开始相联系。党的十三大报告首次出现“民族复兴”一词，指出社会主义初级阶段“是全民奋起，艰苦创业，实现中华民族伟大复兴的阶段”[2]。进入21世纪，“民族复兴”话语开始成为党的正式话语，频频出现在党和国家的重要报告和文献中。党的十八大以后，习近平总书记将“中华民族伟大复兴”提炼成“中国梦”的概念。此后，习近平总书记多次在讲话中阐释了中国梦的内涵及中国梦的实现问题，初步建构起中国梦的理论体系。

中国梦是人民梦、民族梦和国家梦的有机统一。习近平总书记明确提出了“国家富强、民族振兴、人民幸福”的中国梦内涵。“在新的历史时期，中国梦的本质是国家富强、民族振兴、人民幸福。”[3]伟大梦想首先是强国之梦，实现国家的富强，民族振兴和人民幸福才有根本保障。国家梦具体来说就是实现社会主义现代化，也就是要达到“两个一百年”的奋斗目标：在中国共产党成立100年时全面建成小康社会，在新中国成立100年时建成富强民主文明和谐的社会主义现代化国家。改革开放以来的社会主义伟大实践证明，人民生活水平不断提高，中华民族屹立于世界民族之林，是建立在国家富强的基础上

① 《李大钊全集》（第四卷），人民出版社2013年版，第578页。

② 中共中央文献研究室编：《十三大以来重要文献选编》（上），人民出版社1991年版，第13页。

③ 中共中央文献研究室编：《习近平关于实现中华民族伟大复兴的中国梦论述摘编》，中央文献出版社2013年版，第7页。

的。民族梦是中国梦的核心内容，中国梦是中华民族崛起之梦。拥有5000多年历史的中华民族创造了灿烂的文明，对世界文明的发展作出了巨大的贡献，但近代以来中华民族遭受了近百年的屈辱，付出了沉重的代价，觉醒的中华儿女由此开启了民族复兴的探索之路。在中国共产党的领导下，我们不仅实现了民族独立，而且开启了民族振兴，实现了稳定快速的发展。人民幸福是中国梦的奋斗目标，中国梦归根到底是每一个中国人的梦，这是集体和个人之间的辩证法。国家的梦想都是通过一个个具体的人的梦想体现出来的，让人人共享人生出彩的机会，共享美梦成真的机会。每个人的前途命运与国家和民族的前途命运密切相关，只有当每个中国人的梦想都是民族复兴梦想的时候，中华民族伟大复兴之梦才能实现。

中国梦既是中国人民的梦，也是世界人民的梦。在全球化背景下，中国梦不可能是一个封闭的梦，它必须融入世界。中国梦必须给世界带来新的想象力和创造力，为世界秩序的重构贡献中国方案。当前世界格局正在发生深刻而复杂的变化。一方面，经济全球化和区域一体化极大地促进各种经济资源愈益跨越国界在全球范围内自由流动和配置，使得各国生产力迅速发展，为世界各国的经济腾飞带来了机遇。另一方面，全球化的发展使得各国普遍面临经济危机、气候变化、恐怖主义及核扩散等公共危机，给国际社会的发展和安全带来了严重的威胁。面对全球性危机，没有一个国家能够独善其身。所以，中华民族的复兴之路走的是一条合作共赢的共同发展的道路。“我们要实现的中国梦，不仅造福中国人民，而且造福各国人民。”[①]与世界共患难、共分享，是中国梦的独特内涵。在国际关系上，我们强调中国的发展离不开世界，世界的发展同样离不开中国。中国不仅致力于自

① 习近平：《顺应时代前进潮流 促进世界和平发展——在莫斯科国际关系学院的演讲》，载《人民日报》2013年3月24日。

身的发展，也致力于世界的共同发展。在复兴的道路上，我们尊重历史发展规律，反对一切形式的霸权主义，积极构建以合作共赢为核心的新型国际关系、外交新结局和人类命运共同体。事实证明，近年来，我国既在抵御国际金融危机、防控新冠肺炎疫情等方面做得很成功，又在推动世界经济摆脱危机、积极协助世界各地防控新冠肺炎疫情中发挥了重要作用。中国梦不仅是关乎中国的命运，也关系着世界的命运。

三、把握伟大梦想的实践逻辑

“事者，生于虑，成于务，失于骄。”伟大梦想不是等得来、喊得来的，而是拼出来、干出来的。实现中华民族伟大复兴中国梦，是全体中国人民的最大共识。党的十九大报告强调实现伟大梦想，必须进行伟大斗争，必须建设伟大工程，必须推进伟大事业。伟大斗争、伟大工程、伟大事业、伟大梦想，紧密联系、相互贯通、相互作用。进行伟大斗争是实现伟大梦想的精神品格，建设伟大工程是实现伟大梦想的根本政治保证，推进伟大事业是实现伟大梦想的根本原因。所以，要在推进“四个伟大”实践中实现中华民族伟大复兴。

社会是在矛盾运动中前进的，有矛盾就会有斗争。在曲折中发展和前进，是事物发展的基本趋势和历史发展的客观规律。实现中华民族伟大复兴是一项长期的艰巨的历史任务，必须准备进行具有许多新的历史特点的伟大斗争。中国近代史就是一部中华民族抵抗外来侵略、争取民族独立、人民解放和实现国家富强、人民幸福的伟大斗争史。中国共产党只有积极进行具有许多新的历史特点的伟大斗争，坚持社会革命和自我革命，才能够实现伟大梦想的奋斗目标。如果说实现伟大梦想过程就是进行伟大斗争的过程，那么实现伟大梦想则是进行伟大斗争的结果。当前我们党面临执政考验、改革开放考验、市场经济考验、外部环境考验，同时也面临精神懈怠危险、能力不足危险、脱离群众危险、消极腐败危险，我们党要团结带领人民有效地应对“四大考验”和抵御“四大危险”，实现伟大梦想，就必须进行伟大斗争。中国共产党之所以能不断地带领中国人民走过百年的奋斗历程，其中重要的一点就是中国共产党能够在失败和挫折中进行一次次伟大的自我革命和自我斗争，从错误中学习，从而获得更强的生机活力。

中国共产党是实现伟大梦想的主体，对中华民族伟大复兴起着决定性作用。历史已经证明，没有中国共产党，中华民族伟大复兴就不可能实现。所以，实现伟大梦想必须建设伟大工程。1939年10月，毛泽东同志撰写了《〈共产党人〉发刊词》，首次把党的建设称为“伟大的工程”。中国共产党成立100年来，坚持不懈推进党的建设伟大工程，取得了巨大成就。中国特色社会主义进入新时代后，我们党又提出了“党的建设新的伟大工程”的命题和概念。在党的十九大报告中，习近平总书记明确提出新时代党的建设总要求，鲜明强调：把党建设成为始终走在时代前列、人民衷心拥护、勇于自我革命、经得起各种风浪考验、朝气蓬勃的马克思主义执政党。我们党要始终成为时代先锋、民族脊梁，就必须以改革创新精神全面推进党的建设新的伟大工程，全面提高党的建设科学化水平，不断增强党的政治领导力、思想引领力、群众组织力、社会号召力，确保我们党在革命性锻造中更加坚强，焕发出新的强大生机活力。中国共产党的领导是中国特色社会主义最本质的特征，也是中国特色社会主义制度的最大优势。中国的事情要办好，首先要把中国共产党的事情办好，只有进一步把党建设好，确保它永葆旺盛的生命力和强大的战斗力，我们党才能带领人民成功应对重大挑战、抵御重大风险、克服重大阻力、解决重大矛盾，不断地从胜利走向胜利。

实现伟大梦想必须推进伟大事业。中国特色社会主义是马克思主义基本原理同中国实际和时代特征相结合的产物，是科学社会主义理论逻辑和中国社会发展历史逻辑的辩证统一，是根植于中国大地、反映中国人民意愿、适应中国和时代发展进步要求的科学社会主义。改革开放以来，我们不仅实现了经济总量的快速提升，综合国力显著增强，人民生活水平得到了大幅度的提高，先后让7亿多人口摆脱贫困，实现了全面建成小康社会的伟大壮举，同时也极大地改变了21世纪的国际格局，提振了发展中国家实现国富民强的信心，拓展了发展中国家走向现代化的途径，为世界上那些既希望加快发展又希望保持自身独立的国家和民族，走符合本国国情的道路提供了经验和借鉴。中国的发展是在中国特色社会主义道路上实现的，中国没有走西方大国历史上靠殖民掠夺和资本侵略而发展自身的老路。中国特色社会主义道路是实现社会主义现代化和中华民族伟大复兴的必由之路，中国特色社会主义理论体系是指导我们实现中华民族伟大复兴的正确理论，中国特色社会主义制度是当代中国发展进步的根本制度保障，中国特色社会主义文化是激励全党全国各族人民奋勇前进的强大精神力量。坚持和发展中国特色社会主义是我国改革开放和社会主义现代化建设取得巨大成就的根本原因，因此只有推进中国特色社会主义伟大事业，才能够实现伟大梦想。

第二节

伟大梦想与话语建构

话语权是一个国家软实力的象征。伟大梦想承载着向世界说明中国和平崛起的历史使命。没有民族复兴，没有赶超西方国家，就不可能有中国自己的话语，就只能在西方的话语里面匍匐前进。所以民族复兴和话语重建其实是一回事。党的二十大报告提出："坚守中华文化立场，提炼展示中华文明的精神标识和文化精髓，加快构建中国话语和中国叙事体系，讲好中国故事、传播好中国声音，展现可信、可爱、可敬的中国形象。"伟大梦想在一定程度上是向世界提供一种落后的发展中国家如何实现复兴的新模式，是一种世界性的话语体系。"如果中国的知识体系不能参与世界知识体系的建构，因而产生新的世界普遍知识体系，不能成为知识生产的大国，那么，即使有了巨大的经济规模，即使是个物质生产的大国，还将仍然是个小国。"[①]为此，我们需要重新建构中国话语和中国理论，这样才能描述中国道路，反映中国力量，表达中国精神。

---

① 赵汀阳：《天下体系：世界制度哲学导论》，江苏教育出版社2005年版，第10页。

一、伟大梦想话语建构的根本遵循

一种话语或者话语体系必然包含一定时代的观念，反映一定时代的价值，并拥有特定的时代判断标准。伟大梦想的话语是中国意识形态领域具有划时代意义的话语创新和话语再造。如果实现中华民族伟大复兴的中国梦只是对“美国梦”“英国梦”等西方话语的重复使用和借鉴，那么伟大梦想的中国话语就没有出场的根基，就无法“讲好中国故事，传播好中国声音”。党的十八大以来，在以习近平同志为核心的党中央坚强领导下，中华民族伟大复兴进程与话语体系建设同向共进。伟大梦想话语是立足现实的科学预测、战略构想和复兴展望，是建立在战略分析基础之上的愿景规划，它对如何实现伟大梦想的目标任务提出了一系列的战略要求。“实现中华民族伟大复兴的中国梦，必须在新的历史起点上全面深化改革，不断增强中国特色社会主义道路自信、理论自信、制度自信”[①]。伟大梦想话语建构必须坚持以马克思主义为指导，以中国特色社会主义实践为立足点，以共产主义为旗帜。

第一，伟大梦想话语建构必须以马克思主义为指导。马克思主义是中华民族复兴的强大思想武器，也是伟大梦想话语的理论基础。伟大梦想作为马克思主义中国化创新性的话语表达，其理论基础在马克思主义理论。在《共产党宣言》中，马克思恩格斯已经明确使用了“民族复兴”概念，并阐述了被压迫被奴役民族的“民族复兴”与国际社会主义事业的联系。在《共产党宣言》1892年波兰文版序言中，恩格斯写道，“波兰工业的迅速发展……又是波兰人民拥有强大生命力的新的证明，是波兰人民即将达到民族复兴的新的保证。而一个独立强

①《中共中央关于全面深化改革若干重大问题的决定》，人民出版社2013年版，第2页。

盛的波兰的复兴是一件不仅关系到波兰人而且关系到我们大家的事情”[①]，这为被压迫民族实现民族复兴指明了正确方向。在马克思恩格斯那里，民族复兴主要是指被压迫被奴役民族的复兴，主要包括民族的独立、解放、统一和国家强盛等方面，这为伟大梦想话语建构指明了方向。中国共产党自建党开始，就把马克思主义写在自己的旗帜上，将其作为全党的行动指南，用以指导中华民族伟大复兴进程。在马克思主义与中国具体实际相结合的过程中，相继产生了毛泽东思想、邓小平理论、“三个代表”重要思想、科学发展观、习近平新时代中国特色社会主义思想，指引中国革命、建设和改革。马克思恩格斯认为民族复兴是人类历史上具有一定普遍性的社会历史现象，是一项利于世界和平发展的正义进步事业，民族复兴并不是出于民族主义动机，而是基于世界无产阶级解放和共产主义事业发展的立场。中国共产党人，自觉地把“为中国人民谋幸福，为中华民族谋复兴”作为自己的使命，践行马克思主义基本立场。

第二，伟大梦想话语建构必须以中国特色社会主义伟大实践为立足点。“语言是存在之家”[②]，话语是由实践建构起来的，而不是由概念建构起来的。伟大梦想话语的背后是中国特色社会主义伟大实践。改革开放以来，我们探索出了一条中国特色的社会主义现代化道路。实现社会主义现代化与实现中华民族伟大复兴是一个问题的两个方面。实现中华民族伟大复兴，就要实现社会主义现代化，只有实现社会主义现代化，才能实现中华民族复兴。实现社会主义现代化是世界历史进程和发展潮流，对中华民族复兴提出的时代要求。邓小平同志在正确判断国情的基础上提出“三步走”发展战略，即通过国民经济翻番地增长，第一步，到1990年，解决温饱问题；第二步，到20世纪

---

①《马克思恩格斯文集》（第二卷），人民出版社2009年版，第24页。

②［德］海德格尔：《路标》，孙周兴译，商务印书馆2000年版，第366页。

末实现小康；第三步，到21世纪中叶，达到中等发达国家水平。经过全国各族人民的努力，我们完成了“三步走”战略的前两步。中国特色社会主义进入新时代之后，我们改变中国发展历史进程、推动世界格局全面转变，在全面加强党的领导、坚定不移贯彻新发展理念、坚定不移全面深化改革、坚定不移全面推进依法治国、全面加强党对意识形态工作的领导、坚定不移推进生态文明建设、坚定不移推进国防和军队现代化、坚定不移推进中国特色大国外交、坚定不移推进全面从严治党等方面取得了不平凡的成就，发生了“人间正道是沧桑”的历史巨变。针对第三个阶段的目标，我们又提出了在全面建成小康社会的基础上，分两步走，即第一步，从2020年到2035年，在全面建成小康社会的基础上，再奋斗15年，基本实现社会主义现代化。第二步，从2035年到21世纪中叶，在基本实现现代化的基础上，再奋斗15年，把我国建成富强民主文明和谐美丽的社会主义现代化强国。这为实现伟大梦想作出了具体规划，也为伟大梦想话语建构提供了现实依据。

第三，伟大梦想话语建构必须以共产主义为旗帜。马克思恩格斯认为只有通过共产主义运动，才有可能实现民族复兴。中国共产党一经成立，就把实现共产主义作为最高理想和最终奋斗目标，义无反顾地肩负起实现中华民族伟大复兴的历史使命。中国共产党之所以能经受一次次挫折后又能一次次奋起，归根到底是因为共产主义的理想信念。革命理想高于天，“志不立，天下无可成之事。”20世纪20年代，对于近代中国人来说，肩负起民族复兴的重任并非易事，多种“主义”和“理想”，多种政治力量都没有给旧中国带来实质性的变化，而中国共产党的成立，特别是共产主义奋斗目标的确立，给中国带来了翻天覆地的变化。100年来，中国共产党从革命党转变为执政党，在追求民族复兴的路上一直进行着社会革命和自我革命的双重革命，生动地诠释着共产主义的本质内涵。马克思恩格斯在《共产党宣言》中指出："代替那存在着阶级和阶级对立的资产阶级旧社会的，将是这样一个联合体，在那里，每个人的自由发展是一切人的自由发展的条件。"[①]这个重大论断是马克思恩格斯对人类发展目标的美好憧憬，也揭示了共产主义精神在民族复兴进程中的时代意义。党的十九大把中国人民的美好生活和中华民族的伟大复兴，共同作为新时代中国共产党人奋斗的目标。伟大梦想不是跻身世界前列，人民美好生活才是其应有之义。中华民族必须确认世界排名不应成为中华民族复兴的核心追求，伟大梦想应该具有更深层次的追求。实现中华民族伟大梦想的实质就是人民过上美好的生活，这是共产主义精神在民族复兴上的体现。

二、伟大梦想话语的建构原则

伟大梦想话语反映了新时代中国人民希望国家富强、民族振兴和人民幸福的夙愿。如何使伟大梦想话语诉求成为激发人民群众积极性、主动性、创造性，推动社会发展的话语，是我们面临的重要问题，马克思指出，"理论只要说服人，就能掌握群众；而理论只要彻底，就能说服人"[②]。我们不仅要阐述伟大梦想的理论内涵，还要找到表达伟大梦想的中国话语及其叙事方式。"话语不仅是表现世界的实践，而且是在意义方面说明世界、组成世界、建构世界"[③]，所以，伟大梦想话语建构要体现原创性原则、科学性原则和群众性原则。

伟大梦想话语建构要体现原创性原则。对于话语体系建构来说，

---

①《马克思恩格斯文集》（第二卷），人民出版社2009年版，第53页。
②《马克思恩格斯文集》（第一卷），人民出版社2009年版，第11页。
③［英］诺曼·费尔克拉夫：《话语与社会变迁》，殷晓蓉译，华夏出版社2003年版，第60页。

没有原创性，就没有时代性。离开了原创性和时代性，就无法构建话语体系。伟大梦想话语建构需要提炼具有原创性和时代性的话语。话语的原创性既包括在继承和发展前人话语基础上的解析和建构，又包括开放吸收外来话语进行选择和提炼。话语的时代性就是针对时代课题和难题提出的解答。当前我国面临的话语格局现状仍然是敌强我弱，建构伟大梦想话语的时代性就是要构建中国特色话语和话语体系，针对国际社会对我们的误解误读，要用国际社会听得懂听得进的语言来讲好中国故事，在国际社会争夺话语权，实现与西方话语平等对话。当代中国正经历着我国历史上最为广泛而深刻的社会变革，也正在进行着人类历史上最为宏大而独特的实践创新。“要推出具有独创性的研究成果，就要从我国实际出发，坚持实践的观点、历史的观点、辩证的观点、发展的观点，在实践中认识真理、检验真理、发展真理。”①伟大梦想话语建构要开动脑筋、解放思想，要实事求是、有的放矢。因此在中国特色话语和话语体系建设中，要坚持不忘本来，提升面向未来的精神。伟大梦想的话语创新要根植于中国特色社会主义的伟大实践和生活本体，要扎根于中国特色社会主义建设之中，对中国特色社会主义伟大实践进行理论总结，从这些原创性的研究中提炼出新概念新范畴新表达，回应时代所需，解决时代所问。伟大梦想也不是一成不变的，而是在实践中不断运动变化的，伟大梦想的话语也要面向未来，基于现实面向未来进行科学探索。

伟大梦想话语建构要体现民族性原则。中国共产党总是把民族性放在第一位来建设我们的文化。毛泽东在《新民主主义论》中强调科学的民族的大众的文化，毛泽东在谈到融合中西关系的时候，一是强调中学为体、西学为用，学是基本原理，二是强调向外学习新东西，

① 习近平：《在哲学社会科学工作座谈会上的讲话》，人民出版社2016年版，第19页。

但必须要和我们的实践、文化相结合，不能抛弃自己的东西，这对我们建设话语和话语体系具有良好的启示作用。习近平总书记也指出，绵延几千年的中华文化是中国社会科学成长发展的社会基础，要围绕我国和世界面临的重大问题，提出能够体现中国立场、中国智慧、中国价值的理论。中华民族是在延续和继承中华民族5000多年灿烂文明中复兴起来的，伟大梦想话语本身就含有民族性的要求。首先，伟大梦想话语来源于中华优秀传统文化，伟大梦想话语从“振兴中华”“小康社会”“天下为公”“和而不同”“和谐万邦”等思想观念中吸取精华，提出中国梦不仅是中国人民的梦，也是造福世界的梦。其次，伟大梦想的根本特色是中国特色社会主义，中国特色社会主义是改革开放以来党的全部理论和实践的主题，实现伟大梦想必须坚持和发展中国特色社会主义。中国特色社会主义是中国共产党和中国人民的伟大创造，富有鲜明的民族特色，比如坚持社会主义道路，坚持人民民主专政，坚持中国共产党的领导，坚持马克思列宁主义、毛泽东思想等。进入新时代，习近平新时代中国特色社会主义思想是中国共产党和中华民族在新的历史时期最大的理论成果，也是伟大梦想话语建构的根本指导思想。

伟大梦想话语建构要体现群众性原则。伟大梦想具有深厚的历史背景、丰富的基本内涵和深远的时代意义，要让伟大梦想话语获得最广泛的认同，必须建构出让人民群众易于接受、便于理解、喜闻乐见的话语表达。毛泽东同志强调要向人民群众学习语言。为人民服务不仅要深入到现实生活中，也要深入人民群众的心里面。“洋八股必须废止，空洞抽象的调头必须少唱，教条主义必须休息，而代之以新鲜活泼的、为中国老百姓所喜闻乐见的中国作风和中国气派。”[1]伟大梦想

① 《毛泽东选集》（第二卷），人民出版社1991年版，第534页。

的语言表达要简明易懂、喜闻乐见和开放吸收。一方面，从伟大梦想话语的创造主体来看，虽然伟大梦想话语的创造主体是党的领导或者专业理论工作者，但是人民群众是社会的历史的创造者和完成伟大梦想的实践主体，因此归根到底来看，伟大梦想话语是基于广大人民群众的实践所需。所以，伟大梦想话语具有鲜明的群众属性，这点是区别于西方话语的重要特征。另一方面，从伟大梦想的话语使用主体来看，中国最广大的人民群众是伟大梦想话语最直接的言说主体，伟大梦想话语必须牢牢掌握人民群众，契合人民群众的需要，从根基上满足人民群众对于美好生活向往的话语需求。现阶段我们要改变说大话、说空话、说假话的现状，就必须用唯物史观武装头脑，走群众路线，找到与人民群众利益息息相关、与人民群众生活密切联系的话语表达方式。在信息网络化数据化的时代，网络语言已经成为人们生活的一部分，特别是年轻人生活的一部分，要以年轻人能够接受的方式去讲话。

三、伟大梦想话语建构的作用

伟大梦想话语的提出适逢中国发展的关键时期，世界秩序也面临大变革。伟大梦想话语富有深刻政治内涵和丰富的价值意蕴，它向中国人民和世界人民投射了中国社会建构理想和价值趋向，也引领了中国在世界经济、政治、文化等方面的走向。2013年，习近平在宣传思想工作会议上强调："要……着力打造融通中外的新概念新范畴新表述，讲好中国故事，传播好中国声音。"[①]伟大梦想体现了中国话语体系建构的新景观，是中国国家话语体系的新的旗帜，是一个融通中外

①《习近平谈治国理政》（第一卷），外文出版社2018年版，第156页。

的新表述，对拓展中国道路的影响力、凝聚中国力量、提升中国话语文化软实力具有重要作用。

有利于坚持中国道路，完善中国道路的话语表达方式。伟大梦想话语展现了中国道路的内在逻辑，昭示了实现伟大梦想是中国道路的必然结果。建构伟大梦想话语的目的就是要保证中华民族沿着社会主义康庄大道实现伟大复兴。回顾中国历史，中国道路形成发展的历史就是伟大梦想形成和实现的历史。“站起来”是实现伟大梦想的基础性任务，表明只有社会主义道路才能实现救中国；“富起来”是实现伟大梦想的关键性任务，表明只有中国特色社会主义道路才能发展中国；“强起来”是实现伟大梦想的根本性任务，表明走新时代中国特色社会主义道路才能强大中国。中国道路呈现出现代化特性、社会主义特性和民族复兴的特性。“当代中国的伟大社会变革，不是简单延续我国历史文化的母版，不是简单套用马克思主义经典作家设想的模板，不是其他国家社会主义实践的再版，也不是国外现代化发展的翻版，不可能找到现成的教科书。”[①]中国道路超越资本现代性逻辑、传统社会主义逻辑，呈现中国道路的独特的现代性逻辑。国强必霸是近代西方500年历史发展的不变旋律，中国走的是一条社会主义和平发展和平崛起之路。中国道路逐渐被外国学者和政府所重视，反映了伟大梦想话语被国际社会更加深刻地接受和理解。因为伟大梦想话语的建构不仅为当前中国道路的发展指明了方向，也为解决人类面临的共同问题提供了中国方案。

有利于凝聚思想共识，共同建设伟大梦想。伟大梦想话语的出场在国内外产生巨大的政治影响力和精神感召力。实现中华民族伟大复兴的目标需要在全体中国人当中树立共同的精神坐标，伟大梦想是鼓

---

①《习近平谈治国理政》（第二卷），外文出版社2017年版，第344页。

舞中国人民为实现中华民族伟大复兴而共同奋斗的强大精神力量。习近平总书记在全国宣传工作会议上指出：我们正在进行具有许多新的历史特点的伟大斗争，而且面临的挑战和困难前所未有，必须坚持巩固壮大主流思想舆论，弘扬主旋律，传播正能量，激发全社会团结奋进的强大力量。伟大梦想话语的对象是中国广大的人民群众，人民群众在新民主主义时期、社会主义建设时期和改革开放新的历史时期都发挥了重大作用。实现伟大复兴中国梦的话语有助于引导中国人民形成团结一心的思想认识和精神力量，充分发挥人民群众在实现伟大梦想中的作用。中国梦归根到底是人民的梦，是为人民谋求幸福的梦。民族复兴不仅仅是国家的事情，也是每一个中国人的事情。伟大梦想话语自上而下贯穿在国家的发展当中，激发着中国人民的爱国主义精神和改革创新精神，催生出中国人民为民族复兴而奋斗的情怀，具有强烈的感染力。用民族复兴这样的话语表达方式来传递国家战略目标，不仅容易获得本国人民的情感认同，而且也容易获得外国政府和人民的认同，吸引越来越多的有识之士加入其中。

有利于提升中国文化软实力，实现与西方的平等对话。长期以来，西方国家利用强大的政治、经济、文化和科技的优势，牢牢掌握着对话语权的垄断。在国际舆论场，有关“中国道路”“中国文化”“中国制度”“中国经济”等议题几乎全被西方话语主导和控制，并对中国进行无理指责和歪曲评判。所以我们要加强话语体系建设，建立起健康的对话机制。伟大梦想的话语深刻体现了马克思主义创新的理论品格，开辟了马克思主义理论话语创新的新起点，因为伟大梦想话语实现了学术话语与政治话语、民间话语与官方话语、中国话语与世界话语的统一。在国际上，实现民族复兴已经成为发展进步的潮流，伟大梦想话语的提出有利于在国际社会树立起中国文明、可亲可信的国际形象。伟大梦想话语超越了狭隘的民族主义，中国政府从本国现实利益和国际社会整体利益出发，提出了体现全球社会发展规律和世界人民福祉的方案。伟大梦想话语是在特定的中国道路成功的特定历史条件下形成的，为此我们必须坚持和发展中国特色社会主义，积极开展与其他文明和文化系统的对话，不断地吸收人类文明的最新成果，提高自身话语的影响力与辐射力，而不是仅仅做西方话语的追随者。

综上，中华民族伟大复兴已是正在实现的客观事实，而反映这一事实的伟大梦想话语也必然蓬勃兴起。伟大梦想话语的出现源于我国社会经济发展的需要。中华民族伟大复兴进入了关键时期，及时提出伟大梦想话语可以广泛地动员一切积极的力量参与社会主义现代化建设，彰显了中国特色社会主义高度的道路自信、理论自信、制度自信和文化自信。伟大梦想话语一方面延续、整合和重塑了历史上关于“梦想”和“复兴”的话语，同时又具有新时代的内容和特色，摒弃了保守复古的倾向，实现了传统话语从现代话语的转换，体现了历史与现实相统一的特性。另一方面，伟大梦想话语是中国共产党在新的历史条件下建构的中国特色社会主义政治话语，强调中国梦是每个人的梦，让每个人都有发展的希望，都有实现价值的机会，这是中国共产党全心全意为人民服务宗旨的体现，所以伟大梦想话语还体现了党性和人民性相统一的特性。同时伟大梦想的话语在充分发扬民族文化精髓的基础上超越了狭隘的民族主义，追求世界各国和平发展、繁荣稳定的共同梦想，实现了中国话语和世界话语的对接，体现了民族性和世界性相统一的特性。

第三节
伟大梦想与话语传播

作为国家新的话语表达和文化图景，伟大梦想已经成为中国话语体系的重要组成部分。自中华民族伟大复兴的中国梦提出以来，西方世界常常将其与“中国威胁论”“黄祸论”等相联系，其实质是西方中心主义视角对中国国家形象的建构。这不仅造成了国际社会对中国的误解和偏见，也阻碍了我国民族复兴的进程。所以，我们要加强中国话语对外传播能力建设，着力打造融通中外的新概念新范畴新表述。

一、用中国话语表达伟大梦想

话语是理论传播的重要载体，是传播并推进伟大梦想的重要工具。中华民族伟大复兴是在西方主导的世界格局中进行的，这是过去从未有过的全新实践。正是因为中国梦与人类以前所有的梦想不同，具有典型中国特色和中国气派，所以其传播需要借助中国话语和中国理论。

第一，把中国的发展优势转化为话语优势。在国际上，西方话语横行世界。西方国家大都戴着有色眼镜来看待中国的复兴，以西方的思维来思考中国复兴，以西方的话语来裁定中国的复兴。带来的结果就是，中国的发展完全被西方话语歪曲，中国的发展优势被西方话语吞噬，中国的形象难以正面地呈现。在一些西方人眼中，中国的复兴是充满霸权和野心的复兴。面对中华民族伟大的复兴，西方话语体系和西方模式的套用显示出了种种不适宜。中国的复兴和崛起早已超出了西方理论和话语体系的解释能力。习近平总书记在哲学社会科学工作座谈会上曾指出，我们要让世界知道“学术中的中国”“理论中的中国”“哲学社会科学中的中国”“发展中的中国”“开放中的中国”“为人类文明作贡献的中国”，就是要建立自己的话语和话语体系，来阐释中华民族的伟大复兴。中华民族伟大复兴是21世纪的大事，但是中国的发展优势还没有转化为话语优势，从而缺少解释伟大梦想的声音。建构新时代的中国话语体系，一方面要运用马克思主义理论武器，突破西方话语体系的束缚，在解构西方话语的过程中建构中国话语体系，用中国话语来表达中国实践和伟大梦想；另一方面就是要厚实中国话语的实践基础，坚持和发展中国特色社会主义，充分发挥社会主义的制度优势，推动中国特色社会主义生产力持续发展。只有经过这两方面的努力，才能扬弃西方话语，才能建构和传播中国话语。因为，“只有从历史唯物主义的基本立场出发，把现实生活理解为实践的过程，并努力诉诸革命实践去摧毁旧意识形态的物质基础，才可能从根本上扬弃旧意识形态，上升到科学的境界中”[①]。

第二，构建伟大梦想的系统理论体系。“话语的背后是理论，理论的背后是意识形态。”[②]当今西方国家之所以拥有较强的话语权，能够对其他国家的学术界和理论界产生影响，能够“解释”其他国家的历史、理论和实践，一个重要原因就是它们具有一套完善的理论体系。

---

① 俞吾金：《意识形态论》，上海人民出版社1993年版，第361页。

② 韩庆祥：《中国道路及其本源意义》，中国社会科学出版社2019年版，第216页。

当前我们一些学者习惯于运用西方话语、西方范式和西方理论来解释中华民族的伟大复兴，究其原因，我们还没有建构出伟大梦想的科学理论体系。恩格斯说过：“一个民族要想站在科学的最高峰，就一刻也不能没有理论思维。”[①]只有建构起以马克思主义为指导的，被广大人民群众所接受并且能够解释中华民族伟大复兴的实践、问题和经验的科学理论，才能使中国话语有效表达伟大梦想的精神内涵，才能解决中国话语缺失的问题，才能抵御西方话语和意识形态的渗透。在中华民族伟大复兴进程中，中国自身的历史文化背景是西方国家所没有的，中国社会主义现代化所面临的情况也是西方现代化进程中没有遇到过的，中国要解决的时代问题与西方历史上面临的问题已经有了实质性的区别，我们无法从西方的思想理论中找到现成的解决方案。中国哲学社会科学的正确道路应该是基于中国现实的需要去解决中国面临的问题，建构中国理论和中国话语。哪个国家具有能解释实践、经验和问题的理论，哪个国家就有更多的话语权。所以习近平总书记特别强调我们不要辜负了这个需要理论而且一定能够产生理论的时代。

二、提升中国话语对外议题设置能力

议题设置理论是由美国传播学者麦克斯维尔·麦库姆斯和唐纳德·肖经由实证研究方法推演出来的传播学理论。该理论揭示大众媒介对公众讨论的对象和议论的话题有决定性的指导作用，不仅可以影响公众该想什么（what to think about）以及该怎么想（what to think），而且还能影响公众该联系什么和怎么联系（what and how to contact）。议题设置的焦点不在议题本身，而是作为一种方法实现既定的目的。

① 《马克思恩格斯文集》（第九卷），人民出版社2009年版，第437页。

麦克斯维尔·麦库姆斯等人曾提出议题设置的实质是议题显著性转移，通过对某一议题的持续强调，使得该议题成为公众思考和关注的中心，一系列行动随之而来。议题设置不仅是国家话语的重要途径，也是统治阶级推广意识形态的重要方式。在美国，“议题设置能力是美国文化输出战略的核心能力，使美国处于全球文化话语生产链条的顶端。一旦拥有议题设置能力，人们即使不同意美国人的理论，但是依旧会用美国生产出来的理论话语来自我审视”[①]。伟大梦想话语是中国愿景的世界表达，是中国进行议题设置的主动探索。我们必须通过增强议题设置能力，建构中国话语，变“被动回应”为“主动引领”，扩大伟大梦想话语的传播力。

第一，利用好议题设置的话语表达权利。议题是人们话语表达的聚焦点，议题设置是人们话语表达的重要方式。作为话语表达权利的议题设置是指人们有权利在道德和法律的规范下运用一定的话语表达方式（议题设置）来表达观点、发表意见、交流看法、辩护论证、反驳质疑、达成共识甚至保持沉默。作为话语表达权利的议题设置实际上指的是言论的自由权，与一般的言论自由权不同的是，议题设置的言论自由权有其特殊意义。首先，一般话语表达权利指的是话语主体（个人）的主体性，而议题设置的话语表达权利侧重指的是话语主体（一定阶级）在选择、表达政治观点、思想意识等方面的主体性，这种话语主体自觉地统帅其他话语主体，影响和规定其他话语主体的话语建构和改造。其次，一般的话语表达权利是指话语主体（个人）的言论自由，在合乎法律和道德范围内话语主体表达的话语内容和方式不受限制，而议题设置的话语表达权利侧重的是话语主体（一定阶级）在一般话语基础上基于阶级利益按照既定议程表达有关思想、观点、

① 丰子义、张梧：《国外文化发展战略模式的新特点》，载《北京日报》2020年6月8日。

意识形态的理性自由。

第二，增强议题设置的话语控制权力。在议题设置过程中，并不是所有的议题设置都能建构成话语，要实现议题设置建构话语，必须要依靠话语控制的权力，实行意识形态管理。这种权力不仅仅是政治、法律意义上的权力，而且是包括在制度、文化、思想、知识等人类活动范围内一切影响人的思想和行为的权力。只有统治阶级才能设置长久、有效的议题，并就议题形成有效话语。话语本身就是表达和建构这种权力的方式，并且话语本身就是权力。话语控制权是统治阶级必须掌握的统治力量，在议题设置中这种话语控制表现为两个方面：一个是制度性的权力，一个是知识性的权力。制度性权力表现为在议题设置过程中的议程程序、组织机构、议题分配等一系列的规范体系。当制度性权力在议题设置中得到确定，议题设置建构话语就有了载体和支撑的条件，议题设置引导话语建构也就有迹可循。知识性权力表现为在议题设置过程中定义知识、掌握真理、解释评价等一系列的价值体系。通过占有真理或知识而获得权力是议题设置的一种存在形式，只有掌握定义知识或者真理的权力，才能建立为己所用的话语权力。美国前总统奥巴马在2010年的《国家安全战略报告》中，将“我们的价值”（our values）等同于“普世价值”（universal values），就是运用话语控制的权力强化了美国政府“普世价值”议题设置的合法性。

第三，提升议题设置的话语引领能力。话语引领能力是实现议题设置建构话语的条件，它是指议题设置的主体驾驭语言符号、使用话语资源、利用话语场合、把握话语机会、调控话语运用、调动话语受众等方面的能力、技巧、经验和知识等。拥有议题设置建构话语的权利和权力并不意味着可以自然而然形成主导性的话语权。现实状况是话语表达权利的实现和话语控制权力的实现千差万别，拥有话语表达权利的主体并不一定能使用好权利，拥有话语控制权力的主体并不一定能运用好权力。议题设置作为特殊的话语实践，在实现条件上具有更高的要求，除了一般的话语实现的客观条件外，还需要议题设置的主体具备较强的话语意识，运用话语权利的表达实现主导话语权。这与议题设置主体的知识储备、经验积累、思想水平、政治素养等能力因素密切相关。人的主观能动性制约着议题设置的话语引领能力的水平，是影响话语表达权利和话语控制权力的重要因素。由于历史原因，西方发达国家表现出较强的话语引领能力，美国前总统特朗普更是被戏称为"推特总统"，其独有的议题设置话语引领能力，即利用推特突出强调部分议题的"显著性模式"，将推特和政治结合，形成良好的二元联动效应，服务其政治宣传和国家利益。

三、加强中国话语对外传播的策略

习近平总书记指出："提高国家文化软实力，要努力提高国际话语权。要加强国际传播能力建设，精心构建对外话语体系，发挥好新兴媒体作用，增强对外话语的创造力、感召力、公信力，讲好中国故事。"[①]长期以来，我国话语传播存在着传播方式与手段单一、传播内容单调、传播媒介落后等情况。从话语传播的实践角度来看，话语传播涉及传播主体、传播目的、传播内容、传播对象、传播平台。

第一，要明确话语传播的主体。明确话语传播主体就是明确由谁来传播中国话语。伟大梦想不仅仅是国家意识形态的话语体系，也是民族的话语体系，还是社会大众和个人的话语体系。所以，我们不但要把伟大梦想看成是国家和民族的宏大理想来看待，而且要把伟大梦

---

①《习近平谈治国理政》（第一卷），外文出版社2018年版，第162页。

想看成是社会个体和大众符号的具象化，社会个体和大众对伟大梦想的各种不同的理解和阐述是对伟大梦想的另一种话语阐释和意义构建。因此，伟大梦想话语的传播主体就不仅仅是中国共产党的领导人、政府部门、外宣部门、官方媒体，而且还包括企业、民间团体、公民个人。总之，海内外一起支持和认同中华民族伟大复兴的积极力量都是话语传播的主体。话语传播的主体不同，话语表达方式也有所不同。政府部门主要通过政治话语来传播，知识分子主要通过学术话语来传播，社会个人主要通过个体话语来传播。对外话语传播的效果取决于多元主体形成的共同合力。不仅需要国家领导人、政府、媒介的努力，还需要智库、企业、民间团体、公民等主体的共同努力。

第二，要明确话语传播的目的。传播是一定主体通过一定媒介改变客体的精神和物质关系以实现预期目的的社会实践活动。美国学者丹尼斯·朗认为传播是通过说服来表达的权利。所以话语传播的主要目的是要传播客体认同传播主体的话语内容。伟大梦想话语传播的目的就是要通过一定的方式和途径将伟大梦想所承载的理念、价值、愿景等内容让国内外的政府和民众了解、认知，并最终让他们认同中华民族的伟大复兴。西方媒体和少数政客对中国的报道充满偏见、误解和污蔑，不断造谣和抹黑中国，把中国的复兴局限地定义为经济的增长。中国的国际形象大都被西方媒体和西方话语所限定，真实、立体和全面的中国没能展示出来。党的十九大报告强调："推进国际传播能力建设，讲好中国故事，展现真实、立体、全面的中国，提高国家文化软实力。"我们要坚定道路自信、理论自信、制度自信和文化自信，传播好中国话语。

第三，要明确话语传播内容。话语传播内容是话语传播主体根据话语传播对象的需要而定制的。话语传播的内容要求话语发出主体在立足本国利益和具体情况的基础上，根据话语传播对象所关心和关切的问题，用话语传播对象可以接受的语言来言说。近年来，中国特色社会主义取得了举世瞩目的成就，很多外国政府和专家对中国道路产生了浓厚的兴趣，我国对外讲述中国故事方面取得了很大的进步。伟大梦想的话语内容涵盖了近代以来中华民族伟大复兴形成的基本内容、基本经验、基本方法、基本路径等，特别是改革开放以来，我们开辟了中国特色社会主义道路，形成了中国特色社会主义理论体系，确立了中国特色社会主义制度，发展了中国特色社会主义文化，它们共同构成实现中华民族伟大复兴的深厚基础。我们的话语传播应该能反映中国社会变革的宽度和深度，既要讲成就，传递正能量，也要直面问题。

第四，要明确话语传播对象。在话语传播中，要考虑话语对象的选择、话语对象的历史文化背景与话语对象的接受程度。话语传播对象不同，话语的表达方式也不同。中国话语的传播对象从国别来看，既包括我们国家的全体公民，也包括世界各国的公民。从中国梦包含的三个层面来看，有作为主权国家的受众，有作为民族文化的受众和作为社会个体的受众。不同的话语主体对伟大梦想的话语叙事各不相同，传播对象接收作为话语符号的伟大梦想也不尽相同。

第五，要找到合适的话语传播平台。话语传播需要找到合适的传播途径和手段。话语传播平台主要有以下几类：一是话语传播平台既包括传统的纸质媒介、电视广播、图书、期刊和影视作品，还包括新媒体、社交网站、微信应用软件等数字化产品。在话语传播中，要结合实际情况和传播对象的特点选择传播平台及工具。传统媒体和新兴媒体各有优势，传统媒体在威信、信誉、品牌、内容生产、文化意识等方面占有优势，新媒体在灵活、时效、受众面、信息数字化等方面具有优势。在中国话语传播中，我们要充分发挥二者不同的优势，推动传统媒体和新兴媒体在内容、渠道、平台、经营、管理等方面的深度融合，使得伟大梦想话语得以有效传播。二是国际会议，包括正式政府组织的会议和非政府组织的会议，也包括国际组织的会议和非国际组织的会议。三是主权国家之间的交流互访。四是国际组织或非国际组织正式或非正式互访等。

第十章 伟大梦想与21世纪马克思主义

党的十九大报告提出了著名的“三个意味着”。第一个“意味着”是世界讲实现中华民族伟大复兴或伟大梦想的，表述为久经磨难的中华民族迎来了从站起来、富起来到强起来的伟大飞跃。正是这第一个“意味着”才在逻辑上有第二个“意味着”和第三个“意味着”，第二个“意味着”和第三个“意味着”实质上讲的是实现伟大梦想的世界意义。其中一个重大意义，就是世界社会主义运动的中心已经转移到当代中国。随着世界社会主义运动中心转移到当代中国，当代中国应当肩负起发展21世纪马克思主义的神圣职责。

发展21世纪马克思主义，是当代中国理论创新具有标识性的命题，也是理论走向世界的标识性符号。最早提出“21世纪马克思主义”这一命题，是2015年12月习近平在全国党校工作会议上的讲话。他说：“希望党校根据时代变化和实践发展，加强理论总结和理论创新，为发展21世纪马克思主义、当代中国马克思主义作出努力。”[①] 2016年5月《在哲学社会科学工作座谈会上的讲话》中，习近平强调：“马克思主义中国化取得了重大成果，但还远未结束。我国哲学社会科学的一项重要任务就是继续推进马克思主义中国化、时代化、大

① 习近平：《在全国党校工作会议上的讲话》，人民出版社2016年版，第20页。

众化，继续发展21世纪马克思主义、当代中国马克思主义。”[①]这些重要论述，既是从当代中国和世界的宽广视野且与时俱进推动理论创新高度，强调以21世纪马克思主义引领时代，这是我国理论界和中国共产党人的责任担当；也是对习近平新时代中国特色社会主义思想之历史地位和重大意义的政治判定，为我们从学理上全面准确深入研究阐述21世纪马克思主义的理论内涵提供了根本遵循。[②]发展21世纪马克思主义，使马克思主义具有解释力、引领力，使中国特色社会主义充满生机活力，使“中国理论”走向世界，具有重大意义。

---

① 习近平：《在哲学社会科学工作座谈会上的讲话》，人民出版社2016年版，第9—10页。

② 参见高莹：《聚焦时代问题 推动理论创新——〈中国社会科学〉2021年重点选题座谈会在京举行》，载《中国社会科学报》2020年10月28日。

第一节
学理视阈21世纪马克思主义的基本含义

第一，21世纪马克思主义具有“原体”规定，即首先在本质上是马克思主义，而不是别的什么主义；马克思主义基本原则不能丢，丢了，21世纪马克思主义就不是“马克思主义”。21世纪马克思主义依然“牢固坚守”马克思主义的根本立场、价值取向、理想信念、基本原理、方法原则。根本立场上，坚持人民至上；价值取向上，坚持不断促进人的全面发展；理想信念上，坚持对马克思主义的信仰、对社会主义和共产主义的信念；基本原理上，坚持马克思主义关于社会基本矛盾和人民群众是历史的创造者等基本原理；方法原则上，坚持马克思主义世界观和方法论。

第二，21世纪马克思主义具有“关系”规定，它是在“深刻反思”当代西方资本主义话语中的现代化样本的基础上，既要批判并超越现代化的西方资本主义话语，也要书写中国式现代化的理论版本；既面对在资本主义社会中生长出的马克思主义，更面对发展中国家在建设社会主义实践中生成的马克思主义；既要推进马克思主义“中国化”，也要推进当代中国马克思主义“世界化”。

第三，21世纪马克思主义具有“过程”规定，随着世界社会主义运动中心转移到当代中国，它致力于把马克思主义发展到21世纪时代和实践所要求的新境界。21世纪马克思主义是与时俱进、“引领时代”的马克思主义，离开与时俱进，就不是“21世纪”马克思主义。

理解21世纪马克思主义，需要坚持“连续性和阶段性相统一”的方法论。21世纪马克思主义是历史过程概念，其形成和发展是一个历史过程。这里的“21世纪”，不是数学上的某一精确时间，不宜精准理解为哪一年，而是指在唯物主义历史观与时代形态（即时代主题、内容和形式）意义上所“特定”使用的某一历史阶段，表达的是世界社会主义运动中心的转移与时代主题的转换。[①]马克思、恩格斯所创立的马克思主义，总体上奠定了马克思主义发展的立场、方向、原则、方法和道路，具有本源意义。把19世纪创立的马克思主义、20世纪发展了的马克思主义、21世纪马克思主义作割裂开来和依次替代的理解，是错误的；21世纪马克思主义又与时俱进，具有历史“阶段性”，是对19世纪所创立的马克思主义、20世纪的马克思主义的“发展”，即随着21世纪世界社会主义运动中心转移到当代中国，要把马克思主义发展到21世纪所要求的新阶段新境界，使马克思主义在21世纪具有强大解释力和引领力。就是说马克思主义在不同时代且破解不同时代主题从而具有不同时代特点的与时俱进的呈现方

---

① 党的十九届五中全会指出，我国已进入新发展阶段。这一“新发展阶段”，不宜精确地理解为哪一年哪一月，而应理解为从“第一个百年目标”向“第二个百年目标”转换的时段。恩格斯指出：“每一个时代的理论思维，……都是一种历史的产物，它在不同的时代具有完全不同的形式，同时具有完全不同的内容。”参见《马克思恩格斯文集》（第九卷），人民出版社2009年版，第436页。

式。[①]因此，21世纪马克思主义可以理解为世界社会主义运动中心转移到当代中国的21世纪所形成和发展着的马克思主义。其依据在于：

马克思主义发展状况始终与资本主义、社会主义发展状况，以及世界社会主义运动状况紧密相关。进入21世纪，世界范围内资本主义与社会主义的力量对比发生了深刻变化。2008年金融危机席卷全球，资本主义世界出现诸多矛盾、难题和困境；相反，改革开放后的中国顶住了国际社会压力，呈现出生机勃勃的发展态势，马克思主义及科学社会主义因中国特色社会主义而在21世纪中国焕发出强大生机活力，[②]当今世界社会主义运动的中心正向中国转移，世界的权力、格局和秩序也发生深刻变化。[③]这便成为世界资本主义发展史上的分水岭。这样，从世界权力转移角度讲，21世纪之时代起点，大致可理解为2000年左右。

20世纪后半叶，西方学者以各种方式反思西方的现代性，但具有彻底性的深刻反思，应肇始于21世纪前后资本主义和社会主义所发生的深刻变化，以及世界社会主义运动中心的转移。中国开启的改革开放和社会主义现代化，就是在对世界现代化状况进行“深刻反思”的基础上，书写当代中国新版本的现代化。

---

① 学术上，“19世纪创立的马克思主义”，是在19世纪资本主义自由竞争时代，马克思、恩格斯为破解资本占有劳动并控制社会的逻辑，以实现人类解放、无产阶级解放、每个人自由全面发展而创立的马克思主义；“20世纪发展了的马克思主义”，是在20世纪资本主义垄断（帝国主义）时代，列宁为解决小农经济占绝对优势的落后俄国如何建设社会主义问题而发展起来的马克思主义，是中国共产党人把马克思主义与中国具体实际相结合，为实现民族独立、人民解放而发展着的马克思主义，它们把科学社会主义由理论变成实践，由西方走向东方；“21世纪马克思主义”，是在21世纪世界社会主义运动的中心转移到当代中国，当代中国共产党人为解决把超越资本占有劳动并控制社会的逻辑变成现实、解决经济文化落后国家如何建设社会主义、解决世界历史进程中欠发达国家如何通过跨越式发展追赶世界发展先进水平、解答当今世界的矛盾难题和人类问题，而创立发展起来的马克思主义。

② 参见《中国共产党第十九次全国代表大会文件汇编》，人民出版社2017年版，第8—9页。

③ 参见张蕴岭等：《如何认识和理解百年大变局》，载《亚太安全与海洋研究》2019年第2期；王文等：《百年变局》，北京师范大学出版社2020年版，第2—6页。

发展21世纪马克思主义、当代中国马克思主义，是当代中国共产党人的历史责任。把这二者并提且看作当代中国共产党人的历史责任，有其深意。习近平新时代中国特色社会主义思想既是当代中国马克思主义，也是21世纪马克思主义。当代中国马克思主义和21世纪马克思主义都立足"当代中国"。当代中国马克思主义，核心是指我国改革开放以来马克思主义中国化过程中形成发展起来的中国化马克思主义或中国特色社会主义理论体系，相对侧重于"引领中国"，关乎实现中华民族伟大复兴的前途命运；21世纪马克思主义，主要是在"新时代""大变局"背景下，立足于为人民谋幸福、为民族谋复兴、为世界谋大同，在全面把握"两个大局"基础上，开启了世界化向度，注重为解答21世纪世界人类发展重大问题贡献中国智慧和中国方案，相对侧重于"解释和影响当代世界"与"引领时代和未来"，关乎科学社会主义的发展前景和中国特色社会主义的世界历史意义。①21世纪马克思主义也是中国特色社会主义进入新时代致力于实现强起来的理论，它谱写中国特色社会主义新篇章，实现了中国特色社会主义理论体系的历史性飞跃。当代中国正处于世界上发展21世纪马克思主义的实践中心和理论研究中心。习近平新时代中国特色社会主义思想具有"责任担当"与"时代视野""世界视野"，是在中国特色社会主义实践与集成马克思列宁主义、毛泽东思想、邓小平理论、"三个代表"重要思想、科学发展观之精髓基础上，发展起来的具有反思现代、走向世界、面向未来、贡献中国智慧、引领时代特征，从而具有新时代高度和世界向度的科学理论体系，是对中国化马克思主义理论成果即毛泽东思想、邓小平理论、"三个代表"重要思想、科学发展观的"守正

① 参见中共中央宣传部编：《习近平新时代中国特色社会主义思想学习问答》，学习出版社、人民出版社2021年版，第7页。

性”继承和“创新性”发展，是21世纪马克思主义的主体形态。[①]从更为宽广的学术视野看，21世纪马克思主义包括21世纪世界马克思主义与21世纪中国马克思主义。21世纪世界马克思主义是当今各国学者对全球化、现代化实践的深刻反思和理论提升，表达了对当代资本主义社会的批判和超越，21世纪中国马克思主义表达的是我国改革开放以来，立足社会主义现代化建设实践并放眼世界而形成和发展起来的具有世界化意义的当代中国马克思主义。中国化马克思主义是马克思主义中国化历史进程中结出的理论成果，21世纪马克思主义是马克思主义中国化历史进程中生长出来且走向世界的重大理论成果，然而，21世纪马克思主义更具“当代意蕴”“宽广视野”与“世界化意义”。马克思主义中国化既是一个理论原则，也是一种“相结合”的历史过程，中国化马克思主义则是这一原则和过程生成的理论成果，马克思主义中国化与中国化马克思主义是理论原则、历史过程与理论结果的关系。[②]

第四，21世纪马克思主义也具有“空间”规定，它是以“宽广视野”立足中国、走向世界、直面“两个大局”的马克思主义。它以当代中国为发展21世纪马克思主义的中心重镇，同时开启世界向度。离开当代中国和世界，21世纪马克思主义就会成为“无源之水”。

从发展规律来讲，世界社会主义运动中心在哪里，马克思主义的生长点、发展源与中心重镇就主要在哪里。19世纪，世界社会主义运

① 所谓“主体形态”，特指不能排除邓小平理论、“三个代表”重要思想、科学发展观与世界其他国家对形成、发展21世纪马克思主义的重要历史贡献，而习近平新时代中国特色社会主义思想在集成马克思主义中国化一切理论成果的基础上，对发展21世纪马克思主义作出了核心性贡献，具有主导性。

② “当代中国”有广义和狭义之分。广义的“当代中国”，众所周知，以1949年为历史起点，狭义的“当代中国”，似以1978年为历史起点。党的十九大报告指出：“中国特色社会主义进入新时代”，“意味着科学社会主义在二十一世纪的中国焕发出强大生机活力，在世界上高高举起了中国特色社会主义伟大旗帜”。这里的“二十一世纪”，显然主要以改革开放为历史起点和逻辑起点。当然，这可以进行学术讨论。

动的中心主要在英国，马克思一生大部分从事理论研究与工人运动的时间在英国。20世纪，世界社会主义运动的中心转移到苏联和中国。列宁领导的十月革命，把科学社会主义由理论变成实践，在世界上建立了第一个社会主义国家，在理论上产生了列宁主义；以毛泽东同志为主要代表的中国共产党人不仅把科学社会主义由理论变成实践，而且也使其由西方走向东方，1949年成立新中国，1956年建立了社会主义基本制度。所以，20世纪马克思主义实践创新地和理论策源地主要在苏联和中国。21世纪马克思主义实践创新地和理论策源地主要在当代中国，它是从当代世界尤其当代中国的实践创新中生长出来的。

从“三个意味着”看。党的十九大报告所讲的“三个意味着”，是确定“21世纪”这一时代形态的根本标识，是21世纪马克思主义立足中国、走向世界的根本依据，它表明，发展21世纪马克思主义的实践创新地和理论策源地主要在当代中国。第一个“意味着”是第二个“意味着”和第三个“意味着”的基础，表达的是实现中华民族伟大复兴即实现强起来的世界意义，是中华民族实现强起来的叙事；第二个“意味着”、第三个“意味着”分别从科学社会主义，中国特色社会主义对发展中国家、对希望把加快发展和保持自身独立性统一起来的国家和民族、对解决人类问题的世界意义，来讲世界社会主义运动中心转移的叙事与中国特色社会主义世界意义的叙事。显然，“三个意味着”的共同指向是“21世纪”，就中国而言，这里的“21世纪”主要指改革开放以来。

从数量和质量看。数量，是分析事物存在和发展的一种基本形式。当代中国的政党领袖及专家学者是创新发展21世纪马克思主义的核心主体。因为随着世界社会主义运动中心转移到当代中国，他们是发展21世纪马克思主义命题的提出者，是21世纪马克思主义新境界的开辟者，是与时俱进发展21世纪马克思主义的责任担当者和理论创新者，是21世纪马克思主义理论形态的构建者，是使21世纪马克思主义立足中国、走向世界的推动者，是以21世纪马克思主义解释世界的理论贡献者。质量，也是分析事物存在和发展的一种基本形式。当代西方一些著名理论家是发展21世纪马克思主义不可轻视的主体，他们的一些研究成果具有世界影响。①《习近平谈治国理政》是中国政党领袖论述21世纪马克思主义的奠基之作，所提出的系列思想理论都是发展21世纪马克思主义的原创性成果。不少学者也发表了关于马克思主义的高质量研究成果。

从发展的主要路径看。在整个世界，发展21世纪中国马克思主义本身就具有发展21世纪马克思主义的世界意义。不否认国外理论家对发展21世纪马克思主义作出的重要贡献，他们关于对新自由主义与金融资本主义的批判、数字资本主义与替代性选择、新帝国主义与国际新秩序分析、新社会主义与新共产主义研究，以及生态学马克思主义等方面的成果，对发展21世纪马克思主义具有重要的理论价值。②皮凯蒂的《21世纪资本论》，已成为2008年国际金融危机之后西方马克思主义的“最新表达”。③当代中国可通过以下途径发展21世纪马克思主义：（1）坚持政治、学理和大众三者统一；（2）注重从马克思主义中国化时代化大众化的逻辑入手；（3）注重研究21世纪马克思主义的世界意义、政治意义、大众化意义、实践意义；（4）基于中国特色社会主义、社会主义现代化的实践基础与基本经验。世界社会主义运动中心、坚持和发展马克思主义重镇主要在当代中国，当代中国创造了世所罕见的奇迹，聚集着发展21世纪马克思主义的实践源和问题源，当代中国具有发展21世纪马克思主义的实践基础、理论基础和政治基础。

---

①②③ 参见王凤才：《21世纪世界马克思主义基本格局》，载《学习与探索》2017年第10期。

从理论地位和作用及其影响看。人类进入21世纪，在世界上真正高举马克思主义旗帜的是中国共产党人。她把马克思主义作为指导思想，确立马克思主义在意识形态领域的主导地位，将其作为一种根本制度确定下来，也把发展21世纪马克思主义作为“聚焦时代问题、推进理论创新”的历史使命。

第五，21世纪马克思主义还具有“功能”规定，它是世界社会主义运动中心转移到当代中国，而建构起来的既能为解决人类问题又能为解释和引领21世纪的世界所贡献的科学理论体系，是理论走向世界的标识性符号。否则，21世纪马克思主义就不是具有“世界意义”的马克思主义。

“哲学家们只是用不同的方式解释世界，而问题在于改变世界。”[①] 这一名言刻在马克思墓碑上。这表明，哲学的本质功能既是解释世界，更重要的是改变世界。在马克思所处的时代，改变资本主义统治的旧世界、建立每个人自由而全面发展的新世界，是首要而紧迫的。

从共性看，解释世界应是改变世界的前提。从哲学本质功能讲，人类活动之根本就是认识世界和改造世界；只有把世界解释清楚，才能对时代与现实作出科学研判，从而使我们的事业取得成功。当今，正确解释世界显得更为重要。当今世界正经历百年未有之大变局，这是整个世界遭遇动荡变革和系统风险的大变局，迫切需要理论解释！谁能给出合理解释当今世界的理论体系，谁就能掌握解释世界的理论话语权。

当今世界是什么样的世界？2008年国际金融危机，新冠肺炎疫情世界大流行，新科技革命和产业革命，美国内生不确定的国家本性及逆全球化，实现中华民族伟大复兴所引起的世界权力和力量转移，是

---

①《马克思恩格斯文集》（第一卷），人民出版社2009年版，第506页。

影响“大变局”的五大变量。大变局，就是“大发展大变革大调整”；这三个“大”必然导致世界力量转移、世界格局调整、世界权力重构，导致整个世界的“不确定”，使世界进入“动荡变革期”，进入风险社会。[①]这表明当今世界已进入一个具有“形态”特征的世界，即在整体上以“不确定”“动荡变革”“风险社会”为本质特征的百年变局的世界。所谓不确定，有七种内涵：一是世界变化越来越复杂，这是“大发展”，需从“变与不变”的关系来解释；二是世界变革越来越激烈，这是“大变革”，需从“稳与进”的关系来阐释；三是世界分化越来越深刻，这是“大调整”，需从“统一与多样”的关系来理解；四是世界变动的偶然性越来越突出，这是“大变幻”，需从“必然与偶然”的关系来说明；五是世界未知范围越来越广大，这是“大洞穴”，需从“已知与未知”的关系来分析；六是世界博弈得越来越失去信任，这是“大博弈”，需从信任与失信的关系来把握；七是人类迷茫感无力感越来越凸显，这是“大迷失”，需从“主体与客体”的关系来解析。

面对不确定的整个世界及其系统风险，首先要给出合理解释。一段时间，在解释世界问题上，新自由主义拥有话语权，但面对百年变局的不确定世界和系统性风险社会，新自由主义出现了解释困境。整体的不确定、系统的风险需要以整体力量、系统力量、人类力量、集体力量与团结合作来应对，而新自由主义把追求个人权利和自由最大化作为至高无上的原则，这在本质上就是奉行个人至上，注重的是个体力量，个体面对整体，个体力量面对系统力量，追求个人自由与面对不确定的整个世界、系统性风险社会，以及出现的矛盾难题，会捉襟见肘。美国抗疫之所以成效不大，一定意义上与此有关。

相反，21世纪马克思主义却具有相对解释优势，也能提供一种为

① 参见习近平：《弘扬“上海精神” 深化团结合作 构建更加紧密的命运共同体》，载《人民日报》2020年11月11日。

解释体系。其一，当代中国是世界社会主义运动中心，是世界社会主义实践创新中心和理论策源地，也是21世纪马克思主义研究的中心。其二，21世纪马克思主义注重“人类主体性”“群体协同性”“命运共同性”，能以系统应对系统，以整体应对整体。面对系统性的不确定、动荡变革与风险社会，需要全人类共同努力，需要集体力量、人民力量，需要个体服从整体和大局，需要团结合作、携手克难。用哲学话来讲，需要的不是“我”的个性与主体性，而是“人类”与“群体”的协同性与主体性。21世纪马克思主义强调的正是“人类”与“群体”的协同性与主体性，强调系统整体，注重依靠人类力量、集体力量与团结合作力量，尤其是人民力量，注重个体服从整体和大局，注重携手共建人类命运共同体。当然，它也尊重个人，重视个人力量。其三，21世纪马克思主义能站在历史正确一边，以确定应对不确定。21世纪马克思主义注重运用系统思维、辩证思维和战略思维去完整理解事物内部矛盾，进而去把握事物的本质、发展趋势和规律，有助于从系统上正确处理系列复杂矛盾关系，有助于应对种种不确定，这会使人们有方向感。显然，21世纪马克思主义能为百年变局中不确定的世界和系统性风险社会提供解释逻辑。21世纪马克思主义，是以和平发展、合作共赢为核心理念的科学理论体系，是注重携手共建人类命运共同体的科学理论体系，是注重以整体力量、集体力量、人民力量、团结合作力量应对各种复杂的矛盾难题、障碍阻力、风险挑战的科学理论体系。

这样，所谓21世纪马克思主义，从整体来说，就是“牢固坚守”马克思主义的根本立场、价值取向、理想信念、基本原理、方法原则的马克思主义；是“反思重构”中国和世界现代化的马克思主义；是与时俱进地把马克思主义发展到21世纪新境界并“引领时代”的马克思主义；是以“宽广视野”立足中国、走向世界的马克思主义；是解释21世纪世界并为解决人类问题贡献科学理论体系的马克思主义；是历史时间上为“21世纪”、政治空间上以开启“世界向度”直面“两个大局”的马克思主义。

第二节

发展21世纪马克思主义的“中国样本”

“中国样本”讲的是在实践创新地和理论策源地的基础上，21世纪马克思主义会生长出具有典型意义的华彩鲜艳的美丽花朵，涉及的是发展21世纪马克思主义的路径和方式问题，回答发展21世纪马克思主义要研究和解答什么问题？这种研究和解答具有什么样的特殊性和普遍性？在马克思主义发展史和世界社会主义发展史上有何世界意义？可从解答问题与如何解答两个层面，来理解发展21世纪马克思主义的“中国样本”。

一、21世纪马克思主义解答的问题具有“中国样本”意义

问题是创新的起点和动力源。马克思、恩格斯主要以19世纪资本主义发展相对成熟的英国为典型样本，他们所解答的时代课题是：资本主义“由何而来，现在何处，走向何方”？无产阶级如何获得解放？人类社会向何处去？列宁所解析的典型样本与时代课题，是小农经济占优势的经济文化落后的俄国如何建设社会主义。毛泽东所解析的典

型样本与时代课题，是以农民为多数的落后国家怎样实现社会主义。那么，21世纪马克思主义所解析的典型样本与时代课题究竟是什么？21世纪马克思主义立足中国、走向世界，解答具有前沿性、根本性、总体性与世界意义的时代课题，这在世界马克思主义发展史和社会主义发展史上，具有典型样本意义。

（一）解决把超越资本占有劳动并控制社会的逻辑变成现实的问题，回答“马克思恩格斯之问”

这一问题具有政治意义上的“总体性”。马克思、恩格斯毕生所直面并批判的资本主义社会的“总问题”，是资本占有劳动并控制社会的逻辑。19世纪所创立的马克思主义，是在批判资本占有劳动并控制社会逻辑的进程中建立起来的。如何把超越资本占有劳动并控制社会的逻辑真正变成现实，并建立一个有助于不断促进人的全面发展的理想社会？马克思、恩格斯从理论上为解决这一问题提供了根本路径和方法原则，但从实践上未解决这一问题。在马克思主义中国化进程中，当代中国共产党人在继承马克思列宁主义、毛泽东思想基础上，在实践上创新性地破解了这一总体性、根本性问题，发展了21世纪马克思主义。当代中国共产党人为“解放和发展社会生产力”而合理“利用和运作资本”，注重资本投资对生产要素的聚集和拉动作用。同时，这种资本运作也会带来对劳动的某种占有。社会主义不允许这种占有成为主导并控制社会，于是，就必须在中国共产党领导下，把资本控制在经济领域且有利于发展社会生产力的框架之内，并坚持以人民为中心的发展思想。首先，它通过坚持和发展中国特色社会主义基本经济制度来实现。[①]其次，通过确立“以人民为中心”的发展思想来实现，

① 参见《习近平谈治国理政》（第三卷），外文出版社2020年版，第123页。

即把人民当作主体，一切依靠人民；把人民当作目的，一切为了人民；把人民当作尺度，坚持人民至上；把人民对美好生活的向往作为中国共产党人的奋斗目标。上述这些构成经济落后国家合理利用和运作资本，同时又把超越资本占有劳动并控制社会的愿景变成现实的基本逻辑，这是当代中国在人类历史上的一个伟大创举，是21世纪马克思主义的一种发展。

（二）解决经济文化落后国家如何建设社会主义问题，回答“经典作家之问”

马克思、恩格斯早年集中关注的是西欧资本主义的“现存处境”与“发展趋向”问题，晚年的马克思、列宁、毛泽东所集中关切的，则是经济文化落后国家如何建设社会主义的问题。马克思晚年的《人类学笔记》等，就致力于探究经济文化落后的东方社会的发展道路问题，并对俄国等国家的发展道路进行认真思考。总的见解是：小农经济占优势的落后俄国，“如果”能吸收资本主义社会的积极成果，同时又能克服资本主义社会的弊端，就可能跨越所谓资本主义社会的“卡夫丁峡谷”，而向社会主义过渡。1923年后，列宁的实践与理论研究聚焦于探讨小农经济占优势的落后俄国向社会主义过渡的道路问题。其思想是：“一切民族都将走向社会主义，这是不可避免的，但是一切民族的走法却不会完全一样。”[①]当时俄国经济结构是小农经济占优势，社会主义经济十分薄弱，经济文化相对落后。列宁认为，经济文化落后的俄国可以利用国家资本主义改造小农经济，发展社会生产力，从而为向社会主义过渡奠定物质基础，但一定要把国家资本主义置于苏维埃政权的控制之下。

---

①《列宁专题文集·论社会主义》，人民出版社2009年版，第398页。

毛泽东以历史责任感来探索“以农民为多数的落后国家怎样实现社会主义”这一根本性问题。1956年，中国确立了社会主义基本制度。1978年，中国开启了改革开放与建设中国特色社会主义新时期。这是基于中国共产党人对社会主义初级阶段的深刻认知。中国的社会主义还处在初级阶段，社会生产力不发达，还是一个“不够格”的社会主义。[①]如何在社会生产力不发达的基础上建设社会主义？对于发展21世纪马克思主义来说，这既是一个亟须破解的重大理论和实践问题，也是马克思主义中国化进程中需要紧迫解决的一个根本问题。当代中国共产党人破解这一重大问题的逻辑是：要使“不够格”的社会主义成为“够格”的社会主义，首先要解放和发展社会生产力，为建成社会主义打下坚实的物质基础；为此，必然开展现代化建设，合理利用在资源配置中起决定性作用的市场；在中国搞现代化必须是“社会主义”现代化，必须体现以人民为中心的发展思想，必须注重公平正义，因为市场经济有助于解决能力贡献与利益分配的利益对等问题，体现了“正义”原则；然而，由于人们之间在天赋和后天方面不可避免地存在着差异，这种按照能力贡献进行分配的逻辑会拉大人们之间的收入差距，如果不加以有效调节，就会带来贫富悬殊，不利于实现共同富裕，进而影响社会和谐稳定；为保持经济发展充满活力，又保持社会和谐稳定，就必须在政治和社会领域，根据社会主义的“公平”“共富”原则，对收入差距进行有效调节，这里的公平体现着利益均等和共享发展；在社会主义初级阶段搞社会主义现代化，

---

① 1987年4月26日，邓小平在会见捷克斯洛伐克总理什特劳加尔时说：“搞社会主义，一定要使生产力发达，贫穷不是社会主义。我们坚持社会主义，要建设对资本主义具有优越性的社会主义，首先必须摆脱贫穷。现在虽说我们也在搞社会主义，但事实上不够格。只有到了下世纪中叶，达到了中等发达国家的水平，才能说真的搞了社会主义，才能理直气壮地说社会主义优于资本主义。现在我们正在向这个路上走。”参见《邓小平文选》（第三卷），人民出版社1993年版，第225页。

就要根据中国的历史、文化，自主选择适合中国国情的社会主义现代化道路，中国特色社会主义是实现社会主义现代化的必由之路。作为当代中国马克思主义的中国特色社会主义，是在世界历史大格局且与世界的互动中建设的社会主义，是在世界百年未有之大变局背景下不断发展的社会主义，是在与资本主义“竞跑”进程中建设的社会主义，是能为解决人类问题贡献中国智慧和中国方案的社会主义，是解决了以农民为多数的落后国家怎样实现社会主义这一根本问题的社会主义，它既体现社会主义一般原则，又具有中国特色。这样的中国特色社会主义，既能运用我国国家制度和国家治理体系的显著优势集中解决我国经济快速发展和社会长期稳定问题，也能解决我国“发展起来以后”实现人民美好生活、实现社会主义现代化、实现中华民族伟大复兴的问题。40多年尤其是新时代中国特色社会主义建设实践表明：当代中国既利用市场经济，同时又跨越了所谓资本主义的“卡夫丁峡谷”，[①]坚守社会主义的基本原则，通过实现效率和公平的统一、活力与和谐的统一，把社会主义制度与市场经济结合起来，为解决经济落后国家尤其是中国建成社会主义这一全局性、根本性问题，提供了正确道路。这就在中国共产党领导下，以中国方式解决了马克思、恩格斯、列宁曾试图破解但在实践上还未破解的一个难题。这是中国共产党人在人类历史上的伟大创举，也是21世纪马克思主义的一种发展。

---

① 1881年，俄国革命民主主义者查苏利奇致信马克思，希望马克思能说明“对我国农村公社可能有的命运以及世界各国由于历史必然性都应经过资本主义生产各阶段的理论的看法”。马克思指出，在俄国，“一方面，土地公有制使它有可能直接地、逐步地把小地块个体耕作转化为集体耕作，……另一方面，和控制着世界市场的西方生产同时存在，就使俄国可以不通过资本主义制度的卡夫丁峡谷，而把资本主义制度所创造的一切积极的成果用到公社中来”。参见《马克思恩格斯文集》（第三卷），人民出版社2009年版，第574—575页。

（三）解决世界历史进程中欠发展国家如何通过跨越式发展追赶世界发展先进水平问题，回答“邓小平之问”

19世纪创立的马克思主义通过对世界生产、世界市场、世界交往之历史逻辑分析，[①]揭示了由地域性交往向世界普遍交往历史转化的规律，这就是由地域性历史向世界性历史转变，使民族历史日益成为世界历史，进而使各国各民族彼此影响，使个人的解放程度与历史转变为世界历史的程度相一致。[②]其中一个重要前提，就是世界性生产与资本流动、市场扩大和民族交往的世界化。新中国成立至改革开放前的中国，既没有所谓世界性的资本市场，也没有所谓的市场经济。这意味着当代中国必须解决两个重大问题：一是在社会主义基本制度确立之后，如何解决解放和发展社会生产力，为加入经济全球化提供强大的物质基础；二是如何解决中国跨越式发展，以追赶世界现代化潮流和世界发展先进水平。

马克思、恩格斯在实践上未直接遇到这两个问题，邓小平提出了这个问题，需要21世纪马克思主义来回答。这首先是合理利用生产要素驱动、投资规模驱动与世界技术、世界资本、世界市场，来解放和发展社会生产力。其次是在中国共产党领导下，注重发挥制度优势以实现跨越式发展，追赶世界现代化潮流和世界发展先进水平。新时代中国紧紧抓住经济全球化的机遇，发挥“坚持集中力量办大事”的整体效能优势，[③]实现了跨越式发展，赶上了世界现代化发展潮流，融入了世界历史进程。再次是中国特色社会主义进入新时代，中国共产党

① 参见《马克思恩格斯选集》（第一卷），人民出版社2012年版，第166、404—405页。
② 同上，第166—167、299页。
③ 参见《中国共产党第十九届中央委员会第四次全体会议文件汇编》，人民出版社2019年版，第20页。

人既注重创新驱动，又以全面深化改革，贯彻新发展理念，构建新发展格局，统筹推进“五位一体”总体布局，协调推进“四个全面”战略布局为总体方略，积极实现由富起来到强起来的伟大飞跃。[①]这些构成世界历史进程中解决中国实现跨越式发展问题的内在逻辑。这就解决了当年马克思主义经典作家未完全提到，而邓小平却提出的一个重大问题，推进了21世纪马克思主义的发展。

（四）解答社会主义与资本主义并存的21世纪世界之矛盾难题和人类问题，回答“世界向何处去”的“世界之问”

近代以来，西方资本主义社会借助市场、资本、科技、文化和军事五大优势掌握着世界话语权。自2008年国际金融危机之后，它却出现某种困境，集中体现为“全球增长动能不足”“全球经济治理滞后”“全球发展失衡”这三大世界经济的根本性矛盾难题。[②]资本主导是导致上述困境的深层原因。资本主义制度和文化的基因，决定西方社会必然遵循资本占有劳动并控制社会的逻辑。资本的本性是借助“流动”“流通”实现其价值增值，当某一历史阶段出现重大风险时，市场空间、流通渠道的红利被严重“限制”时，资本主义社会就出现严重困境。

这体现在：一是经济困境。在西方一些国家，实体经济是撑起中产阶级的重要经济基础，但虚拟经济的繁荣一定程度上挖空了实体经济的基础。资本家一旦变成“资本”家，资本的梦想就会破灭，市场和资本这两大优势也就不复存在。2008年爆发的国际金融危机，就是

① 参见《中国共产党第十九次全国代表大会文件汇编》，人民出版社2017年版，第16页。

② 参见习近平：《共担时代责任，共促全球发展》（在世界经济论坛2017年年会开幕式上的主旨演讲），载《求是》2020年第24期。

西方中产阶级在资本市场失败的结果。[①]二是政治困境。当国际金融危机导致的自由市场体系红利削减，及滥用霸权所导致的政治动荡向西方社会传导时，精英政治和大众政治间的平衡就会遇到危机，这既体现在因政治依附资本和“否决政治”（vetoracy）而使国家的组织力、动员力、凝聚力、执行力严重削弱，[②]也体现在因民粹主义兴起而使民众过度自由，进而陷入难以组织动员的困境，弱政府和散民众两大弱点就显露出来。[③]三是社会困境。强化的社会福利制度不仅使西方社会背负沉重的财政负担，也使许多民众的创业奋斗精神大大减弱。[④]四是文化困境。西方社会表面看是为全人类的自由而在全世界扩张市场，实则是为在全世界扩张市场而推销自由。当今关于西方种种意识形态的神话，思想根源都源于此。2008年国际金融危机发生后，这种话语营销和话语神话也被瓦解。西方文化有三大支柱：两极对立的世界观、西方中心论、自由主义。两极对立的世界观蕴含的是“主客统治”的哲学思维，它认为整个世界可分为西方世界和非西方世界，非西方世界应接受西方世界主导。“两极对立”世界观蕴含着“对立”的基因。西方中心论以其世界观为哲学基础，认为西方文明是世界最先进的文明，西方标准就是世界标准，非西方世界应向西方标准看齐，否则，就要遭到围堵打压，其中蕴含着“冲突”的基因。自由主义认为，世界上最好的制度就是倡导个人权利、自由与利益最大化，这蕴含着“利己”的基因。这“三大基因”必然导致共同体意识瓦解与合作精神、奉献精神、道义精神的丧失。

当今世界又遇百年未有之大变局。这种大变局呈现为社会主义与

---

①③④ 参见韩庆祥、黄相怀：《资本主导与西方困局》，载《光明日报》2016年9月28日。

② “否决政治”，是福山提出的一个概念。美国民主政治的基础性制度安排，对防范政治腐败、平衡多元利益、增强决策审慎，发挥着积极作用。同时，这一制度安排需要付出牺牲效率的代价。近年来，由于美国民主党与共和党在政治立场上发生分化，且总统职位和国会两院往往由不同政党控制，结果使这种政党对立传导到政府机构层面，进而出现了“否决政治”。

资本主义长期并存中的大变局，呈现为世界力量转移、世界格局重组、世界权力重构、世界秩序重建的大变局。如何在“百年变局”中有效应对上述世界性矛盾难题和困局，进而回答“世界向何处去”问题？新时代中国特色社会主义发展既是一个“中国化”过程，也是一个“世界化”过程。在中国特色社会主义开创之初，主要是解决国内解放和发展社会生产力问题。随着新时代中国特色社会主义发展且日益成长，它对解决整个世界历史进程中的全球发展问题和人类问题日趋具有“开放性”和“世界化”的世界意义。这体现在习近平提出构建人类命运共同体这一具有时代意义、战略意义和世界历史意义的理念。这一理念的核心要义是：（1）强调世界既具有多样性又具有统一性的世界观，超越了西方“一元主导”的世界观及其弊端；（2）强调任何国家在主权、规则、机会上应当是平等的国家观，体现着“主权平等”的哲学思维，超越了“国强必霸论”的国家观及其弊端；（3）强调文明互学互鉴的文明观，超越了“文明冲突论”的文明观及其弊端；（4）强调尊重其他国家根据本国国情自主选择其发展道路的包容发展的发展观，超越了“西方模式论”的发展观及其弊端；（5）强调和平发展、合作共赢的互利普惠的义利观，超越了“你输我赢”的义利观及其弊端。上述“五观”是构建人类命运共同体理念的哲学基础，是习近平新时代中国特色社会主义思想在世界化进程中，为参与全球治理并解决人类问题和世界向何处去问题，所贡献的中国理念和中国智慧，具有世界历史意义，是21世纪马克思主义的一种发展。

二、解答问题的根本方略及其世界性贡献为发展21世纪马克思主义提供了典型的“中国样本”

21世纪马克思主义以中国特色社会主义道路、理论、制度、文化的发展，作为解答上述问题的根本方略，为世界作出了重要贡献。

“中国道路”是解答上述问题的第一种根本路径。这里的“中国道路”，主要指中国特色社会主义道路。中国道路可凝练表达为统揽“进行伟大斗争、建设伟大工程、推进伟大事业、实现伟大梦想”[①]，它蕴含中国道路的精髓要义。“四个伟大”抓住了影响中国发展命运的根本因素，既是解决上述问题的一种根本路径，更是实现伟大梦想的总体方略：实现伟大梦想是奋斗目标；进行伟大斗争是实现伟大梦想所需的精神状态；推进伟大事业是实现伟大梦想的必由之路；建设伟大工程是实现伟大梦想的政治保证。中国道路具有本源意义，是理解近代以来中国总体性问题的根据：马克思主义中国化历史的逻辑，核心是围绕中国道路这一主线展开的；道路探索是贯穿中国共产党百年奋斗史的一条主线；新中国发展的逻辑，其本质是对正确的中国道路的追寻；改革开放的历史逻辑，根本上是探究实现社会主义现代化之正确道路的逻辑；社会主义历史发展的逻辑，从根本上就是对实现理想社会目标之正确道路的探寻；中国道路创造了世所罕见的中国奇迹；中国道路有助于破解中国特色社会主义、社会主义现代化发展进程中系列矛盾难题，拓展了发展中国家走向现代化的路径，为那些既希望加快发展而又希望保持自身独立性的国家和民族提供全新选择，为解决人类问题贡献了中国智慧，[②]也终结了“西方中心论”“历史终

① 《习近平谈治国理政》（第三卷），外文出版社2020年版，第89页。
② 同上，第8—9页。

结论”。

“中国理论”是解答上述问题的第二种路径。中国理论不是从哪些书本中生长出来的，是从中国道路中产生出来的。在此基础上，我们正在构建能够解释当代中国发展及其现实逻辑、中国问题乃至世界问题的“中国理论”，进而逐渐掌握解释世界的话语权。“中国理论”的世界意义集中体现在有力破解了西方理论的“神话”：（1）把用于维护西方“特殊利益”的理论说成是维护“全人类利益”的理论，把“特殊”装扮成“普遍”。西方所谓的自由、民主、人权与西方资本主义政治制度、经济制度并不具有本质联系。只要深入研读《共产党宣言》《资本论》就可看到，马克思、恩格斯曾一针见血地揭穿了这种谎言。（2）把用于维护“西方利益”的价值观说成是维护“全人类利益”的普世价值。新自由主义所推崇的“自由、民主”不是世界人民的自由、民主，其背后所支撑的思维方式是“主体统治客体”，它把自由、民主、人权变成颠覆他国政权的思想武器。这种具有一定虚伪性的理论却在整个世界具有较大影响。物质力量只能用物质力量摧毁，理论力量也需要用理论力量摧毁。要摧毁这种带有“病毒”的理论，既需要提升我们的“理论免疫力”，又需要为解释当今世界贡献中国理论。“中国理论”不仅有助于破解上述问题，破除“西方理论”的神话，也为解决人类问题贡献中国智慧和中国方案。习近平新时代中国特色社会主义思想之中的“两个大局论”“新发展理念”“命运共同论”，就是如此。

“中国制度”是解答上述问题的第三种路径。中国制度彰显“中国之治”之“优”，优在党中央坚强有力的集中统一领导；优在以人民为中心的价值导向；优在凝聚全社会共识和集中力量抓落实；优在集中力量解难题、办大事；优在坚持稳中求进总基调，坚持动力与平衡统一；优在抓住社会主要矛盾，解决根本问题，把握工作重点。[①]上述之优，既为解决世界经济“三大矛盾难题”，解决发展中国家现代化建设问题，解决世界上一些国家希望把加快发展速度与保持社会稳定统一起来的问题，解决民族问题，提供智慧和方案，也为人类对美好制度的探索贡献中国智慧和方案。它打破了必须照搬西方模式才能成功的迷思，增强了其他国家走自主发展道路的信心。

“中国文化”是解答上述问题的第四种路径。这里只强调新时代中国文化对应对当今世界的不确定、动荡变革与系统性风险具有的优势。从哲学上讲，新时代中国文化能内生出注重整体力量、集体力量、人民力量、团结合作力量、集中资源办大事的力量，这些力量对应对整个世界的不确定性与系统性风险具有显著优势，仅依靠单个个体的力量来应对，会显得力不从心。新时代中国文化本质上强调世界大同、协和万邦、兼济天下、和而不同，强调合作共赢、和平发展、包容普惠。这种文化在应对世界不确定性与系统性风险上，具有独一无二的优势。

中国的梁漱溟、英国历史学家汤因比曾问：中国以什么贡献给世界？中国共产党带领中国人民走出了一条中国道路，创立了中国理论，确立了中国制度，弘扬了中国文化，在国内创造了世所罕见的中国奇迹[②]，在世界上作出了巨大的历史贡献。这种贡献使世界社会主义由低潮走向高潮，使中国特色社会主义开启了走向世界的历史，使现代化建设由跟跑西方到在某些方面引领世界历史进程，使中国成为世界历史发展的重要组成部分，也使马克思主义发展成为21世纪马克思主义，使“中国样本”成为发展21世纪马克思主义的典型样本。汤因比曾有惊世预言：21世纪是中国的时代，人类未来的希

①② 参见《中国共产党第十九届中央委员会第四次全体会议文件汇编》，人民出版社2019年版。

望在东方，中华文明将成为世界主流，并引领世界。[①]对此，我们既要具有战略定力，不妄自菲薄，更要具有战略清醒，不狂妄自大。

① 参见［日］山本新等：《未来属于中国：汤因比的中国观》，世界知识出版社2018年版；白云：《世界是红的：看懂中国经济格局的一本书》，贵州人民出版社2017年版；胡祖尧：《诺贝尔奖得主推崇孔子——悬案十五年终揭晓》，载《国际先驱导报》2003年1月17日。

第三节

为发展21世纪马克思主义作出原创性贡献

这一问题是从理论和实践统一上研究阐释21世纪马克思主义的原创性贡献。

原创性贡献，是说这一贡献具有唯一性、不可替代性。从学理上，它有四层含义：一是从无到有的开创性贡献；二是与时俱进的发展性贡献；三是补偏救弊的完善性贡献；四是整合融通的集成性贡献。“中国特色社会主义进入新时代，在中华人民共和国发展史上、中华民族发展史上具有重大意义，在世界社会主义发展史上、人类社会发展史上也具有重大意义”[①]，这段重要论述，实质是讲中国特色社会主义进入新时代所具有的原创性贡献，是讲习近平新时代中国特色社会主义思想对发展21世纪马克思主义的原创性贡献。

① 《习近平谈治国理政》（第三卷），外文出版社2020年版，第10页。

一、人民中心论：把马克思、恩格斯的超越资本逻辑、实现人本逻辑变成现实，为发展马克思主义作出原创性贡献

这体现在马克思主义发展史上，为发展马克思主义作出原创性贡献。

马克思、恩格斯的至上追求，就是超越资本逻辑、实现人本逻辑。由于受当时社会历史条件限制，他们提出的未来社会的理想目标未在实践上真正实现。在马克思、恩格斯以后的马克思主义发展过程中，社会主义国家一直致力于实现这一理想目标并迈出关键一步，但也没有把人本逻辑真正变成现实。中国特色社会主义进入新时代，中华民族真正迎来了从站起来、富起来到强起来的伟大飞跃。自从马克思列宁主义传播到中国以后，以毛泽东同志为主要代表的中国共产党人解决了使中国人站起来的问题，以邓小平同志为主要代表的中国共产党人致力于解决使中国人民富起来的问题，以习近平同志为核心的党中央致力于解决使中华民族强起来的问题。党的十八大以来，党中央在经济领域，以“反贫困理论”致力于解决“精准脱贫”“共同富裕”问题；在政治领域，以“全过程民主理论”致力于解决民主制度建设中的诸多难题，并坚持人民至上，把人民对美好生活的向往作为奋斗目标；在文化领域，以“文化强国理论”致力于丰富人民精神世界、增强人民精神力量；在社会领域，以“人民至上生命至上理论”致力于解决民生保障与公共卫生体系建设问题；在生态文明建设领域，“绿水青山就是金山银山”理念真正把生态看作最大最普惠的民生

福祉，致力于解决污染防治问题；[①]在总体上，以“人民中心理论”致力于解决人民日益增长的美好生活需要和不平衡不充分发展之间的社会主要矛盾，解决人民生活好不好的问题。这从理论和实践统一上超越资本占有劳动并控制社会的资本逻辑，逐步实现了以人民为中心的人本逻辑。这表明，在马克思主义发展过程中，一直把实现人类解放、无产阶级解放和每个人自由全面发展作为至上的不懈追求，而以习近平同志为核心的党中央继承并集成马克思主义关于人的解放和全面发展的思想精髓，创新性地用人本逻辑超越资本逻辑并变成了现实。[②]

二、强国理论：为迎来从富起来到强起来伟大飞跃提供理论支撑，为推进马克思主义中国化作出原创性贡献

这体现在马克思主义中国化历史上，对马克思主义中国化作出原创性贡献。

恩格斯指出，理论“是一种历史的产物，它在不同的时代具有完全不同的形式，同时具有完全不同的内容”[③]。党的十八大以来，中国特色社会主义进入新时代，我国站在发展起来后实现强起来新的历史起点上。马克思指出，每个时代总有属于它自己的问题，所谓问题，“就是公开的、无畏的、左右一切个人的时代声音。问题就是时代的口号，是它表现自己精神状态的最实际的呼声”[④]。每个时代只能提出它能解决的问题、确定它能完成的任务。中国特色社会主义进入新时

① 参见李干杰：《守护好生态环境这个最普惠的民生福祉》，载《人民日报》2019年6月3日。
② 本文所讲的“集成”，就是继承、整合、融合马克思主义发展进程包括马克思主义中国化进程中凝练成的思想精髓。
③《马克思恩格斯文集》（第九卷），人民出版社2009年版，第436页。
④《马克思恩格斯全集》（第四十卷），人民出版社1982年版，第289—290页。

代，治国理政所集中解决的，就是人民日益增长的美好生活需要和不平衡不充分发展之间的社会主要矛盾，即解决“好不好”和“强不强”的问题。人民日益增长的美好生活需要属于“好不好”的问题，不平衡不充分的发展涉及国家“强不强”的问题。“强不强”“好不好”的问题，在质上是对“有没有”问题的一种新飞跃，[①]是由“欠发展”到“发展起来”、由“富起来”到“强起来”的质的飞跃。反映这种新飞跃的习近平新时代中国特色社会主义思想，实质上是关于“我国发展起来”后“使大国成为强国”的“强国理论”。

“强国理论”揭示了大国成为强国新飞跃的内在逻辑，为实现强起来提供了理论支撑，也实现了马克思主义中国化的新飞跃，对推进马克思主义中国化作出了开创性贡献。马克思主义中国化即马克思主义与中国具体实际的第一次结合，是在新民主主义时期，其实质是关于中国革命道路问题。当时最关注的，是采取什么样的革命道路才能实现民族独立、人民解放。中国共产党最终选择了农村包围城市、武装夺取政权的道路，实现了马克思主义中国化第一次飞跃，其成果，是毛泽东思想。马克思主义与中国具体实际真正意义上的“第二次”结合之历史节点，是1978年我国开启的改革开放。这种结合就是把马克思主义与中国改革开放具体实际相结合，其成果就是中国特色社会主义理论体系。这里的“第二次”结合及其形成的中国特色社会主义理论体系，其实质就是开创并发展、完善中国特色社会主义道路，实现了马克思主义中国化的第二次飞跃。

依据“三个意味着”的标志性表述，马克思主义与中国具体实际的第三次结合是在中国特色社会主义进入新时代进行的，其实质就是寻求实现强起来的道路。马克思主义与新时代中国特色社会主义实践

① 习近平指出：“以前我们要解决‘有没有’的问题，现在则要解决‘好不好’的问题。”参见《习近平谈治国理政》（第三卷），外文出版社2020年版，第133页。

相结合，正在实现马克思主义中国化的新飞跃。总体讲，强调这是新飞跃，就在于党的十九大报告所讲的，它在中华人民共和国发展史上，在中华民族发展史上，在世界社会主义发展史上，在人类社会发展史上，以及在中国共产党创新理论发展史上，具有重大意义。这里讲在“发展史”上的重大意义，意味着“中国特色社会主义进入新时代”进而实现强起来的新飞跃是具有里程碑意义的，因而具有标志性，蕴含着实现马克思主义中国化的新飞跃。①

三、习近平新时代中国特色社会主义思想：谱写新时代中国特色社会主义新篇章，使中国特色社会主义走向新时代和世界历史，为中国特色社会主义发展乃至世界社会主义发展作出原创性贡献

这体现在中国特色社会主义发展史上，对中国特色社会主义理论体系作出原创性贡献。

中国特色社会主义进入新时代，意味着要谱写新时代中国特色社会主义新篇章。这既是开启中国发展起来后实现强起来的新篇章，也是开启中国特色社会主义真正进入世界并开创新的世界历史的新篇章。习近平新时代中国特色社会主义思想，就是“谱写新时代中国特色社会主义新篇章”的一种科学理论体系，它为开启中国特色社会主义真正进入世界并开创新的世界历史新篇章作出原创性贡献，为世界社会主义作出原创性贡献。

① 笔者分别从“历史方位及其解决社会主要矛盾不同”“历史使命不同”“道路的历史内涵不同”“主线不同”“现代化阶段不同”“中国特色社会主义在人们心中的地位不同”“中国在世界中的地位不同”等七个方面，展开了较为详尽的论证和阐释。参见韩庆祥：《中国道路及其本源意义》，中国社会科学出版社2019年版，第37—39页。

（一）从条条看，习近平新时代中国特色社会主义思想从十个根本方面发展了中国特色社会主义理论体系

深化习近平新时代中国特色社会主义思想研究，需要抓“纲”，做到“纲举目张”，即提炼其根本观点。提炼根本观点需要确定一种方法论，即习近平治国理政实践的总框架。这就是：“历史方位—奋斗目标—总体方略—全面保障—根本抓手—领导力量”。这六个维度环环相扣、步步深入，构成有机整体。基于这一方法论，可提炼出习近平新时代中国特色社会主义思想的十大根本观点，即历史方位论、民族复兴论、人民中心论、发展理念论、两大布局论、战略安排论、总体国家安全观、命运共同论、国家治理论和强大政党论。

这十大观点构成严密的科学体系，发展了中国特色社会主义理论体系。党的十九大报告第一部分，核心讲的是习近平新时代中国特色社会主义思想形成的历史方位，首次提出了“历史方位论”，实质是谱写新时代中国特色社会主义新篇章。历史方位论是这一思想的“立论基础”，只有理解“历史方位”，才能真正理解这一思想。“历史方位论”是习近平新时代中国特色社会主义思想的第一个根本观点，且具有原创性，把中国特色社会主义新时代看作社会主义初级阶段、中国特色社会主义发展阶段中的一个新阶段，发展了中国特色社会主义历史阶段论。在何种历史方位，就会确定何种奋斗目标。新时代的奋斗目标，是实现中华民族伟大复兴。党的十九大报告第二部分的核心内容，是首次阐述“新时代中国共产党的历史使命”，实质就是“民族复兴论”。党的十八大以来，党中央治国理政紧紧围绕实现中华民族伟大复兴这一主线，谱写新时代中国特色社会主义新篇章。所以，“民族复兴论”是习近平新时代中国特色社会主义思想的第二个根本观点。这一观点在实现“两个一百年”奋斗目标的基础上，在治国理政的使命

上实现新升级，即实现从“富起来”到“强起来”的伟大飞跃，发展了中国特色社会主义历史目的论。实现中华民族伟大复兴的中国梦，归根到底是中国人民的梦，其目的就是“人民幸福”。所以，我们党把“不忘初心、牢记使命”并提。习近平强调，人民对美好生活的向往就是我们的奋斗目标。[①]以人民为中心高于以人为本：以人为本只有落实到政治上，其价值才能彰显出来，也才能真正实现；只有坚持以人民为本，以人为本才有意义。要言之，高就高在其政治性、具体性、实效性与感召力。以人民为中心可称为“人民中心论”，是习近平新时代中国特色社会主义思想的第三个根本观点，发展了以人为本思想，发展了中国特色社会主义历史目的论和历史动力论。在新的历史方位，要实现中华民族伟大复兴，使人民过上美好生活，必须确立新发展理念，这一新发展理念即创新、协调、绿色、开发、共享。新发展理念是实现中华民族伟大复兴的根本之道。可把新发展理念称为“发展理念论”，理应成为习近平新时代中国特色社会主义思想的第四个根本观点。相对于“要素驱动”“投资驱动”，首次提出的新发展理念是一种集成性创新，是在集成我们党关于发展思想的基础上，在我国发展起来后实现强起来的历史方位提出来的，系统回答了关于发展的目的、动力、方式、路径等一系列理论和实践问题[②]，标志我们党对经济社会发展规律的认识达到了新境界，全面系统发展了中国特色社会主义的发展思想。实现“强起来”，需要从“术”上作战略谋划。首次提出的统筹推进“五位一体”总体布局、协调推进“四个全面”战略布局（简称“两大布局”），就是实现“强起来”的战略谋划，构成习近平新时代中国特色社会主义思想的第五个根本观点。这

① 《习近平谈治国理政》（第一卷），外文出版社2018年版，第3页。

② 《习近平在省部级主要领导干部学习贯彻党的十九届五中全会精神专题研讨班开班式上发表重要讲话》，载新华网2021年1月11日。

就把我们党对治国理政的认识提高到一个新格局，发展了中国特色社会主义总布局论。接着需要确立实现“强起来”的战略步骤，对实现强起来的实践新征程作出战略安排，此谓“行”。这就是党的十九大报告首次提出的“两步走”战略安排，可称为“战略安排论”，构成习近平新时代中国特色社会主义思想的第六个根本观点，发展了中国特色社会主义战略步骤论。新发展理念、“两大布局”和战略安排，分别从“道”“术”“行”上发展了中国特色社会主义总体方略论。接着需要明确实现“强起来”的全面保障。这种保障主要有国内国际两方面，分别概括为“总体国家安全观”“命运共同论”，成为习近平新时代中国特色社会主义思想的第七、第八个根本观点。首次提出的“总体国家安全观”开辟了国家安全理论新境界，发展了中国特色社会主义安全观。第一次提出的“命运共同论”使中国国际战略思想站在引领人类社会发展前景的全新高度，发展了中国特色社会主义世界历史论、世界交往论与国际战略论。治国理政需要根本抓手，这就是推进国家治理现代化，它是解决我国经济社会发展的动力和平衡有机统一的根本所在，直接关乎我国国家制度优势能否得到充分发挥，关系全面治理社会主义社会，“国家治理论”构成习近平新时代中国特色社会主义思想的第九个根本观点，发展了中国特色社会主义国家学说。中国共产党领导是中国特色社会主义的最本质特征，是中国特色社会主义制度的最大优势，实现中华民族伟大复兴，中国共产党是起决定性作用的力量。由此就必然强调党的领导力量。习近平关于党的建设重要论述的原创性贡献，就是由大党成为强党，注重强党建设，可称为“强大政党论”，构成习近平新时代中国特色社会主义思想的第十个根本观点。它系统解决了如何使大党成为强党的问题，把党的建设伟大工程推向一个新阶段，发展了中国特色社会主义政党建设学说。[①]

（二）从块块看，习近平新时代中国特色社会主义思想从哲学、政治经济学、科学社会主义三大板块，发展了中国特色社会主义理论体系

它运用“系统辩证法”“新时代我国社会主要矛盾”[②]，来分析“新时代”“大变局”背景下中国特色社会主义实践的系列具有根本性、全局性、长远性与系统性、总体性问题，分析处理系列具有战略意义的全球性问题，提出了历史思维、战略思维、辩证思维、系统思维、创新思维、法治思维和底线思维，为系统解决实现强起来这一战略问题提供了哲学基础，从哲学上发展了中国特色社会主义理论体系。

它以树立以人民为中心的新发展理念为指导原则，以实施高质量发展为主题，以推进供给侧结构性改革为主线，以构建新发展格局为重要抓手，坚持和完善社会主义基本经济制度，致力于解决我国经济发展方式转变、经济结构调整、实现共同富裕与应对世界经济危机等重大问题，解决了经济效率和公平正义统一的问题，创立并发展了中国特色社会主义政治经济学。

它开辟新时代中国特色社会主义新境界，从科学社会主义维度发展了中国特色社会主义理论体系。即揭示了中国特色社会主义的历史必然性和价值合理性，回答它“从哪里来”的问题；[③]从中国共产党领

---

①《中国共产党第十九次全国代表大会文件汇编》，人民出版社2017年版，第14页。

② 系统辩证法，是指把系统论（系统思维）和辩证法（辩证思维）有机结合起来，在系统中注重辩证法，在辩证法中注重系统论。它既注重发挥系统中每一个要素的地位和作用；又注重系统各要素之间的顺序、比例、辩证关系即结构；也注重使各要素服务于整体功能的发挥；还注重系统内部各要素之间的辩证关系、部分与整体之间的辩证关系、系统内外部之间的辩证关系。方法取决于问题的本性。中国特色社会主义进入新时代，所面临的问题都具有综合性、整体性和系统性，系统性的问题需要运用系统辩证法来分析解决。

③ 习近平：《关于坚持和发展中国特色社会主义的几个问题》，载《求是》2019年第7期。

导、坚持社会主义市场经济基本经济制度、以人民为中心、实现共同富裕方面，阐释“中国特色”，回答中国特色社会主义“特在哪里”的问题；亮明人民至上的根本政治立场，回答中国特色社会主义的“本质”问题；鲜明强调坚持中国共产党领导是中国特色社会主义最本质特征，揭示了它的本质属性；强调中国特色社会主义制度的显著优势，为坚定“四个自信”提供了基本依据；从总依据总布局总任务三方面，概括了中国特色社会主义的核心内容；从统揽推进伟大斗争、伟大工程、伟大事业、伟大梦想上，谱写了新时代中国特色社会主义“新篇章”；从构建人类命运共同体方面，揭示了中国特色社会主义的“世界向度和世界意义”；从中国特色社会主义的成功，揭示了科学社会主义在21世纪中国焕发强大生机活力的本源。

四、构建中国特色哲学社会科学：确立中华民族的学术自我、学术主体，对构建中国理论作出原创性贡献

这一原创性贡献具有总体性，是上述三个层面原创性贡献的落脚点，这就是通过构建中国特色哲学社会科学，以掌握解释世界的理论话语权。

一个国家的强大不仅是经济、科技、军事上强大，也是思想理论上强大。世界上凡是强大的国家，在思想理论上大多具有重要建树。只有物质上强大而没有思想理论上强大，那是“半截子”强大，不是真正意义上的强大。我们既要为世界贡献能解释当今世界的中国理论进而掌握话语权，也要为世界贡献中国的思想家、理论家。在国际精神生产分工体系中，当代中国也应从“原材料供应国”向“成品供应国”的方位提升，从对西方的学术依赖走向具有中华民族特色的学术主体性、思想自主性。

我们的学术理论研究存在短板。改革开放后，我们向西方学习科学技术、管理经验和资本运作。在学习的同时，也开始对西方的学术产品产生依赖。有的学者关注并研究西方的学术著作、学术概念、学术思想、理论范式，这对开阔研究视野、提升学术水平与了解西方思想文化具有一定积极意义。但在有些人那里出现了“耕了西方地、荒了中国田”的现象。一些人对西方的概念、思想、理论、范式较为了解，而对当代中国发展的现实逻辑与中国问题缺乏深入研究。一些人未经批判地用西方理论范式对中国问题作出评价。因此在学术研究中，没有真正形成中国的范畴体系、知识体系、学术体系、理论体系，缺乏真正具有原创性的思想理论。

在实现现代化征程中，我们应从用西方理论剪裁中国现实转向研究当代中国发展的现实逻辑，从皈依“西方范式”转向直面“中国问题”，并基于当代中国发展的现实逻辑且面向中国问题，构建中国特色哲学社会科学，构建“中国理论”。

建构中国理论之实质，就是掌握解释当今世界的理论话语权。建构中国特色哲学社会科学，是我国文化软实力的集中体现。当今中西方在思想理论与文化上的交流交融交锋，往往蕴含国际话语权之争。基于上述考虑，习近平强调加快构建中国特色哲学社会科学的学科体系、学术体系、话语体系，加快构建“理论中的中国”或“中国理论”。[①]这实质上是确立中华民族的学术自我、思想自主、理论主体性的宣言书和动员令，也是由理论自卑转向理论自信、由“三失”转向“四信”的根本标识。[②]这种转向之意义不可低估，它标志着当代中国要为解决全世

① 参见习近平：《在哲学社会科学工作座谈会上的讲话》，人民出版社2016年版，第17页、第24页。

② 同上，第10页。其中所讲的“三失”，即在实际工作中，马克思主义在一些学科中“失语”、教材中“失踪”、论坛上“失声”。

界共同面临的问题创新性地贡献中国理论、智慧和方案，贡献中华新文明，贡献中国话语，创建新的文明形态，掌握解释世界的话语权。从哲学讲，中国话语具有“道”和“形”两个方面。道，指立场、价值观与思想观点、思维方式；形，指用范畴表达立场、价值观与思想观点、思维的方式。推进马克思主义中国化时代化大众化，就要在马克思主义基本原理与中国具体实际、中国文化相结合并解决中国问题过程中，既创立中国理论体系，同时也形成中国范畴体系。中国特色社会主义进入新时代，我国正在从“道”“形”两个层面建构中国的理论体系和范畴体系，为解决人类问题贡献中国理论、中国智慧和中国方案，这种贡献本身就是一种创新。黑格尔在1805年致沃斯的信中说：“路德让圣经说德语，您让荷马说德语，这是对一个民族所作出的最大贡献，因为，一个民族除非用自己的语言来习知那最优秀的东西，那么这东西就不会真正成为它的财富，它还将是野蛮的。如果您认为这两个例子都已成为过去，现在我想说，我也在力求教给哲学说德语。如果哲学一旦学会了说德语，那么那些平庸的思想就永远也难于在语言上貌似深奥了。”[①]

① 苗力田译编：《黑格尔通信百封》，上海人民出版社1981年版，第202页。

后　记

当代中国发展不是“自然发展”和“自发发展”，而是在中国共产党领导下有规划的“自觉发展”。我们要从战略全局与能量凝聚角度理解和把握伟大梦想。实现伟大梦想，必须进行伟大斗争；实现伟大梦想，必须建设伟大工程；实现伟大梦想，必须推进伟大事业。随着中国以和平的方式逐渐走近世界舞台中央，今日之中国不仅是“中国之中国”，而且是“亚洲之中国”“世界之中国”。我们要勿忘昨天的苦难辉煌，无愧今天的使命担当，不负明天的伟大梦想，以史为鉴、开创未来，自信自强、守正创新、踔厉奋发、勇毅前行，坚持以中国式现代化推进中华民族伟大复兴。当前，我国正处于实现现代化和民族复兴的关键阶段，因国家弱乱而产生的问题必将随着民族复兴而终结。

实现中华民族伟大复兴，既是当代中国的根本政治标识，也是全体中国人民的最大共识和共同理想，还是中华民族的最高利益和根本利益。中国共产党紧紧围绕主题、主线和战略全局而不懈奋斗，其根本目的就是实现中华民族伟大复兴。实现中华民族伟大复兴，意味着将极大改变中国的面貌、改变中华民族的面貌、改变中国人民的面貌、改变中国共产党的面貌。习近平总书记指出：“实现中华民族伟大复兴是近代以来中华民族最伟大的梦想。中国共产党一经成立，就把实现共产主义作为党的最高理想和最终目标，义无反顾肩负起实现中华民族伟大复兴的历史使命，团结带领人民进行了艰苦卓绝的斗争，谱写了气吞山河的壮丽史诗。”一百多年来，中国共产党既坚持“为中国人民谋幸福、为中华民族谋复兴”的初心使命，又坚持“为世界谋进步、为人类谋大同”的世界胸怀，将之贯穿于四个历史时期所创造的伟大成就中。

经过长期努力，中国特色社会主义进入了新时代，这是我国发展新的历史方位。中国特色社会主义进入新时代，意味着近代以来久经磨难的中华民族迎来了从站起来、富起来到强起来的伟大飞跃，迎来了实现中华民族伟大复兴的光明前景；意味着科学社会主义在21世纪的中国焕发出强大生机活力，在世界上高高举起了中国特色社会主义伟大旗帜；意味着中国特色社会主义道路、理论、制度、文化不断发展，拓展了发展中国家走向现代化的途径，给世界上那些既希望加快发展又希望保持自身独立性的国家和民族提供了全新选择，为解决人类问题贡献了中国智慧和中国方案。没有中国共产党的领导，民族复兴必然是空想，这是中国人民经过长期奋斗得出的最基本的结论。如今，中华民族迎来了从站起来、富起来到强起来的伟大飞跃，我们党统揽伟大斗争、伟大工程、伟大事业、伟大梦想，实现中华民族伟大复兴已进入不可逆转的历史进程。

本书是我们学术团队集体研究的成果。各章分工如下：第一章伟大梦想与根本主题，张健；第二章伟大梦想与两个大局，张艳涛；第三章伟大梦想与四个伟大，赵秀娥；第四章伟大梦想与历史使命，汪业周；第五章伟大梦想与中国道路，王海滨；第六章伟大梦想与现代强国，张健；第七章伟大梦想与美好生活，李蕊；第八章伟大梦想与风险挑战，张艳涛；第九章伟大梦想与中国话语，杨安；第十章伟大梦想与世界意义，韩庆祥。感谢浙江人民出版社的支持，使我们的学术著作能够顺利出版。希望越来越多的人能够加入到对“伟大梦想”的学理研究之中，我们一起开启21世纪马克思主义研究的新视域。